신구약 인물, 절기별

성경퀴즈 파노라마

이규학 감독 안만호 목사

한국문서선교회

머리말

나는 오랜 세월 동안 성경 말씀을 들어왔고, 읽어오고 있으며, 가르치고 있습니다. 창세기에 등장하는 아담을 통해 나를 지으신 하나님을 만났습니다. 노아를 통해 홍수로부터 인류를 구원하신 하나님을 뵈었습니다. 아브라함을 통해 복을 약속하시고 약속을 이루어가시는 하나님을 만났습니다.

어린 시절 교회 선생님이 들려 주신 다윗이 골리앗을 물리친 이야기며, 솔로몬왕 이야기는 듣고 또 들어도 너무 재미있었습니다. 성경에는 수많은 인물들이 등장합니다.

하나님께서는 성경에 등장하는 인물들을 통해 성도들을 만나 주시고 교훈하십니다.

성경은 성도들의 필독서이면서도 쉽게 읽혀지지 않는 것이 사실입니다. 이 책은 성도들이 성경에 등장하는 주요 인물들을 만나 성경과 친숙해지고, 신앙을 키워가며, 예수 그리스도를 닮아가기 위해 쓰여졌습니다. 성경을 이해하기 가장 쉬운 방법은 성경에 나타나는 인물들을 만나는 것입니다. 성경에 나타난 인물들을 만나면 성경이 쉽고 재미있습니다. 성경 인물들을 만나면 그 인물에 대해 알 수 있으며, 그 인물을 통해 말씀하시고자 하는 하나님을 만날 수 있는 일석 3, 4조의 효과를 누릴 수 있습니다.

사건과 인물에 대한 기억은 문답을 통해 이루어질 때 효과적이라고 합니다. 그래서 이 책은 성경에 나타난 주요 인물을 문답을 통해 배우도록 구성되어 있습니다. 주로 신구약 성경 배열 순서에 따라 인물들을 배열했습니다. 구약에 등장하는 인물이 신약에도 등장할 경우는 구약과 신약을 오가면서 다루었습니다. 한 인물이 다른 인물과 관련이 되는 경우는 관련된 책들을 통합해서 살폈습니다. 성경에 주변 인물로 소개되거나, 한두 구절 나타나는 인물들은 지면 관계상 생략했습니다.

또한 성도들이 궁금해 하는 유대절기와 부활절, 감사절, 성탄절 등 교회 절기를 공부하기 쉽도록 절기별로 편집했습니다.

독자들께서는 이 책을 통해 성경에 등장하는 주요 인물들을 상세하게 만날 수 있습니다. 이 책은 개인적으로나 그룹 성경공부 교재로 사용할 수 있으며, 성경퀴즈대회용으로도 활용할 수 있습니다.

성경과 대조하면서 차근차근 읽어간다면 성경을 이해하고 신앙을 성장시키는 데 훨씬 효과적일 것입니다. 또한 궁금한 인물들을 선택하여 읽는 것도 도움이 될 것입니다.

독자들께서 이 책을 통해 성경과 가까워지고, 하나님과 더욱 친밀해지는 것이 저자들의 소원입니다.

이 규 학 감독

차 례

구약인물

신약인물

절 기

구약인물

아담, 하와

1. 하나님께서 만드신 첫 사람은 누구인가? (창 1:27, 2:7)
   ㉮ 아담　㉯ 하와　㉰ 아브라함　㉱ 이삭

2. 각종 들짐승과 공중의 각종 새의 이름은 누가 지었나? (창 2:19)
   ㉮ 하나님　㉯ 아담　㉰ 예수님　㉱ 하와

3. 아담의 돕는 배필로 하나님께서 창조하신 사람은 누구인가? (창 2:20)
   (　　　　　　)

4. 하와는 아담의 신체 중 어느 부분으로 창조되었나? (창 2:22)
   ㉮ 갈비뼈　㉯ 엉덩이뼈　㉰ 허리뼈　㉱ 다리뼈

5. 아담은 자신의 갈빗대를 취해 만든 자를 일컬어 남자에게서 취하였은즉 무엇이라 칭한다고 하였나? (창 2:23)
   (　　　　　　)

6. 최초로 죄를 범한 인간은 누구인가? (창 3:6)
   ㉮ 아담　㉯ 하와　㉰ 가인　㉱ 사라

7. 무화과나뭇잎을 엮어 치마로 삼았던 아담과 하와는 왜 자기들의 몸이 벗은 줄 알게 되었나? (창 3:7)
   ㉮ 거울을 보고　㉯ 지혜롭게 되어서
   ㉰ 눈이 밝아져서　㉱ 뱀 때문에

【정답】

1.㉮　2.㉯　3.하와　4.㉮　5.여자　6.㉯　7.㉰

8. 선악과를 따먹은 아담에게 하나님께서 최초로 하신 말씀은 무엇인가? (창 3:9)
㉮ 네가 어디 있느냐? ㉯ 잘했다.
㉰ 네가 죽으리라. ㉱ 용서해 주마.

9. 선악과를 따먹은 아담이 하나님께 뭐라고 변명했는가? (창 3:12)
㉮ 여자 때문에 ㉯ 뱀 때문에 ㉰ 옷 때문에 ㉱ 배가 고파서

10. 선악과를 따먹은 하와가 하나님께 뭐라고 변명했는가? (창 3:13)
(   )

11. "내가 너로 여자와 원수가 되게 하고 너의 후손도 여자의 후손과 원수가 되게 하리니"라는 말씀에서 너는 누구를 가리키나? (창 3:15)
㉮ 남자 ㉯ 뱀 ㉰ 가인 ㉱ 아담

12. 하나님이 하와에게 이르신 말씀이 아닌 것은 무엇인가? (창 3:16)
㉮ 남편을 사모하라. ㉯ 남편을 다스리라.
㉰ 잉태하는 고통을 더하리라. ㉱ 수고하고 자식을 낳으라.

13. '먹지 말라' 한 실과를 먹은 아담으로 인해 저주받은 것은 무엇인가? (창 3:17)
㉮ 뱀 ㉯ 여자 ㉰ 땅 ㉱ 하늘

14. 하나님께서 아담과 하와를 위해 지어 입힌 옷은 무엇인가? (창 3:21)
㉮ 가죽옷 ㉯ 양털옷 ㉰ 나뭇잎옷 ㉱ 비닐옷

15. 하나님께서 왜 아담과 하와를 에덴동산에서 쫓아냈는가? (창 3:22~23)
(   )

16. "하나님이 가라사대 보라 이 사람이 선악을 아는 일에 우리 중 하나같이 되었으니"의 말씀에서 이 사람은 누구인가? (창 3:22)

【정답】

8.㉮ 9.㉮ 10.뱀 때문에 실과를 먹었다고 함 11.㉯ 12.㉯ 13.㉰ 14.㉮
15.생명나무의 실과를 따먹고 영생할까봐

㉮ 아담 ㉯ 가인 ㉰ 아벨 ㉱ 셈

17. 아담과 하와의 아들이 아닌 자는 누구인가? (창 4:1~2, 25)
㉮ 아벨 ㉯ 가인 ㉰ 셋 ㉱ 에노스

18. 아담은 몇 살에 죽었는가? (창 5:5)
㉮ 910세 ㉯ 930세 ㉰ 950세 ㉱ 970세

노아

1. 의인이요 당세에 완전한 자로 하나님과 동행했던 사람은 누구인가? (창 6:9)
㉮ 아브라함 ㉯ 모세 ㉰ 이삭 ㉱ 노아

2. 노아의 아들이 아닌 사람은 누구인가? (창 6:10)
㉮ 에녹 ㉯ 셈 ㉰ 야벳 ㉱ 함

3. 하나님께서 노아에게 지으라고 하신 것은 무엇인가? (창 6:14)
( )

4. 하나님께서 노아와 언약을 세우시면서 방주로 들어가게 한 사람 중에 포함되지 않은 자는 누구인가? (창 6:18)
㉮ 아내 ㉯ 아들들 ㉰ 자부들 ㉱ 부모

5. 하나님은 노아에게 혈육 있는 모든 생물을 각기 몇 쌍씩 방주에 이끌어 들이라고 하셨나? (창 6:19)
( )

【정답】
16.㉮ 17.㉱ 18.㉯ 1.㉱ 2.㉮ 3.방주 4.㉱ 5.암수 한 쌍씩

6. 홍수가 땅에 있을 때에 노아의 나이는 몇 세였는가? (창 7:6)
㉮ 600세 ㉯ 650세 ㉰ 700세 ㉱ 750세

7. 노아의 방주는 어느 산에서 머무렀는가? (창 8:4)
㉮ 시온산 ㉯ 아라랏산 ㉰ 에발산 ㉱ 헐몬산

8. 방주에서 나온 노아는 여호와를 위하여 무엇을 하였는가? (창 8:20)
㉮ 번제 ㉯ 잔치 ㉰ 기도 ㉱ 찬양

9. 노아가 농업을 시작하여 심은 나무는 무엇인가? (창 9:20)
( )

10. 노아가 술에 취해 장막 안에서 벌거벗은 것을 두 형제에게 고한 자는 누구인가? (창 9:22)
㉮ 셈 ㉯ 함 ㉰ 야벳 ㉱ 에노스

11. 노아가 술이 깨어 그 작은 아들이 자기에게 행한 일을 알고 어떻게 했나? (창 9:24~25)
( )

아브라함(아브람), 사라(사래), 하갈, 롯

1. 아브람은 누구의 후예인가? (창 11:26)
㉮ 데라 ㉯ 나홀 ㉰ 롯 ㉱ 솔로몬

【정답】

6.㉮ 7.㉯ 8.㉮ 9.포도나무 10.㉯ 11.그 형제의 종들의 종이 되라고 저주함 1.㉮

2.여호와께서 아브람에게 이르시되 너는 너의 본토 친척 아비 집을 떠나 어디로 가라고 했는가? (창 12:1)

( )

3.하나님께서 아브람에게 큰 민족을 이루고 네게 복을 주어 네 이름을 창대케 하리니 너는 무엇이 될지라고 하셨나? (창 12:2)

㉮ 땅의 근원 ㉯ 민족의 근원 ㉰ 복의 근원 ㉱ 가정의 근원

4.아브람이 하란을 떠날 때의 나이는 몇 세였는가? (창 12:4)

㉮ 70세 ㉯ 75세 ㉰ 79세 ㉱ 80세

5.아브람의 아내는 누구인가? (창 12:5)

( )

6.아브람의 조카는 누구인가? (창 12:5)

㉮ 이스마엘 ㉯ 나홀 ㉰ 라반 ㉱ 롯

7.아브람은 하란에서 어느 땅으로 가려고 하였나? (창 12:5)

㉮ 애굽 ㉯ 갈대아 ㉰ 가나안 ㉱ 세겜

8.아브람이 가나안 땅을 통과하여 처음 거주한 곳은 어디인가? (창 12:6)

㉮ 세겜 ㉯ 벧엘 ㉰ 아이 ㉱ 하란

9.하나님께서 세겜 땅 모레 상수리나무에 있던 아브람에게 나타나 이 땅을 너와 누구에게 주신다고 하셨나? (창 12:6~7)

㉮ 부인 ㉯ 자손 ㉰ 조카 ㉱ 부모

10.세겜 땅 모레 상수리나무에 있던 아브람은 자기에게 나타나신 여호와를 위하여 무엇을 했나? (창 12:6~7)

( )

【정답】

2.내가 네게 지시할 땅 3.㉰ 4.㉯ 5.사래 6.㉱ 7.㉰ 8.㉮ 9.㉯ 10.단을 쌓음

11. 가나안에 기근이 심해져 아브람은 어디로 거처를 옮겼나? (창 12:10)
㉮ 하란 ㉯ 애굽 ㉰ 세겜 ㉱ 벧엘

12. 아브람이 애굽에서 사래를 누이라고 속였을 때 누구의 왕실로 불려 들어가게 되었는가? (창 12:13~15)
㉮ 바로 ㉯ 헤롯 ㉰ 나홀 ㉱ 솔로몬

13. 여호와께서 아브람의 아내 사래로 인하여 어디에 큰 재앙을 내렸는가? (창 12:17)
(　　　　　)

14. 애굽에서 나온 아브람에게는 무엇이 풍부하였나? (창 13:1~2)
㉮ 육축과 은금 ㉯ 종과 은금 ㉰ 육축과 종 ㉱ 자녀와 은금

15. 아브람이 남방에서 출발하여 도착한 곳은 어디인가? (창 13:3)
(　　　　　)

16. 아브람과 롯이 동거할 수 없었던 이유는 무엇인가? (창 13:6)
(　　　　　)

17. 롯이 아브람을 떠나 거하였던 곳은 어디인가? (창 13:12)
㉮ 애굽 ㉯ 마므레 ㉰ 소돔 ㉱ 벧엘

18. 아브람이 그 조카의 사로잡혔음을 듣고 집에서 길리고 훈련된 자 몇 명을 데리고 쫓아갔는가? (창 14:14)
㉮ 380명 ㉯ 318명 ㉰ 310명 ㉱ 218명

19. 아브람이 그돌라오멜과 그와 함께한 왕들을 파하고 돌아올 때에 소돔 왕이 아브람을 영접한 골짜기는 어디인가? (창 14:17)
㉮ 사웨 ㉯ 아골 ㉰ 에스골 ㉱ 르바임

【정답】

11.㉯ 12.㉮ 13.바로와 그 집 14.㉮ 15.벧엘과 아이 사이(전에 장막을 쳤던 곳)
16.그들의 소유가 많기 때문 17.㉰ 18.㉯ 19.㉮

20. 아브람이 그돌라오멜과 그와 함께한 왕들을 파하고 돌아올 때에 살렘 왕 멜기세덱은 무엇을 가지고 나왔는가? (창 14:17~18)
㉮ 십일조 ㉯ 떡과 포도주 ㉰ 물품 ㉱ 금은보화

21. 살렘 왕 멜기세덱은 누구의 제사장이었는가? (창 14:18)
( )

22. 아브람이 전쟁에서 얻은 것의 십분의 일을 누구에게 주었나? (창 14:20)
㉮ 멜기세덱 ㉯ 하나님 ㉰ 롯 ㉱ 이삭

23. 아브람은 하나님께 나의 상속자는 누구라고 하였는가? (창 15:2)
㉮ 아벨 ㉯ 에스골 ㉰ 엘리에셀 ㉱ 이삭

24. 여호와께서 아브람에게 네 후사는 어디서 날 자가 되리라고 말씀하셨나? (창 15:4)
( )

25. 하나님께서 아브람에게 무엇을 보게 하시면서 "네 자손이 이와 같으리라"고 말씀하셨나? (창 15:5)
㉮ 뭇 별 ㉯ 바닷물 ㉰ 먼지 ㉱ 머리카락

26. 여호와께서 아브람에게 네 자손이 이방에서 무엇이 된다고 하셨는나? (창 15:13)
㉮ 주인 ㉯ 객 ㉰ 신하 ㉱ 왕

27. 하나님은 아브람에게 네 자손은 이방에서 객이 되어 얼마 동안 그들을 섬긴다고 하였나? (창 15:13)
㉮ 40년 ㉯ 80년 ㉰ 400년 ㉱ 800년

【정답】
20.㉯ 21.하나님 22.㉮ 23.㉰ 24.아브람의 몸 25.㉮ 26.㉯ 27.㉰

28. 여호와께서 아브람에게 네 자손이 섬기는 나라를 내가 징치할지며 그 후에 네 자손은 무엇을 이끌고 나온다고 하셨나? (창 15:14)
㉮ 백성 ㉯ 종 ㉰ 재물 ㉱ 양떼

29. 아브람의 아내 사래의 여종은 누구인가? (창 16:1)
㉮ 하갈 ㉯ 사갈 ㉰ 다갈 ㉱ 사란

30. 사래가 아브람에게 종을 첩으로 준 때는 가나안에 거한 지 얼마 후였는가? (창 16:3)
㉮ 3년 ㉯ 5년 ㉰ 10년 ㉱ 15년

31. 하갈은 잉태한 후 누구를 멸시하였나? (창 16:4)
㉮ 아브람 ㉯ 사래 ㉰ 종 ㉱ 백성

32. 하갈이 낳은 아들은 누구인가? (창 16:11)
㉮ 이삭 ㉯ 시므란 ㉰ 욕산 ㉱ 이스마엘

33. 하나님께서 아브람에게 내가 너와 내 언약을 세우니 너는 무엇이 될지라고 하셨나? (창 17:4)
㉮ 왕 ㉯ 제사장 ㉰ 열국의 아비 ㉱ 믿음의 조상

34. 하나님께서 아브람의 이름을 무엇으로 고치셨는가? (창 17:5)
(   )

35. 아브라함의 자손이 태어난 지 8일 만에 받아야 할 것은 무엇인가? (창 17:12)
㉮ 세례 ㉯ 할례 ㉰ 성령 ㉱ 침례

36. 하나님이 아브라함의 아내 사래에게 다시 지어 주신 이름은 무엇인가? (창 17:15)
(   )

【정답】

28.㉰ 29.㉮ 30.㉰ 31.㉯ 32.㉱ 33.㉰ 34.아브라함 35.㉯ 36.사라

37. 하나님께서 누구에게 복을 주어 그로 열국의 어미가 되게 하셨나? (창 17:15~16)
㉮ 사라 ㉯ 한나 ㉰ 미리암 ㉱ 하와

38. 아브라함은 몇 세에 할례를 받았는가? (창 17:23~24)
㉮ 90세 ㉯ 95세 ㉰ 99세 ㉱ 100세

39. 마므레의 아브라함을 방문한 이들이 약속한 것은 무엇인가? (창 18:10)
( )

40. 사라가 아들을 낳을 것이라는 약속을 듣고 웃은 까닭은 무엇인가? (창 18:11)
㉮ 기뻐서 ㉯ 늙어서 경수가 끊어졌으므로
㉰ 두려워서 ㉱ 나이가 많아 부끄러워서

41. 하나님께서는 천하 만민이 누구로 인하여 복을 받는다고 하셨나? (창 18:18)
㉮ 여호와 ㉯ 아브라함 ㉰ 사라 ㉱ 하갈

42. 두 천사가 날이 저물어 소돔에 이르렀을 때 그들을 영접한 사람은 누구인가? (창 19:1)
( )

43. 롯의 사위들은 소돔 성의 멸망 경고에 대해 어떻게 했는가? (창 19:14)
㉮ 농담으로 여겼다. ㉯ 말씀에 순종했다.
㉰ 도망했다. ㉱ 두려워했다.

44. 롯이 소돔 성을 나와 어느 성으로 도망했는가? (창 19:22)
㉮ 고모라 ㉯ 암몬 ㉰ 소알 ㉱ 벧엘

【정답】

37.㉮ 38.㉰ 39.사라가 아들을 낳을 것이라
40.㉯ 41.㉯ 42.롯 43.㉮ 44.㉰

45. 롯의 가족 중 소돔 성을 피하여 나오다가 뒤를 돌아보았으므로 소금 기둥이 된 사람은 누구인가? (창 19:24~26)

㉮ 롯의 아내 ㉯ 롯의 딸 ㉰ 롯의 아들 ㉱ 롯의 사위

46. 하나님은 소돔 성을 엎으실 때 누구를 생각하사 롯을 내어 보내셨는가? (창 19:29)

( )

47. 롯이 그의 두 딸을 통해 이룬 족속은? (창 19:36~38)

㉮ 소돔과 암몬 ㉯ 모압과 암몬
㉰ 암몬과 소돔 ㉱ 모압과 소돔

48. 아브라함이 아내 사라를 누이라고 두 번 속였다. 두 번째로 속인 것은 누구에게인가? (창 20:2)

( )

49. 아브라함과 사라는 본래 어떤 관계였는가? (창 20:12)

㉮ 이복 남매 ㉯ 친 누이 ㉰ 이종 남매 ㉱ 사촌 누이

50. 아브라함이 백세 때 낳은 아들은 누구인가? (창 21:5)

( )

51. 사라가 가로되 누가 나로 웃게 하신다고 하였나? (창 21:6)

㉮ 아브라함 ㉯ 이삭 ㉰ 하나님 ㉱ 하갈

52. 이스마엘이 이삭을 희롱하는 장면을 본 사라가 아브라함에게 요구한 것은 무엇인가? (창 21:9~10)

㉮ 내쫓으라 ㉯ 혼을 내어라 ㉰ 때려 줘라 ㉱ 분가 시켜라

【정답】

45.㉮ 46.아브라함 47.㉯ 48.그랄 왕 아비멜렉 49.㉮ 50.이삭 51.㉰ 52.㉮

53. 하나님은 아브라함에게 네 아이나 네 여종을 위하여 근심하지 말고 누구의 말을 들으라고 하셨나? (창 21:12)

㉮ 하갈 ㉯ 사라 ㉰ 이스마엘 ㉱ 이삭

54. 아브라함이 무슨 일을 하든지 하나님이 함께 계신 것을 안 사람들은 누구인가? (창 21:22)

( )

55. 여호와께서 아브라함을 시험하기 위해 사랑하는 아들 이삭을 어떻게 하라고 하셨나? (창 22:1~2)

㉮ 번제로 드리라. ㉯ 언약을 세우라.
㉰ 지시할 땅으로 가라. ㉱ 성경말씀으로 훈육하라.

56. 하나님께서 아브라함에게 번제를 드리기 위해 어느 곳으로 가라고 하셨나? (창 22:2)

( )

57. 아브라함의 아들 이삭이 아버지에게 번제하기 위한 불과 나무는 있는데 무엇이 없다고 하였나? (창 22:7)

( )

58. 아브라함은 번제할 어린 양은 어디 있느냐는 이삭의 질문에 누가 준비한다고 하였나? (창 22:8)

㉮ 하나님 ㉯ 아브라함 ㉰ 이스마엘 ㉱ 사라

59. 아브라함이 번제하기 위해 아들을 잡으려 할 때 누가 그를 불렀는가? (창 22:10~11)

㉮ 이삭 ㉯ 여호와의 사자 ㉰ 종 ㉱ 사라

【정답】

53.㉯ 54.아비멜렉과 군대장관 비골 55.㉮ 56.모리아 산
57.번제할 어린 양 58.㉮ 59.㉯

60. 아브라함이 무엇으로 아들을 대신해 번제를 드렸는가? (창 22:13)
㉮ 암양 ㉯ 숫양 ㉰ 염소 ㉱ 비둘기

61. 아브라함은 하나님께서 번제물을 준비하신 곳의 땅 이름을 무엇이라 하였나? (창 22:13~14)
㉮ 여호와 샬롬 ㉯ 여호와 삼마 ㉰ 여호와 이레 ㉱ 여호와 닛시

62. 브두엘은 누구의 아들인가? (창 22:20~22)
㉮ 아브라함 ㉯ 나홀 ㉰ 빌다스 ㉱ 하소

63. 리브가의 아비는 누구인가? (창 22:23)
( )

64. 사라는 몇 살에 죽었는가? (창 23:1)
㉮ 110세 ㉯ 117세 ㉰ 120세 ㉱ 127세

65. 아브라함이 사라의 매장지를 누구에게서 샀는가? (창 23:16~19)
( )

66. 아브라함이 사라의 매장지를 사기 위해 땅 값으로 얼마를 주었는가? (창 23:16)
㉮ 금 사백 세겔 ㉯ 동 사백 세겔
㉰ 은 사백 세겔 ㉱ 금 이백 세겔

67. 아브라함이 사라를 장사한 곳은 어디인가? (창 23:19)
( )

68. 아브라함의 늙은 종의 이름은 무엇인가? (창 15:2, 24:2)
㉮ 엘리에셀 ㉯ 엘리 ㉰ 엘가나 ㉱ 엘르아살

【정답】

60.㉯ 61.㉰ 62.㉯ 63.브두엘 64.㉱ 65.에브론 66.㉰
67.가나안 땅 마므레 앞 막벨라 밭 굴 68.㉮

69. 아브라함은 그의 늙은 종에게 이삭의 아내를 어디에서 택하라고 하였는가? (창 24:4)

㉮ 가나안 ㉯ 헤브론 ㉰ 내 고향 내 족속 ㉱ 갈대아

70. 아브라함으로부터 이삭의 아내를 찾아오라는 명을 받은 아브라함의 늙은 종은 아브라함의 어디에 손을 넣고 맹세하였나? (창 24:9)

( )

71. 아브라함의 고향은 어디인가? (창 24:4, 10)

㉮ 가나안 ㉯ 메소보다미아 ㉰ 애굽 ㉱ 헤브론

72. 이삭의 아내감을 찾기 위해 메소포타미아로 간 아브라함의 종이 리브가를 만난 장소는 어디인가? (창 24:15)

㉮ 우물가 ㉯ 성전 ㉰ 갈릴리호수 ㉱ 요단강

73. 아브라함의 후처는 누구인가? (창 25:1)

( )

74. 아브라함의 후처가 낳은 자녀는 몇 명이었나? (창 25:2)

㉮ 5명 ㉯ 6명 ㉰ 7명 ㉱ 8명

75. 아브라함은 몇 살까지 살았는가? (창 25:7)

㉮ 160세 ㉯ 165세 ㉰ 170세 ㉱ 175세

【정답】

69.㉰ 70.환도뼈 아래 71.㉯ 72.㉮ 73.그두라 74.㉯ 75.㉱

이삭, 리브가

1. 이삭과 이스마엘은 아브라함을 어디에 장사하였는가? (창 25:9)
   ㉮ 막벨라 굴　㉯ 가나안 굴　㉰ 애굽 굴　㉱ 막델라 굴

2. 이삭은 몇 살에 결혼하였나? (창 25:20)
   ㉮ 30세　㉯ 33세　㉰ 35세　㉱ 40세

3. 리브가의 오라비는 누구인가? (창 24:29)
   ㉮ 이삭　㉯ 나홀　㉰ 라반　㉱ 브두엘

4. 리브가의 남편은 누구인가? (창 24:67)
   ㉮ 이삭　㉯ 아브라함　㉰ 라반　㉱ 야곱

5. 이삭의 아내 리브가가 잉태한 아이들은 탯 속에서 어떠했는가? (창 25:22)
   ㉮ 잘 컸다.　㉯ 서로 사이가 좋았다.
   ㉰ 서로 싸웠다.　㉱ 아무 일도 안했다.

6. 리브가가 여호와께 탯속에 아이들이 싸우는 것을 묻자온대 여호와께서 "두 국민이 네 태중에 있구나 두 민족이 네 복중에서부터 나누

【정답】

1.㉮　2.㉱　3.㉰　4.㉮　5.㉰

이리라 이 족속이 저 족속보다 강하겠고 ( )는 ( )를 섬기리라"(창 25:22~23)고 말씀하셨다. ( ) 안에 들어갈 말은 무엇인가?
( ) ( )

7. 이삭의 두 아들의 이름은 무엇인가? (창 25:25~26)
㉮ 아론, 훌 ㉯ 홉니, 비느하스
㉰ 에서, 야곱 ㉱ 함, 야벳

8. 리브가가 야곱과 에서를 낳을 때에 이삭은 몇 세였는가? (창 25:26)
㉮ 40세 ㉯ 50세 ㉰ 60세 ㉱ 70세

9. 이삭의 두 아들 중 사냥꾼은 누구인가? (창 25:27)
( )

10. 이삭의 두 아들 중 종용하며 장막에 거한 자는 누구인가? (창 25:27)
( )

11. 이삭은 사냥한 고기를 좋아하므로 누구를 사랑하였나? (창 25:28)
㉮ 이삭 ㉯ 에서 ㉰ 이스마엘 ㉱ 야곱

12. 리브가는 두 아들 중 누구를 더 사랑하였나? (창 25:28)
( )

13. 이삭은 가나안에 흉년이 들자 어디로 갔는가? (창 26:1)
㉮ 그랄 ㉯ 애굽 ㉰ 동방 ㉱ 세겜

14. 이삭이 그랄에 거할 때 자기 아내를 그 곳 사람들에게 누구라고 말하였나? (창 26:7)
㉮ 누이 ㉯ 조카 ㉰ 아내 ㉱ 이모

【정답】

6.큰 자, 어린 자 7.㉰ 8.㉰ 9.에서 10.야곱 11.㉯ 12.야곱 13.㉮ 14.㉮

15. 그랄에서 리브가가 이삭의 아내인 것을 누가 알았는가? (창 26:8)

( )

16. 아비멜렉이 모든 백성에게 이삭과 그 아내를 범하는 자에게 어떻게 한다고 하였나? (창 26:11)

㉮ 상을 준다. ㉯ 벌금을 내게 한다.
㉰ 쫓아낸다. ㉱ 죽이리라.

17. 여호와께서 이삭에게 나타나 애굽으로 내려가지 말고 어디에 거하라고 하셨나? (창 26:2)

㉮ 애굽 땅 ㉯ 가나안 땅
㉰ 동방 땅 ㉱ 여호와가 지시하는 땅

18. 이삭이 우물을 팠을 때 목자들이 다투지 않은 우물은 무엇인가? (창 26:22)

㉮ 에섹 ㉯ 싯나 ㉰ 르호봇 ㉱ 에센

19. 아비멜렉이 그 친구 아훗삿과 군대장관 비골과 함께 그랄에서부터 이삭에게 온 까닭은 무엇인가? (창 26:26~28)

( )

20. 이삭이 별미를 만들어 나로 먹게 하면 마음껏 축복해 주겠다고 약속한 아들은 누구인가? (창 27:4~5)

㉮ 에서 ㉯ 야곱 ㉰ 비골 ㉱ 이스마엘

21. 이삭이 그 아들 에서에게 별미를 만들어 먹게 하면 축복해 주겠다고 말할 때에 그 말을 들은 사람은 누구인가? (창 27:4~5)

( )

【정답】

15.블레셋 왕 아비멜렉 16.㉱ 17.㉱ 18.㉰ 19.여호와께서 이삭과 함께 계심을 보고 계약을 맺으려고 함. 20.㉮ 21.리브가

22. 이삭의 축복을 받은 아들은 누구인가? (창 27:30)
㉮ 에서 ㉯ 야곱 ㉰ 비골 ㉱ 이스마엘

23. 이삭은 야곱을 어디로 도피시켰는가? (창 28:2)
( )

에서, 야곱, 라반, 레아, 라헬

1. 장자의 명분을 동생에게 판 사람은 누구인가? (창 25:33)
㉮ 에서 ㉯ 이삭 ㉰ 야곱 ㉱ 이스마엘

2. 에서는 무엇을 받고 장자의 명분을 팔았는가? (창 25:34)
( )

3. 에서는 몇 살에 결혼을 했는가? (창 26:34)
( )

4. 야곱에게 라반은 누구인가? (창 28:2)
㉮ 외삼촌 ㉯ 고모 ㉰ 사촌 ㉱ 외조부

5. 여호와께서 야곱과 함께 있어 어디를 가든지 지키며 야곱을 이끌어 어떻게 하겠다고 하셨나? (창 28:15)
㉮ 이 땅에서 떠나가게 하신다. ㉯ 이 땅으로 돌아오게 하신다.
㉰ 이 땅에서 살게 하신다. ㉱ 이 땅을 기름지게 하신다.

【정답】
22.㉯ 23.밧단아람 1.㉮ 2.팥죽 3.40세 4.㉮ 5.㉯

6. 야곱에게 허락한 것을 다 이루기까지 떠나지 않겠다는 분은 누구인가? (창 28:15)
( )

7. 라반의 첫째 딸은 누구인가? (창 29:16)
㉮ 라헬 ㉯ 하갈 ㉰ 빌하 ㉱ 레아

8. 야곱은 외삼촌의 작은 딸을 연애하므로 외삼촌에게 몇 년을 봉사하기로 하였나? (창 29:18)
㉮ 3년 ㉯ 5년 ㉰ 7년 ㉱ 10년

9. 야곱이 라반과 약속한 7년의 기한이 되어 잔치하고 처음 맞은 아내는 누구인가? (창 29:21~23)
( )

10. 라반이 그 여종 실바를 누구에게 시녀로 주었나? (창 29:24)
㉮ 레아 ㉯ 라헬 ㉰ 야곱 ㉱ 빌하

11. 레아를 아내로 맞은 야곱은 라헬을 아내로 얻기 위해 몇 년을 더 봉사했는가? (창 29:27)
( )

12. 라헬의 여종은 누구인가? (창 29:29)
㉮ 실바 ㉯ 레아 ㉰ 빌하 ㉱ 하갈

13. 야곱이 레아에게서 처음 낳은 아들은 누구인가? (창 29:32)
( )

14. 야곱의 둘째 아들은 누구인가? (창 29:33)
㉮ 르우벤 ㉯ 시므온 ㉰ 레위 ㉱ 유다

【정답】

6.하나님 7.㉱ 8.㉰ 9.레아 10.㉮ 11.7년 12.㉰ 13.르우벤 14.㉯

15. 야곱의 셋째 아들은 누구인가? (창 29:34)
( )

16. 야곱의 넷째 아들은 누구인가? (창 29:35)
㉮ 르우벤 ㉯ 레위 ㉰ 유다 ㉱ 시므온

17. 야곱의 다섯 번째 아들로서, 첩 빌하가 낳은 첫째 아들은 누구인가? (창 30:5~6)
㉮ 레위 ㉯ 유다 ㉰ 단 ㉱ 르우벤

18. 야곱의 여섯 번째 아들로서, 첩 빌하가 낳은 둘째 아들은 누구인가? (창 30:7~8)
( )

19. 야곱의 일곱 번째 아들로서, 첩 실바가 낳은 첫째 아들은 누구인가? (창 30:10~11)
㉮ 갓 ㉯ 단 ㉰ 유다 ㉱ 시므온

20. 야곱의 여덟 번째 아들로서, 첩 실바가 낳은 둘째 아들은 누구인가? (창 30:12~13)
( )

21. 야곱의 아홉 번째 아들로서, 아내 레아가 낳은 다섯 번째 아들은 누구인가? (창 30:17~18)
㉮ 납달리 ㉯ 아셀 ㉰ 잇사갈 ㉱ 유다

22. 야곱의 열 번째 아들로서, 아내 레아가 낳은 여섯 번째 아들은 누구인가? (창 30:19~20)
㉮ 레위 ㉯ 유다 ㉰ 단 ㉱ 스불론

【정답】
15.레위 16.㉰ 17.㉰ 18.납달리 19.㉮ 20.아셀 21.㉰ 22.㉱

23. 야곱의 아내 레아가 낳은 딸은 누구인가? (창 30:21)
㉮ 디나 ㉯ 마리아 ㉰ 리브가 ㉱ 한나

24. 야곱의 열한 번째 아들로, 아내 라헬이 낳은 첫 번째 아들은 누구인가? (창 30:22~24)
( )

25. 야곱은 외삼촌과 양 떼 중에 있는 어떤 것으로 품삯을 정했나? (창 30:32)
( )

26. 라반은 야곱의 품삯을 몇 번 변역하였나? (창 31:7)
㉮ 일곱 번 ㉯ 여덟 번 ㉰ 아홉 번 ㉱ 열 번

27. 라반이 야곱에게 "점 있는 것이 네 삯이 되리라" 하면 온 양 떼가 낳은 것은 어떠했는가? (창 31:8)
㉮ 점 없는 것 ㉯ 얼룩무늬 있는 것
㉰ 점 있는 것 ㉱ 얼룩무늬 없는 것

28. 라반이 야곱에게 "얼룩무늬 있는 것이 네 삯이 되리라" 하면 온 양 떼가 낳은 것은 어떠했는가? (창 31:8)
( )

29. 야곱은 밧단아람에서 얻은 모든 것을 이끌고 어느 땅으로 가려고 했나? (창 31:18)
㉮ 가나안 ㉯ 모압 ㉰ 애굽 ㉱ 에돔

30. 야곱의 아비는 누구인가? (창 31:18)
㉮ 라반 ㉯ 이삭 ㉰ 아브라함 ㉱ 에서

【정답】

23.㉮ 24.요셉 25.아롱진 것, 점 있는 것, 검은 것 26.㉱ 27.㉰
28.얼룩무늬 있는 것 29.㉮ 30.㉯

31. 라헬은 그 아비의 무엇을 도적질했는가? (창 31:19)

( )

32. 야곱이 도망한 지 며칠 만에 라반이 알게 되었나? (창 31:22)

㉮ 1일 ㉯ 2일 ㉰ 3일 ㉱ 4일

33. 라반은 야곱이 자기를 떠났다는 것을 알게 되었을 때 어떻게 했나? (창 31:22~23)

㉮ 축복했다. ㉯ 쫓아갔다. ㉰ 화가 났다. ㉱ 슬퍼했다.

34. 하나님께서 야곱을 쫓아가던 라반에게 현몽하여 이르신 것은 무엇인가? (창 31:23~24)

( )

35. 야곱은 라반의 집에 몇 년 동안 있었는가? (창 31:38)

㉮ 20년 ㉯ 14년 ㉰ 7년 ㉱ 5년

36. 야곱은 세일 땅 에돔 들에 있는 형 에서에게 먼저 누구를 보냈나? (창 32:3)

( )

37. 에서는 군사 몇 명을 거느리고 동생 야곱에게로 왔는가? (창 32:6)

㉮ 300명 ㉯ 350명 ㉰ 400명 ㉱ 450명

38. 야곱이 얍복 나루에서 밤에 어떤 사람과 날이 새도록 씨름할 때에 위골된 뼈는 무엇인가? (창 32:22~25)

㉮ 갈비뼈 ㉯ 환도뼈 ㉰ 턱뼈 ㉱ 다리뼈

【정답】

31.드라빔 32.㉰ 33.㉯ 34.야곱에게 선악간 말하지 말라 35.㉮
36.사자들 37.㉰ 38.㉯

39. 야곱은 밤에 함께 씨름한 그 사람이 가려고 하자 왜 가게 하지 않았는가? (창 32:26)
㉮ 뼈를 고쳐달라고 ㉯ 축복해 달라고
㉰ 씨름을 더 하자고 ㉱ 감사해서

40. 야곱이 하나님과 겨루어 이김으로써, 하나님께 받은 새로운 이름은 무엇인가? (창 32:28)
( )

41. 야곱은 "내가 하나님과 대면하여 보았으나 내 생명이 보전되었다" 하며 그 곳 이름을 무엇이라 하였나? (창 32:30)
㉮ 에돔 ㉯ 세일 ㉰ 브니엘 ㉱ 벧엘

42. 에서와 헤어진 야곱이 가나안 땅에 들어와 잠시 머문 곳은 어디인가? (창 33:16~17)
㉮ 세일 ㉯ 숙곳 ㉰ 세겜 ㉱ 에돔

43. 야곱은 장막 친 밭을 하몰의 아들들에게서 얼마에 샀나? (창 33:19)
㉮ 금 일백 ㉯ 금 이백 ㉰ 은 일백 ㉱ 은 이백

44. 야곱은 하몰의 아들들에게서 산 밭에 단을 쌓고 그 이름을 무엇이라 했나? (창 33:19~20)
( )

45. 야곱의 딸 디나를 강간하여 욕되게 한 자는 누구인가? (창 34:1~2)
( )

46. 야곱의 딸 디나로 인해 세겜 족속을 죽인 야곱의 아들들은 누구인가? (창 34:25)
㉮ 갓과 아셀 ㉯ 레위와 스불론 ㉰ 납달리와 스불론 ㉱ 시므온과 레위

【정답】
39.㉯ 40.이스라엘 41.㉰ 42.㉯ 43.㉰ 44.엘엘로헤이스라엘 45.세겜 46.㉱

47. 야곱이 자기와 함께한 자들에게 에서의 낯을 피하여 도망하던 때에 거했던 벧엘로 올라가자고 한 이유는 무엇인가? (창 35:3)

㉮ 도망가려고 ㉯ 단을 쌓으려고 ㉰ 무서워서 ㉱ 기도하려고

48. 하나님께서 아브라함과 이삭에게 준 땅을 누구에게 준다고 하셨는가? (창 35:10~12)

㉮ 야곱 ㉯ 에서 ㉰ 시므온 ㉱ 레위

49. 야곱의 아내 라헬의 둘째 아들은 누구인가? (창 35:18)

㉮ 베냐민 ㉯ 르우벤 ㉰ 레위 ㉱ 요셉

50. 야곱의 아내 중 아들을 낳다가 죽은 사람은 누구인가? (창 35:17~19)

( )

51. 야곱의 아들은 몇 명인가? (창 35:22)

㉮ 12명 ㉯ 10명 ㉰ 8명 ㉱ 5명

52. 야곱의 아비 이삭은 몇 살에 죽었는가? (창 35:28)

㉮ 150세 ㉯ 160세 ㉰ 170세 ㉱ 180세

53. 야곱과 에서가 함께 장사한 사람은 누구인가? (창 35:29)

㉮ 사라 ㉯ 아브라함 ㉰ 라헬 ㉱ 이삭

54. 야곱의 형 에서는 어느 족속의 조상인가? (창 36:1)

( )

55. 이스라엘은 여러 아들 중 누구를 깊이 사랑했는가? (창 37:3)

㉮ 르우벤 ㉯ 요셉 ㉰ 베냐민 ㉱ 유다

【정답】

47.㉯ 48.㉮ 49.㉮ 50.라헬 51.㉮ 52.㉱ 53.㉱ 54.에돔 55.㉯

56. 이스라엘이 채색옷을 지어 입힌 아들은 누구인가? (창 37:3)
㉮ 유다 ㉯ 르우벤 ㉰ 시므온 ㉱ 요셉

57. 요셉을 팔아버린 요셉의 형들이 아버지 이스라엘에게 가져간 것은 무엇인가? (창 37:31~33)
(   )

58. 유다의 아내 수아는 어디 사람인가? (창 38:2)
㉮ 미디안 ㉯ 이스마엘 ㉰ 애굽 ㉱ 가나안

59. 유다가 장자 엘을 위하여 얻은 며느리는 누구인가? (창 38:6)
(   )

60. 여호와께서는 왜 유다의 장자 엘을 죽이셨는가? (창 38:7)
㉮ 여호와 목전에 악하므로 ㉯ 부모에게 불효해서
㉯ 형제들과 싸워서 ㉱ 사람들에게 악하므로

61. 유다의 며느리 다말은 누구로 인하여 잉태하였는가? (창 38:18)
㉮ 레위 ㉯ 유다 ㉰ 베냐민 ㉱ 르우벤

62. 유다가 다말에게서 낳은 쌍둥이는 누구인가? (창 38:29~30)
(   )

63. 야곱은 애굽에 곡식이 있음을 알고 누구를 보냈는가? (창 42:3)
㉮ 아들 11명 ㉯ 아들 5명 ㉰ 아들 10명 ㉱ 딸 디나

64. 야곱이 애굽에 곡식을 사러갈 때 보내지 않은 아들은 누구인가? (창 42:4)
㉮ 레위 ㉯ 시므온 ㉰ 유다 ㉱ 베냐민

【정답】
56.㉱ 57.요셉의 채색옷 58.㉱ 59.다말 60.㉮ 61.㉯
62.베레스, 세라 63.㉰ 64.㉱

65. 어디에 기근이 있어서 야곱의 아들들이 양식을 사러 갔는가? (창 42:5)

㉮ 가나안　㉯ 애굽　㉰ 동방　㉱ 아람

66. 야곱의 아들들은 애굽에서 곡식을 가지고 와서 야곱에게 누구를 데려가야 한다고 했는가? (창 42:34)

(　　　　　)

67. 야곱의 말째 아들은 누구인가? (창 42:36)

㉮ 요셉　㉯ 베냐민　㉰ 시므온　㉱ 갓

68. 야곱은 애굽에서 가져온 곡식이 떨어지자 전에 그 양식을 가져왔던 아들들과 함께 누구를 보내는가? (창 43:14)

(　　　　　)

69. 요셉이 살아있어 총리가 되었다는 것을 믿지 않던 야곱이 무엇을 보고야 기운이 소생했나? (창 45:26~27)

㉮ 요셉이 보낸 수레　㉯ 요셉이 보낸 곡식
㉰ 요셉이 보낸 돈　㉱ 요셉이 보낸 옷

70. 하나님께서 "애굽으로 내려가라 거기서 너로 큰 민족을 이루게 하겠다"는 말씀을 누구에게 하셨나? (창 46:2~3)

(　　　　　)

71. 하나님은 야곱에게 함께 애굽으로 내려가겠고 너를 인도하여 다시 올라올 것이며 네 눈은 누가 감기리라고 하셨나? (창 46:4)

㉮ 르우벤　㉯ 유다　㉰ 요셉　㉱ 베냐민

【정답】

65.㉮　66.말째 아우　67.㉯　68.베냐민　69.㉮　70.야곱　71.㉰

72. 야곱의 가족들로 애굽 땅에 이른 자는 모두 몇 명이었는가? (창 46:25~27)

㉮ 60명 ㉯ 65명 ㉰ 70명 ㉱ 75명

73. 기근으로 인해 애굽으로 온 야곱과 그의 가족들은 애굽 땅 어디에 거주하였나? (창 47:1)

㉮ 평야 ㉯ 아모리 ㉰ 골짜기 ㉱ 고센

74. 기근으로 말미암아 애굽으로 온 야곱은 요셉의 인도로 바로 앞에 서서 무엇을 하였나? (창 47:7)

(   )

75. 야곱은 애굽에서 몇 년을 살았는가? (창 47:28)

㉮ 27년 ㉯ 17년 ㉰ 15년 ㉱ 5년

76. 야곱은 몇 살까지 살았는가? (창 47:28)

㉮ 145세 ㉯ 146세 ㉰ 147세 ㉱ 148세

77. 야곱이 요셉의 두 아들에게 축복을 하였는데 특이한 점은 무엇인가? (창 48:17~19)

(   )

78. 야곱은 왜 르우벤에게 탁월하게 되지 못한다고 했는가? (창 49:3~4)

(   )

79. 야곱이 유언하기를 내 열조에게로 돌아가리니 어디에 장사하라 하였는가? (창 49:29)

㉮ 애굽 ㉯ 반석 ㉰ 고센 ㉱ 에브론 밭의 굴

【정답】

72.㉰ 73.㉱ 74.바로에게 축복함 75.㉯ 76.㉰ 77.차자인 에브라임 머리에 오른손을 얹고 축복하였다. 78.아비의 침상을 더럽혔기 때문 79.㉱

80. 야곱이 죽자 애굽 사람들은 며칠 동안 곡했는가? (창 50:3)
㉮ 80일 ㉯ 70일 ㉰ 30일 ㉱ 10일

요셉

1. 요셉의 아비는 누구인가? (창 37:3)
㉮ 야곱 ㉯ 에서 ㉰ 이삭 ㉱ 아브라함

2. 요셉에게 채색옷을 입힌 사람은 누구인가? (창 37:3)
㉮ 야곱 ㉯ 라헬 ㉰ 빌하 ㉱ 실바

3. 요셉은 왜 형들에게 미움을 받았나? (창 37:4)
(　　　　　　)

4. 요셉이 꿈을 꾸고 이르되 "우리가 밭에서 곡식을 묶더니 내 (　)은 일어서고 당신들의 (　)은 내 (　)을 둘러서서 절하더이다"고 했다. (　) 안에 공통으로 들어갈 말은 무엇인가? (창 37:6~7)
(　　　　　　)

5. 요셉이 또 꿈꾼 이야기를 말하되 "(　)와 (　)과 열한 (　)이 내게 절하더이다"고 했다. (　) 안에 들어갈 말은 무엇인가? (창 37:9)
㉮ 모,부,형제 ㉯ 모,부,달 ㉰ 해,달,별 ㉱ 모,해,별

【정답】
80.㉯ 1.㉮ 2.㉮ 3.아비가 다른 형제들보다 그를 특별히 사랑하므로 4.단 5.㉰

6. 요셉의 꿈 이야기를 들은 형들이 그를 시기하되 그 말을 마음에 두었던 사람은 누구인가? (창 37:5~11)
( )

7. 요셉의 형들은 어디에서 아비의 양 떼를 쳤나? (창 37:12)
㉮ 애굽 ㉯ 세겜 ㉰ 세일 ㉱ 에발

8. 요셉의 형들이 그를 죽이려고 할 때 그를 구원하려던 형은 누구인가? (창 37:20~21)
㉮ 유다 ㉯ 르우벤 ㉰ 시므온 ㉱ 레위

9. 요셉을 미디안 상인들에게 팔자고 한 형은 누구인가? (창 37:26~27)
㉮ 르우벤 ㉯ 아셀 ㉰ 앗셀 ㉱ 유다

10. 요셉이 애굽으로 팔려가던 때의 나이는 몇 세인가? (창 37:2)
㉮ 15세 ㉯ 16세 ㉰ 17세 ㉱ 18세

11. 요셉을 넣었던 구덩이에 이르러 요셉이 없는 것을 보고 옷을 찢었던 형은 누구인가? (창 37:29)
㉮ 유다 ㉯ 르우벤 ㉰ 레위 ㉱ 시므온

12. 요셉을 산 이스마엘 사람들은 요셉을 어디로 데리고 갔나? (창 37:28)
( )

13. 요셉을 산 미디안 사람은 그를 누구에게 팔았나? (창 37:36)
㉮ 시위대장 보디발 ㉯ 내무장관 보디발
㉰ 국무총리 보디발 ㉱ 바로 왕

【정답】

6.아비 이스라엘 7.㉯ 8.㉯ 9.㉱ 10.㉰ 11.㉯ 12.애굽 13.㉮

14. 요셉은 여호와께서 함께하시므로 어떤 자가 되었나? (창 39:2)

( )

15. 요셉이 주인에게 은혜를 입어 그 주인을 섬김으로써 그 가정의 무엇이 되었나? (창 39:4)

㉮ 주인 ㉯ 총무 ㉰ 내시 ㉱ 관원

16. 요셉을 위하여 여호와께서 그의 주인인 애굽 사람의 집에 복을 내리셨는데 그 애굽 사람은 누구인가? (창 39:1~5)

㉮ 아기스 ㉯ 보아스 ㉰ 보디발 ㉱ 시삭

17. 요셉은 왜 옥에 갇혔나? (창 39:17~20)

㉮ 잘못을 해서 ㉯ 시기하여서
㉰ 주인 아내의 거짓으로 ㉱ 주인의 물건을 도적질해서

18. 요셉이 갇힌 옥은 누구를 가두는 곳인가? (창 39:20)

( )

19. 요셉과 함께하시는 여호와께서 누구에게 은혜를 받게 하셨나? (창 39:21)

㉮ 왕 ㉯ 관원 ㉰ 총무 ㉱ 전옥

20. 요셉이 갇힌 옥의 전옥은 누구에게 제반 사무를 맡겼는가? (창 39:23)

㉮ 요셉 ㉯ 떡굽는 관원장 ㉰ 술맡은 관원장 ㉱ 시위대장

21. 요셉이 있는 옥에 왕의 두 관원장이 갇히게 되었는데 그들의 직책은 무엇이었나? (창 40:2~3)

( )

【정답】

14.형통한 사람 15.㉯ 16.㉰ 17.㉰ 18.왕의 죄수 19.㉱ 20.㉮
21.떡 굽는 자와 술 맡은 자

22.두 관원장이 꾼 꿈을 요셉이 해석한 대로 전직이 회복된 관원장은 누구인가? (창 40:9~13,21)

㉮ 술 관원장 ㉯ 떡 관원장 ㉰ 고기 관원장 ㉱ 채소 관원장

23.복직된 술 맡은 관원장은 요셉을 기억하지 않다가 누구에게 그를 소개했는가? (창 41:9~12)

㉮ 떡 관원장 ㉯ 총리 ㉰ 바로 ㉱ 시위대장

24.요셉은 바로의 꿈 이야기를 듣고 바로에게 평안한 대답은 누가 하신다고 했는가? (창 41:16)

( )

25.요셉은 바로의 꿈을 듣고 누가 그 하실 일을 바로에게 보였다고 했는가? (창 41:25)

㉮ 바로 ㉯ 요셉 ㉰ 하나님 ㉱ 관원장

26.요셉은 바로가 꾼 꿈을 듣고 어떻게 해석했는가? (창 41:25~31)

( )

27.요셉은 칠년 풍년과 흉년이 어느 땅에 있을 것이라고 했는가? (창 41:29~30)

㉮ 가나안 ㉯ 애굽 ㉰ 이스라엘 ㉱ 헤브론

28.요셉은 바로에게 후에 든 흉년이 너무 심해 이전 무엇을 기억하지 못한다고 했는가? (창 41:31)

( )

29.요셉은, 바로가 꿈을 두 번 겹쳐 꾼 것은 누가 이 일을 정하고 속히

【정답】

22.㉮ 23.㉰ 24.하나님 25.㉰

26.좋은 일곱은 칠년 풍년, 나쁜 일곱은 칠년 흉년 27.㉯ 28.풍년

행하려 한다고 했나? (창 41:32)

(   )

30. 요셉은 바로에게 어떤 사람을 택하여 애굽 땅을 치리하게 하라고 했는가? (창 41:33)

㉮ 명철하고 지혜 있는 사람 ㉯ 명철하고 돈 많은 사람
㉰ 지혜 있고 높은 사람 ㉱ 돈 많고 높은 사람

31. 바로는 요셉에게 어떤 신이 감동한 사람이라고 하였나? (창 41:38)

(   )

32. 바로는 요셉을 애굽의 무엇으로 임명했는가? (창 41:41)

㉮ 장관 ㉯ 관리 ㉰ 총리 ㉱ 옥지기

33. 요셉의 아내는 누구인가? (창 41:45)

㉮ 라헬 ㉯ 빌하 ㉰ 실바 ㉱ 아스낫

34. 요셉이 애굽 총리가 된 때의 나이는 몇 살인가? (창 41:46)

㉮ 30세 ㉯ 40세 ㉰ 50세 ㉱ 60세

35. 요셉은 애굽 총리가 된 후 7년 풍년 동안 무엇을 어떻게 했는가? (창 41:47~48)

(   )

36. 요셉의 장자는 누구인가? (창 41:51)

㉮ 에브라임 ㉯ 므낫세 ㉰ 레위 ㉱ 아브라함

37. 요셉의 차자는 누구인가? (창 41:52)

㉮ 베냐민 ㉯ 시므온 ㉰ 유다 ㉱ 에브라임

【정답】

29.하나님 30.㉮ 31.하나님의 신 32.㉰ 33.㉱ 34.㉮
35.곡물을 각 성에 저축함 36.㉯ 37.㉱

38. 애굽의 온 땅에 가뭄이 심해져 굶주리게 되자 백성들은 누구에게 양식을 구했는가? (창 41:55)

㉮ 야곱　㉯ 바로　㉰ 제사장　㉱ 형제

39. 바로는 굶주린 애굽 모든 백성들에게 누구를 찾아가서 그가 이르는 대로 하라고 말했나? (창 41:55)

㉮ 요셉　㉯ 야곱　㉰ 스불론　㉱ 므낫세

40. 요셉은 곡식을 사러온 형들에게 어떻게 대했나? (창 42:7)

㉮ 반가워했다.　㉯ 모른 체했다.　㉰ 울었다.　㉱ 절했다.

41. 요셉은 곡식을 사러온 형들을 누구라고 하였나? (창 42:9)

(　　　　　)

42. 요셉은 형들에게 정탐꾼들이라고 하면서 누구를 데려오라 했는가? (창 42:15)

㉮ 아버지　㉯ 여동생　㉰ 말째 아우　㉱ 어머니

43. 요셉은 형들에게 곡물을 주면서 그들의 목전에서 누구를 결박했는가? (창 42:24~25)

(　　　　　)

44. 요셉의 형들이 애굽에 다시 왔을 때 데리고 온 동생은 누구인가? (창 43:15)

㉮ 베냐민　㉯ 갓　㉰ 디나　㉱ 여호수아

45. 요셉 어머니의 아들로 요셉의 친동생은 누구인가? (창 43:29)

㉮ 므낫세　㉯ 베냐민　㉰ 갓　㉱ 단

【정답】

38.㉯　39.㉮　40.㉯　41.정탐꾼들　42.㉰　43.시므온　44.㉮　45.㉯

46. 요셉은 청지기에게 명하여 은잔을 누구의 자루에 넣으라고 하였나? (창 44:2, 12)

㉮ 레위 ㉯ 유다 ㉰ 스불론 ㉱ 베냐민

47. 요셉은 형들에게 자기를 애굽으로 보낸 자는 누구라고 하였나? (창 45:8)

㉮ 형들 ㉯ 아버지 ㉰ 하나님 ㉱ 어머니

48. 요셉은 수레를 갖추고 어디로 올라가서 아비 이스라엘을 맞았나? (창 46:29)

(　　　　　　)

49. 요셉은 애굽에서 아비 야곱과 몇 년을 살았나? (창 47:28)

㉮ 17년 ㉯ 15년 ㉰ 10년 ㉱ 7년

50. 요셉의 장자 므낫세보다 차자 에브라임이 더 큰 자가 된다고 축복한 사람은 누구인가? (창 48:19~20)

(　　　　　　)

51. 요셉은 아비 야곱을 장사하러 올라가서 며칠 간 애곡하였나? (창 50:10)

㉮ 5일 ㉯ 7일 ㉰ 10일 ㉱ 15일

52. 요셉은 이스라엘 자손에게 맹세시켜 이르기를 하나님이 정녕 너희를 권고하시리니 너희가 여기서 올라갈 때에 무엇을 메고 가겠다 하라고 하였나? (창 50:25)

(　　　　　　)

【정답】

46.㉱ 47.㉰ 48.고센 49.㉮ 50.야곱 51.㉯ 52.요셉의 해골

53. 요셉은 몇 살까지 살았나? (창 50:26)
㉮ 147세 ㉯ 120세 ㉰ 110세 ㉱ 70세

54. 요셉의 뼈는 어디에 장사되었나? (수 24:32)
㉮ 세겜 ㉯ 고센 ㉰ 기브아 ㉱ 여리고

모세

1. 모세가 태어나기 전 이스라엘 자손은 생육이 중다하고 번식하고 창성하고 심히 강대하여 어디에 가득하게 되었나? (출 1:7)
( )

2. 모세는 어느 족속인가? (출 2:1~2, 10)
㉮ 유다 ㉯ 레위 ㉰ 모압 ㉱ 헷

3. 모세의 어머니는 몇 달 동안 아들 모세를 숨겼는가? (출 2:2)
㉮ 석 달 ㉯ 넉 달 ㉰ 여섯 달 ㉱ 아홉 달

4. 모세의 어머니는 아들의 생명을 살리기 위해 석달 동안 숨겨오다 갈상자에 담아 어디에 두었는가? (출 2:3)
( )

【정답】

53.㉰ 54.㉮ 1.온 땅 2.㉯ 3.㉮ 4.하숫가 갈대 사이

5. 바로의 딸에게 발견된 모세는 어떻게 되었나? (출 2:5~6)
㉮ 다시 하숫가에 놓였다. ㉯ 불쌍히 여김을 받았다.
㉰ 부모에게 데려다 주었다. ㉱ 괴롭게 되었다.

6. 바로의 딸이 모세를 취하자 모세의 누이 미리암은 누구를 유모로 소개했는가? (출 2:7~8)
㉮ 모세 어머니 ㉯ 모세 이모 ㉰ 모세 고모 ㉱ 모세 숙모

7. 미리암은 누구의 누이인가? (출 15:20)
( )

8. 모세가 자라매 누가 아들로 삼았는가? (출 2:10)
㉮ 미리암 ㉯ 바로의 딸 ㉰ 한나 ㉱ 리브가

9. '모세'라는 이름의 뜻은 무엇인가? (출 2:10)
( )

10. 모세가 애굽인의 손에서 동포를 구했을 때 동포들이 보인 반응은 무엇인가? (출 2:14)
㉮ 살인자로 여겼다. ㉯ 구원자로 여겼다.
㉰ 형제로 여겼다. ㉱ 왕으로 여겼다.

11. 애굽에서 살인한 것이 탄로난 모세는 어떻게 하였나? (출 2:15)
㉮ 자수했다. ㉯ 붙잡혔다. ㉰ 도망갔다. ㉱ 돌아왔다.

12. 모세는 바로의 낯을 피하여 어느 땅에 머물렀나? (출 2:15)
㉮ 헤브론 ㉯ 벧엘 ㉰ 세겜 ㉱ 미디안

13. 모세의 부인은 누구인가? (출 2:21)
㉮ 사라 ㉯ 리브가 ㉰ 레아 ㉱ 십보라

【정답】
5.㉯ 6.㉮ 7.아론과 모세 8.㉯ 9.물에서 건져냄 10.㉮ 11.㉰ 12.㉱ 13.㉱

14. 모세의 첫째 아들은 누구인가? (출 2:22)

㉮ 게르솜 ㉯ 나답 ㉰ 아비후 ㉱ 엘르아살

15. 모세가 장인의 양무리를 치고 있을 때 떨기나무 불꽃 가운데서 나타나신 이는 누구인가? (출 3:2)

㉮ 아브라함 ㉯ 여호와의 사자 ㉰ 이삭 ㉱ 이스라엘

16. 모세의 요청으로 하나님께서 가르쳐 주신 하나님의 이름은 무엇인가? (출 3:14)

㉮ 조상의 하나님 ㉯ 너의 하나님
㉰ 스스로 있는 자 ㉱ 무서운 자

17. 여호와께서 모세에게 지팡이를 통해 보이신 이적은 무엇인가? (출 4:3)
( )

18. 여호와께서 모세에게 "네 손을 품에 넣으라"고 하시면서 보이신 이적은 무엇인가? (출 4:6)

㉮ 피 ㉯ 뱀 ㉰ 문둥병 ㉱ 메뚜기

19. 모세가 하나님께 이스라엘 자손에게 자신 말고 보낼 만한 자를 보내라고 한 이유에 대해 무엇이라고 하였나? (출 4:10~13)
( )

20. 모세의 형으로, 말 잘하는 사람은 누구인가? (출 4:14)

㉮ 아론 ㉯ 에서 ㉰ 요셉 ㉱ 야곱

21. 미디안에 거하던 모세는 누구와 함께 애굽으로 갔는가? (출 4:20)
( )

【정답】
14.㉮ 15.㉯ 16.㉰ 17.뱀이 되게 함 18.㉰
19.자신은 말에 능치 못한 자라고 했다. 20.㉮ 21.아내와 아들들

22. 모세가 애굽으로 가는 중에 여호와께서 그를 죽이려 한 이유는 무엇인가? (출 4:24~26)

㉮ 시험하려고　　㉯ 말을 못해서
㉰ 아들들에게 할례를 하지 않아서　　㉱ 말을 잘해서

23. 모세의 아들에게 할례를 행한 사람은 누구인가? (출 4:25)

(　　　　　)

24. 모세가 애굽으로 오는데 광야로 마중 나온 사람은 누구인가? (출 4:27)

㉮ 미리암　㉯ 아내　㉰ 아론　㉱ 아들들

25. 모세와 아론이 처음으로 바로에게 요구한 것은 무엇인가? (출 5:3)

㉮ 사흘 길쯤 광야로 가서 하나님께 희생을 드리게 해 달라.
㉯ 사흘 동안 광야에 가서 놀게 해 달라.
㉰ 모세와 아론으로 새 국가를 만들게 해 달라.
㉱ 바로를 위하여 제사를 드리게 해 달라.

26. 바로가 모세와 아론의 요구에 보인 반응은 무엇인가? (출 5:9)

㉮ 백성을 이끌고 너희 하나님께 희생을 드리러 가라.
㉯ 백성들이 거짓말에 귀기울일 틈을 주지 않기 위해 고역을 무겁게 함.
㉰ 백성들에게 놀게 하라.
㉱ 백성들이 말을 잘 들으니 맛있는 것을 주어라.

27. 모세가 바로를 만날 때의 나이는 몇 살이었나? (출 7:7)

(　　　　　)

28. 모세의 형, 아론이 바로를 만날 때의 나이는 몇 살이었나? (출 7:7)

㉮ 100세　㉯ 90세　㉰ 85세　㉱ 83세

【정답】

22.㉰　23.아내 십보라　24.㉰　25.㉮　26.㉯　27.80세　28.㉱

29. 하나님의 징계를 받으면서도 바로가 이스라엘 백성을 보내지 않은 까닭은 무엇인가? (출 10:27)

㉮ 여호와께서 바로의 마음을 강퍅케 하셨기 때문에
㉯ 이스라엘 민족이 불쌍해서
㉰ 이스라엘 민족이 너무 사랑스러워서
㉱ 이스라엘 민족이 너무 똑똑해서

30. 하나님께서 애굽에 마지막 재앙을 내리기 전에 이스라엘에게 명령하신 것은 무엇인가? (출 12:11)

(　　　　　　)

31. 바로는 열 번째의 재앙인 장자의 죽음으로 인해 이스라엘 자손에게 어떻게 하였나? (출 12:31)

(　　　　　　)

32. 모세가 애굽에서 누구의 해골을 가지고 나왔는가? (출 13:19)

㉮ 야곱　㉯ 요셉　㉰ 아론　㉱ 미리암

33. 모세는 홍해 앞에서 원망하는 이스라엘에게 무엇이라 하였는가? (출 14:13)

(　　　　　　)

34. 하나님께서 모세를 통해 홍해 앞에서 애굽 군대로부터 이스라엘을 어떻게 구원하셨나? (출 14:21)

㉮ 사람을 동원하여 싸웠다.　㉯ 바다 가운데로 길을 만드셨다.
㉰ 모세가 전쟁을 했다.　㉱ 이스라엘이 전쟁을 했다.

【정답】

29.㉮　30.여호와의 유월절　31.애굽을 떠나 여호와를 섬기라고 하였다.
32.㉯　33.두려워하지 말고 여호와의 구원을 보라　34.㉯

35. 홍해를 건너 구원을 노래했던 이스라엘 자손들이 물을 얻지 못함으로 누구를 원망했나? (출 15:24)

㉮ 바로　㉯ 모세　㉰ 아론　㉱ 이드로

36. 애굽을 떠난 이스라엘 회중이 엘림과 시내산 사이 신광야에 이르러 모세와 아론을 원망한 이유는 무엇인가? (출 16:1~3)

㉮ 물이 없어서 죽게 되었다고　㉯ 더러운 옷을 빨지 못해서
㉰ 먹을 것이 없어 죽게 되었다고　㉱ 더워서 죽겠다고

37. 모세는 누구에게 아말렉과 싸우라고 명했나? (출 17:9)

(　　　　　　)

38. 이스라엘 민족과 아말렉의 싸움에서 이스라엘 민족이 이길 때는 어느 때인가? (출 17:8~11)

㉮ 모세가 손을 들 때　㉯ 모세가 손을 내릴 때
㉰ 아론이 손을 들 때　㉱ 훌이 손을 들 때

39. 모세가 팔이 피곤하여 내려오는 것을 옆에서 도왔던 사람들은 누구인가? (출 17:12)

(　　　　　　)

40. 모세의 둘째 아들의 이름은 무엇인가? (출 18:4)

㉮ 아론　㉯ 엘리에셀　㉰ 이드로　㉱ 여호수아

41. 모세에게 천부장, 백부장, 오십부장, 십부장 제도를 가르쳐 준 사람은 누구인가? (출 18:17~24)

㉮ 이드로　㉯ 십보라　㉰ 아론　㉱ 미리암

【정답】

35.㉯　36.㉰　37.여호수아　38.㉮　39.아론과 훌　40.㉯　41.㉮

42. 모세는 왜 천부장, 백부장 제도를 세웠나? (출 18:25~26)
㉮ 군사를 시키기 위해서 ㉯ 예배를 드리기 위해서
㉰ 재판을 위해서 ㉱ 놀러가기 위해서

43. 모세의 율법에 "너의 토지에서 처음 익은 열매의 첫 것"을 가져다가 누구에게 드리라고 했나? (출 23:19)
㉮ 농부 ㉯ 하나님 ㉰ 모세 ㉱ 아론

44. 모세와 아론과 나답과 아비후와 함께 시내산에 올라간 이스라엘의 장로는 몇 명이었나? (출 24:9)
㉮ 60명 ㉯ 70명 ㉰ 80명 ㉱ 90명

45. 모세는 십계명을 받기 위해 얼마 간 시내산에 있었는가? (출 24:18)
㉮ 100일 ㉯ 50일 ㉰ 40주야 ㉱ 4일

46. 하나님께서 모세에게 제사장 직분을 누구에게 위임하라고 하였나? (출 28:43, 29:1)
(   )

47. 아론과 그 아들들이 제사장직을 수행하기 위해 바른 기름은 무엇인가? (출 30:30~31)
㉮ 관유 ㉯ 올리브유 ㉰ 포도씨유 ㉱ 향유

48. 여호와께서 회막을 짓기 위해 특별히 예비한 일꾼은 누구인가? (출 31:2~7)
㉮ 브살렐과 오홀리압 ㉯ 모세와 아론
㉰ 아론과 그 아들들 ㉱ 여호수아

49. 모세가 하나님께 받은 증거판은 모두 몇 개인가? (출 31:18)
(   )

【정답】
42.㉰ 43.㉯ 44.㉯ 45.㉰ 46.아론과 그 아들들 47.㉮ 48.㉮ 49.두 개

50. 모세가 산 위에서 증거판을 받는 동안 이스라엘 백성이 만들어 섬긴 것은 무엇인가? (출 32:3~4)

㉮ 금송아지　㉯ 염소　㉰ 양　㉱ 사람

51. 하나님이 주신 증거판을 깨뜨리고 금송아지를 부숴 가루로 만들어 물에 뿌려 이스라엘 자손에게 마시게 한 사람은 누구인가? (출 32:19~20)

㉮ 아론　㉯ 모세　㉰ 훌　㉱ 미리암

52. 금송아지 우상을 섬기다 모세가 명한 대로 레위 자손에게 죽임을 당한 사람은 모두 몇 명인가? (출 32:28)

(　　　　　　)

53. 이스라엘 백성이 금신을 만들어 섬긴 것을 용서해 달라고 탄원한 사람은 누구인가? (출 32:30~32)

㉮ 아브라함　㉯ 모세　㉰ 여호수아　㉱ 아론

54. 모세가 하나님과 만나기 위하여 회막으로 들어갈 때 어디에 구름기둥이 서 있었는가? (출 33:8~9)

(　　　　　　)

55. 회막에서 여호와께서 모세와 대면하여 말씀하셨고 모세가 진으로 돌아왔으나 그 곳을 떠나지 않고 지켰던 모세의 수종자는 누구인가? (출 33:11)

㉮ 여호수아　㉯ 아브라함　㉰ 이삭　㉱ 야곱

56. 이스라엘의 우상숭배로 모세가 깨뜨렸던 언약판은 어떻게 다시 주어졌는가? (출 34:1,28)

【정답】

50.㉮　51.㉯　52.3000명 정도　53.㉯　54.회막문　55.㉮

㉮ 모세가 깨뜨렸던 것이 다시 붙었다.
㉯ 하나님께서 모세에게 돌판 둘을 만들라 하시고 그 판에 친히 기록해 주셨다.
㉰ 하나님께서 직접 만들어 주셨다.
㉱ 이스라엘 백성이 모세에게 만들어 주었다.

57. 여호와를 뵙고 증거판을 가지고 돌아온 모세의 얼굴에 광채가 나는 것을 본 백성들이 두려워하자 모세는 어떻게 했나? (출 34:30~35)
( )

58. 모세는 성막의 재료들을 어떻게 구하였나? (출 35:21~29)
㉮ 모세가 바친 예물로 ㉯ 아론이 바친 예물로
㉰ 백성들이 바친 예물로 ㉱ 장로들이 바친 예물로

59. 소제를 드리고 남은 것은 누구의 몫인가? (레 2:3)
㉮ 아론과 자손들 ㉯ 모세 ㉰ 여자들 ㉱ 장로들

60. 하나님이 명하시지 않은 다른 불로 제사하다 죽은 아론의 아들들은 누구인가? (레 10:1~2)
( )

61. 나답과 아비후가 하나님이 명하시지 않은 다른 불로 제사하다 죽은 후 모세의 명을 따르므로 죽음을 면케 된 아론의 아들들은 누구인가? (레 10:6)
㉮ 엘르아살과 이다말 ㉯ 여호수아와 모세
㉰ 바로와 아브라함 ㉱ 야곱과 이삭

62. 아론과 그 후손들이 성막에 들어갈 때 금해야 할 음식은 무엇인가? (레 10:9)
( )

【정답】
56.㉯ 57.수건으로 얼굴을 가렸다. 58.㉰ 59.㉮ 60.나답과 아비후 61.㉮ 62.포도주와 독주

63. 문둥병을 진찰하고 진단할 권한이 있는 자는 누구인가? (레 13:2~3)
㉮ 제사장 ㉯ 모세 ㉰ 여호수아 ㉱ 바로

64. 하나님께서 성막에서 봉사하기 위해 택한 지파는? (민 3:6)
㉮ 요셉 지파 ㉯ 잇사갈 지파 ㉰ 레위 지파 ㉱ 갓 지파

65. 이스라엘 자손 중에 처음 난 자는 여호와의 것인데 여호와께서는 어느 지파를 여호와의 것이라고 하였나? (민 3:41~45)
( )

66. 레위 자손 중에서 회막 안 지성물에 대해 봉사하게 한 자손은 누구인가? (민 4:2~4)
㉮ 게르손 자손 ㉯ 므라리 자손 ㉰ 고핫 자손 ㉱ 모세 자손

67. 회중을 소집할 때 은나팔을 부는 사람은 누구인가? (민 10:8)
( )

68. 어떤 이들이 광야에서 만나만 준다고 불평을 시작하므로 이스라엘 자손들도 불평하게 되었는가? (민 11:4~6)
( )

69. 하나님께서는 홀로 짐을 질 수 없다는 모세를 어떻게 함으로써 도우셨나? (민 11:14~17)
㉮ 70인의 장로를 택하여 돕도록 하셨다.
㉯ 레위인들을 택하여 돕도록 하셨다.
㉰ 자기 일은 스스로 하라고 하셨다.
㉱ 하나님은 모세를 혼내셨다.

【정답】
63.㉮ 64.㉰ 65.레위 지파 66.㉰ 67.아론의 자손인 제사장
68.이스라엘 중에 섞여 사는 무리 69.㉮

70. 모세가 구스 여인을 취했다고 비방한 사람들은 누구인가? (민 12:1)

㉮ 아론과 그 아들들　　㉯ 미리암과 아론
㉰ 70인의 장로들　　㉱ 엘닷과 메닷

71. 모세가 구스 여인을 취하였다고 비방한 미리암이 하나님께 받은 벌은 무엇인가? (민 12:8~10)

(　　　　　)

72. 여호와께서 바란 광야에서 모세에게 내린 명령은? (민 13:2~3)

㉮ 애굽 땅을 탐지할 사람들을 보내라.
㉯ 가나안 땅을 탐지할 사람들을 보내라.
㉰ 동방에 있는 땅을 탐지할 사람들을 보내라.
㉱ 서방에 있는 땅을 탐지할 사람들을 보내라.

73. 가나안 땅을 정탐한 사람들 중 갈렙의 결론은 무엇인가? (민 13:30)

㉮ 올라가지 말자.　　㉯ 올라가 그 땅을 취하자, 능히 이긴다.
㉰ 애굽으로 돌아가자.　　㉱ 그들은 우리보다 강하다.

74. 가나안 땅을 정탐한 사람들 중 하나님께서 그 땅을 우리에게 주시리라고 주장했던 이들은 누구인가? (민 14:6~9)

(　　　　　)

75. 이스라엘은 광야에서 하나님의 영광과 이적을 보고도 몇 번이나 하나님을 시험하였나? (민 14:22)

㉮ 열 번　㉯ 일곱 번　㉰ 다섯 번　㉱ 두 번

76. 가나안 땅을 정탐한 정탐꾼들의 보고로 하나님을 원망한 이스라엘 자손들에게 하나님께서 내리신 벌은 무엇인가? (민 14:27~33)

(　　　　　)

【정답】

70.㉯　71.문둥병에 걸림　72.㉯　73.㉯　74.여호수아와 갈렙　75.㉮
76.40년을 광야에서 유리하는 자가 된다고 하심

77. 하나님께서 정탐꾼 중 갈렙과 여호수아에게 베푼 은혜는 무엇인가? (민 14:38)

㉮ 정탐꾼들 중 그들만 생존하였다. ㉯ 죄를 속해 주셨다.
㉰ 새로운 명령을 하셨다. ㉱ 상 주셨다.

78. 모세와 동등함을 주장하며 당을 지어 족장 250명과 더불어 나간 사람들은 고라, 다단, 온이다. 빠진 사람은 누구인가? (민 16:1~2)

( )

79. 하나님께서 모세와 아론을 대적하여 당을 지은 사람들과 250명을 어떻게 하셨나? (민 16:32,35)

㉮ 그들에게 땅을 주지 않겠다고 하셨다.
㉯ 그들의 자손들을 축복하지 않겠다고 하셨다.
㉰ 땅이 입을 열어 무리를 삼켰고, 250명을 불로 소멸하였다.
㉱ 모세와 아론에게 그들을 용서하라고 하셨다.

80. 고라와 함께 대적한 무리들의 심판에 대해 모세와 아론에게 원망한 백성들은 어떻게 되었는가? (민 16:49)

㉮ 불로 인해 죽었다. ㉯ 구름으로 인해 눈이 어두워졌다.
㉰ 모세가 그들을 꾸짖었다. ㉱ 염병으로 죽었다.

81. 하나님께서 고라와 함께 대적한 무리들을 죽인 후 하나님이 택한 자의 지팡이에서 싹이 나리라고 하셨는데, 다음날 누구의 지팡이에서 꽃이 피어 살구 열매가 열렸는가? (민 17:8)

( )

82. 회막에서 봉사하는 레위인들이 받을 기업은 무엇인가? (민 18:21)

( )

【정답】

77.㉮ 78.아비람 79.㉰ 80.㉱ 81.아론 82.이스라엘의 십일조

83. 이스라엘 백성이 가데스에 거할 때 물이 없어 모세와 아론을 원망하므로 하나님께서 모세에게 명하신 일은 무엇인가? (민 20:8)

㉮ 반석을 쳐서 물을 내라. ㉯ 반석에게 명하여 물을 내게 하
㉰ 여호와께 기도하라. ㉱ 모세와 아론이 기도하라.

84. 하나님은 모세로 하여금 반석에게 명하여 물을 내게 하라고 하셨는데 모세는 어떻게 하였나? (민 20:11)

(　　　　　　)

85. 모세가 가데스에서 반석을 친 사건에 대한 하나님의 말씀은 무엇인가? (민 20:12)

㉮ 모세와 아론이 아주 잘했다고 함.
㉯ 모세와 아론에게 나와 다투냐고 함.
㉰ 모세와 아론이 하나님을 믿지 않고, 하나님의 거룩함을 나타내지 않았다고 함.
㉱ 하나님의 말씀을 잘 들었으므로 상을 주겠다고 함.

86. 하나님께서는 가데스에서 반석을 쳐 그 명령을 거역한 모세와 아론에게 어떻게 하셨나? (민 20:12)

(　　　　　　)

87. 이스라엘 백성이 자신의 지역에 통과하는 것을 어느 족속이 처음으로 거절하였는가? (민 20:18)

㉮ 에돔 ㉯ 애굽 ㉰ 가나안 ㉱ 터어키

88. 하나님께서 홍해 길을 따라가던 백성들이 원망하자 어떤 벌을 내리셨는가? (민 21:5~7)

㉮ 광야에서 죽게 했다. ㉯ 불뱀에게 물려 죽게 했다.
㉰ 땅이 입을 벌려 죽게 했다. ㉱ 사자에게 물려 죽게 했다.

【정답】

83.㉯ 84.지팡이로 반석을 두 번 쳤다. 85.㉰
86.약속의 땅에 들어가지 못하게 하셨다. 87.㉮ 88.㉯

89. 출애굽 한 이스라엘의 통행로에 있어 이스라엘 백성의 많음을 인하여 두려워했던 모압 왕은 누구인가? (민 22:1~4)

(　　　　　　)

90. 모압 왕 발락은 왜 발람 만나기를 원했는가? (민 22:5~6)

㉮ 이스라엘의 백성이 너무 많음을 보고 좋아서
㉯ 이스라엘에게 먹을 것을 많이 주려고
㉰ 이스라엘을 저주하게 하여 그들을 이기려고
㉱ 이스라엘 중에 계신 하나님을 만나려고

91. 하나님의 뜻을 거스린 발람에게 어떤 동물이 하나님의 말씀을 대언했는가? (민 22:28)

(　　　　　　)

92. 발람은 누구인가? (민 24:1~2)

㉮ 예언자이거나 점쟁이　㉯ 지도자　㉰ 의사　㉱ 왕

93. 모세가 바알브올을 숭배한 이스라엘 자손을 죽이라 명했을 때 한 이스라엘 사람이 그곳으로 미디안 여인을 데리고 들어오자 그들을 죽인 사람은 누구인가? (민 25:5~8)

㉮ 아론　㉯ 비느하스　㉰ 여호수아　㉱ 엘르아살

94. 제사장 아론의 손자인 엘르아살의 아들은 누구인가? (민 25:7)

㉮ 비느하스　㉯ 엘리　㉰ 아론　㉱ 여호수아

95. 하나님께서 엘르아살의 아들인 비느하스와 그 후손에게 주신 평화의 언약은 무엇인가? (민 25:12~13)

㉮ 새 땅을 많이 주겠다.　㉯ 내가 너를 버리지 않겠다.
㉰ 영원한 제사장의 직분　㉱ 선지자의 직분

【정답】

89.발락　90.㉰　91.나귀　92.㉮　93.㉯　94.㉮　95.㉰

96. 모세와 함께 애굽에서 나온 1세대 중 가나안에 들어간 사람은 누구인가? (민 26:65)
(　　　　　)

97. 여호와께서 모세 대신에 이스라엘을 인도할 지도자로 세운 사람은 누구인가? (민 27:18~20)
㉮ 여호수아　㉯ 갈렙　㉰ 비느하스　㉱ 아론

98. 하나님께서 모세에게 명하여 아들이 없어서 딸들이 그 기업을 물려받게 한 사람은 누구인가? (민 36:2)
(　　　　　)

99. 모세가 가나안 입성에 앞서 하나님의 명령을 선포한 곳은 어디인가? (신 1:1)
㉮ 홍해　㉯ 애굽　㉰ 요단　㉱ 아라바 광야

100. 모세에게 가나안 땅을 정탐하자고 제안했던 사람들은? (신 1:22)
(　　　　　)

101. 여호와께서 에서에게 기업으로 어느 산을 주었나? (신 2:4~5)
㉮ 모압산　㉯ 세일산　㉰ 암몬산　㉱ 헐몬산

102. 여호와께서 롯 자손에게 어디를 기업으로 주셨는가? (신 2:9)
㉮ 세일산　㉯ 여리고　㉰ 아르　㉱ 애굽

103. 어느 지파가 모세에게 요단강 동편 땅을 분배받았나? (신 3:8, 12~13)
㉮ 르우벤, 갓, 므낫세 반 지파　㉯ 12지파
㉰ 이스라엘 지파　㉱ 여호수아 지파

【정답】
96.갈렙과 여호수아　97.㉮　98.슬로브핫　99.㉱　100.이스라엘 백성　101.㉯
102.㉰　103.㉮

104. 하나님께서 쫓아내신 가나안 일곱 족속에 들지 않는 족속은? (신 7:1)
㉮ 헷 ㉯ 기르가스 ㉰ 아모리 ㉱ 레위

105. 하나님께서 가나안 일곱 족속과 혼인을 금하신 이유는? (신 7:3~4)
㉮ 그들이 이스라엘 백성을 때리고 죽이려고 하니까
㉯ 하나님을 떠나고 그들이 섬기는 신을 섬기게 하므로
㉰ 여호와께서 그들을 택하셔서
㉱ 여호와의 종 여호수아에게 순종하지 않아서

106. 구제를 위한 십일조의 대상이 아닌 자는 누구인가? (신 14:28~29)
㉮ 레위인 ㉯ 객,고아 ㉰ 과부 ㉱ 베냐민 지파

107. 모세가 이스라엘 백성들에게 가나안을 정복한 후에 어느 산에서 축복과 저주를 선포하라고 명령했는가? (신 27:12~13)
㉮ 세일산과 소알산 ㉯ 그리심산과 에발산
㉰ 에돔산과 에발산 ㉱ 암몬산과 헐몬산

108. 모세가 언약궤를 메는 레위 자손 제사장들과 모든 장로들에게 써서 준 것은 무엇인가? (신 31:9)
(　　　　　)

109. 모세는 율법을 언제 이스라엘 대중들에게 낭독하라고 명했는가? (신 31:10~11)
㉮ 유월절 ㉯ 칠칠절 ㉰ 정기 면제년 초막절 ㉱ 죽을 때

110. 모세는 언약궤를 메는 레위 사람에게 명하여 율법 책을 어디에 보관하라고 하였는가? (신 31:25~26)
(　　　　　)

【정답】

104.㉱ 105.㉯
106.㉱ 107.㉯ 108.율법 109.㉰ 110.하나님의 언약궤 곁

111. 모세는 몇 살에 죽었는가? (신 34:7)
㉮ 80세 ㉯ 90세 ㉰ 100세 ㉱ 120세

여호수아

1. 여호수아는 누구의 시종이었나? (수 1:1)
( )

2. 하나님께서는 모세가 죽은 후 이스라엘을 하나님이 주신 땅으로 인도하기 위해 누구를 부르셨는가? (수 1:2)
㉮ 아론 ㉯ 제사장 ㉰ 여호수아 ㉱ 야곱

3. 하나님께서는 이스라엘을 하나님이 주신 땅으로 인도하기 위해 여호수아에게 어떻게 하라고 하셨나? (수 1:6)
( )

4. 하나님께서 여호수아에게 주야로 묵상하라고 하신 것은 무엇인가? (수 1:8)
㉮ 율법책 ㉯ 기도 ㉰ 찬양 ㉱ 운동

5. 여호수아가 백성들에게 명하기를 삼일 안에 하나님이 너희에게 주신 땅을 얻기 위하여 들어갈 것이니 준비하라고 한 것은 무엇인가? (수 1:11)
( )

【정답】
111.㉱ 1.모세 2.㉰ 3.마음을 강하게 하고 담대히 하라. 4.㉮ 5.양식

6. 여호수아가 가나안 땅과 여리고를 엿보기 위해 보낸 사람을 무엇이라고 하는가? (수 2:1)
( )

7. 여리고에 정탐 간 사람이 위기에 처했을 때 누가 도와주었는가? (수 2:1~6)
㉮ 모세 ㉯ 아론 ㉰ 기생 라합 ㉱ 여호수아

8. 이스라엘에서 정탐 간 사람들을 도운 라합은 무엇을 요구했나? (수 2:12~13)
㉮ 나의 온 가족을 살려달라. ㉯ 나를 이스라엘로 데려가라.
㉰ 나와 함께 놀자. ㉱ 나에게 돈을 달라.

9. "나의 온 가족을 살려달라"는 라합의 요구에 정탐꾼들이 그들을 구원하기 위한 방법으로 제시한 것은 무엇인가? (수 2:18)
㉮ 너는 나와 함께 이스라엘 민족에게로 가자.
㉯ 창에 붉은 줄을 매고 너의 온 가족을 네 집에 있게 하라.
㉰ 여리고 왕에게 자수하라.
㉱ 우리가 여리고로 올 때 너는 마중을 나와서 영접하라.

10. 여리고로 정탐 간 사람들은 돌아오는 길에 며칠을 산에 숨어 있었나? (수 2:22)
( )

11. 여리고로 정탐 갔던 사람들이 돌아와서 보고한 내용은? (수 2:24)
㉮ 그 땅 모든 거민이 전쟁을 하려고 준비 중이다.
㉯ 여리고 왕이 우리들에게 대접을 하였다.
㉰ 그 땅의 모든 거민이 우리 앞에서 간담이 녹더이다.
㉱ 그 땅 모든 백성은 우리를 환영한다.

【정답】
6.정탐꾼 7.㉰ 8.㉮ 9.㉯ 10.사흘 11.㉰

12. 이스라엘이 요단을 건널 때 가장 앞장 선 사람들은? (수 3:14)
( )

13. 이스라엘 제사장들이 언약궤를 메고 요단 가운데 섰을 때 어떤 일이 일어났는가? (수 3:17)
㉮ 요단 가운데가 마른 땅이 되었고 백성들은 마른 땅으로 건넜다.
㉯ 이스라엘 백성들은 헤엄을 쳐서 건넜다.
㉰ 여리고의 군사들이 요단을 건너지 못하게 하였다.
㉱ 백성들은 겁먹고 건너가지 않았다.

14. 이스라엘이 요단을 무사히 건넜을 때 기념하여 한 것은? (수 4:2~7)
㉮ 하나님께 감사예물을 드렸다.
㉯ 12지파에서 한 사람씩 뽑아 요단 가운데서 열두 돌을 취했다.
㉰ 모든 사람이 다 돌을 취했다.
㉱ 여호수아만 돌을 취했다.

15. 이스라엘 자손들보다 앞서 요단을 건너간 지파의 군대는? (수 4:12)
( )

16. 무장하고 요단을 제일 먼저 건너간 세 지파의 인원은? (수 4:13)
㉮ 2천 명 ㉯ 5천 명 ㉰ 4만 명 ㉱ 5만 명

17. 여호수아는 요단 가운데서 가져온 열두 돌을 어떻게 하였는가? (수 4:20)
㉮ 길갈에 세웠다. ㉯ 버렸다. ㉰ 성을 쌓았다. ㉱ 주웠다.

18. 여호수아는 하나님의 명령으로 길갈에서 부싯돌로 칼을 만들어 이스라엘 자손들에게 무엇을 하였나? (수 5:2~3)
( )

【정답】

12.제사장들 13.㉮ 14.㉯ 15.르우벤, 갓, 므낫세 반 지파 16.㉰ 17.㉮
18.할례를 행함.

19. 여호수아는 여리고 가까이에서 손에 칼을 들고 서 있는 누구를 만났는가? (수 5:13~15)

( )

20. 하나님께서 여호수아에게 여리고를 치기 위해 지시하신 것은 무엇인가? (수 6:3~4)

㉮ 군사들은 여리고를 치기 위해 모두 준비하라.
㉯ 모든 백성은 하나님께 기도하라.
㉰ 모든 백성은 잔치를 하려고 하니 준비하라.
㉱ 성 주위를 매일 한 번씩 엿새 동안 돌고, 칠일 째는 일곱 번 돌고 제사장들은 나팔을 불라.

21. 이스라엘 백성들이 성 돌기를 마친 후 제사장의 나팔 소리에 맞춰 큰 소리로 외쳤을 때 일어난 사건은 무엇인가? (수 6:20)

㉮ 땅이 진동했다. ㉯ 주변의 나라들이 놀랐다.
㉰ 성이 무너졌다. ㉱ 천둥과 우박이 내렸다.

22. 여호수아가 백성들에게 성을 건축하는 자는 여호와 앞에서 저주를 받아 기초를 쌓을 때 장자를 잃을 것이요 문을 세울 때 계자(季子)를 잃는다며 어느 성을 건축하지 말라고 하였나? (수 6:26)

( )

23. 여리고 성의 탈취물을 취하지 말라는 명령을 어긴 사람은? (수 7:1)

㉮ 아간 ㉯ 세라 ㉰ 삽디 ㉱ 갈미

24. 이스라엘은 아간의 죄로 인해 어떤 어려움을 겪었나? (수 7:1~5)

( )

【정답】

19.하나님의 군대장관 20.㉱ 21.㉰ 22.여리고 성 23.㉮
24.아이 사람 앞에서 도망함.

25. 이스라엘이 아이 사람들을 이길 수 있는 방법은 무엇인가? (수 7:12~13)

㉮ 이스라엘 백성들이 하나님 앞에 회개해야 한다.
㉯ 이스라엘 진 중에 하나님께 바친 물건을 훔친 자와 훔친 물건을 제하여야 한다.
㉰ 여호수아가 하나님께 잘못했다고 빌어야 한다.
㉱ 제사장들이 하나님께 잘못한 것을 용서해 달라고 해야 한다.

26. 노략한 물건을 찾는 제비뽑기에 최종적으로 뽑힌 사람은 어느 지파의 누구인가? (수 7:13~18)

(　　　　　)

27. 이스라엘 백성은 아간의 죄로부터 정결케 되기 위해 어떻게 했나? (수 7:24~26)

㉮ 노략한 물건만 태웠다.
㉯ 아간만 죽였다.
㉰ 아간과 그의 가족들을 돌로 쳐 죽이고 노략한 물건과 소유를 불로 태웠다.
㉱ 아간은 하나님께 회개하였고 하나님은 용서했다.

28. 아간과 그의 가족이 죽임을 당하고, 소유가 불타 돌무더기를 이룬 곳은 어디인가? (수 7:24~26)

(　　　　　)

29. 여호수아가 아간을 처벌하고 아이 성을 점령하여 율법에 쓰인 대로 단을 쌓고 축복과 저주를 낭독한 산은 어디인가? (수 8:33~34)

㉮ 세일산과 암몬산　　　　㉯ 그리심산과 에발산 앞
㉰ 헤스본산과 아이산　　　㉱ 아골 골짜기와 아이산

【정답】

25.㉯　26.유다 지파의 아간　27.㉰　28.아골 골짜기　29.㉯

30. 이스라엘이 여리고와 아이에 행한 일을 듣고 먼 지방에서 온 것처럼 꾸며 여호수아와 화친을 꾀한 부족은? (수 9:3~6)

( )

31. 여호수아는 기브온 거민과 화친할 때 어떻게 하였나? (수 9:14~15)

㉮ 하나님께 묻지 않고 했다. ㉯ 하나님께 허락을 받고 했다.
㉰ 백성들과 의논해서 했다. ㉱ 하나님과 백성들에게 묻고 했다.

32. 이스라엘이 아모리 다섯 왕과 전쟁할 때 태양이 멈추었던 곳은 어디인가? (수 10:12)

( )

33. 여호수아는 왜 태양과 달을 멈추게 해달라고 하나님께 고했나? (수 10:12~13)

㉮ 기브온 사람들을 살리려고 ㉯ 하나님의 뜻을 묻기 위해
㉰ 이스라엘이 대적에게 원수를 갚도록 ㉱ 도망자를 찾으려고

34. 이스라엘에게 패한 아모리 다섯 왕이 숨은 곳은 어디인가? (수 10:14~16)

( )

35. 여호수아가 정복한 왕은 몇 명인가? (수 12:7~24)

㉮ 31명 ㉯ 20명 ㉰ 15명 ㉱ 10명

36. 여호수아가 땅 분배를 했을 때 르우벤, 갓, 므낫세 반 지파들은 왜 빠졌나? (수 13:8)

㉮ 땅을 더 빼앗아야 했기에 ㉯ 모세에게 그 기업을 받았기 때문에
㉰ 아직 때가 안 되어서 ㉱ 잘못을 했기 때문에

【정답】

30.기브온 거민 31.㉮ 32.기브온 33.㉰ 34.막게다의 굴 35.㉮ 36.㉯

37. 요단 동편에서 바산 왕 옥의 땅을 분배받은 지파는? (수 13:29~31)
( )

38. 하나님께서 여호수아에게 명하신 분배 방식은 무엇인가? (수 14:2)
㉮ 인구 수 대로 ㉯ 씨름으로 ㉰ 달리기 ㉱ 제비뽑기

39. 여호수아를 찾아와 분깃을 요구한 사람은 누구인가? (수 14:6~12)
㉮ 갈렙 ㉯ 르우벤 ㉰ 베냐민 ㉱ 므낫세

40. 여호수아를 찾아와 분깃을 요구한 갈렙의 나이는? (수 14:10)
㉮ 45세 ㉯ 50세 ㉰ 70세 ㉱ 85세

41. 여호수아가 갈렙에게 준 기업은 무엇인가? (수 14:13)
( )

42. 여호수아는 기업을 더 달라고 요구한 요셉 자손 므낫세와 에브라임에게 어떻게 말했나? (수 17:17~18)
㉮ 네게 준 기업으로 만족해라. ㉯ 땅이 부족하다.
㉰ 힘이 강하니 스스로 개척하라. ㉱ 나중에 더 주겠다.

43. 여호수아 때 이스라엘이 자손의 온 회중이 모여서 회막을 세운 곳은 어디인가? (수 18:1)
㉮ 실로 ㉯ 라암셋 ㉰ 르비딤 ㉱ 가데스 바네아

44. 이스라엘이 실로에서 땅을 분배 받기 위해 제비뽑을 때 유다 자손과 요셉 자손의 중간 땅을 제비뽑은 지파는? (수 18:11)
㉮ 베냐민 지파 ㉯ 르우벤 지파 ㉰ 갓 지파 ㉱ 므낫세 지파

45. 이스라엘이 실로에서 땅을 분배 받기 위해 제비뽑을 때 시므온 지

【정답】
37.므낫세 반 지파 38.㉱ 39.㉮ 40.㉱ 41.헤브론 42.㉰ 43.㉮ 44.㉮

파는 어느 지파의 기업 중에서 기업을 얻었나? (수 19:1)
(　　　　　　)

46. 이스라엘이 실로에서 땅을 분배받기 위해 제비뽑을 때 마지막으로 기업을 받은 지파는? (수 19:40~48)
㉮ 르우벤 지파　㉯ 갓 지파　㉰ 단 지파　㉱ 베냐민 지파

47. 여호수아는 모든 땅 분배를 마치고 어느 성읍에 거하였나? (수 19:49~50)
㉮ 헤브론　㉯ 숙곳　㉰ 르비딤　㉱ 딤낫세라

48. "너희 섬길 자를 오늘날 택하라 오직 나와 내 집은 여호와를 섬기겠노라"고 한 사람은 누구인가? (수 24:15)
㉮ 모세　㉯ 여호수아　㉰ 갈렙　㉱ 르우벤

49. 여호수아는 몇 살에 죽었는가? (수 24:29)
㉮ 40세　㉯ 60세　㉰ 80세　㉱ 110세

〈사사〉 옷니엘

1. 가나안 땅에 정착한 이스라엘 자손들이 여호와의 목전에서 악을 행하여 자기들의 하나님을 잊어버리고 무엇을 섬겼는가? (삿 3:7)
(　　　　　　)

【정답】
45.유다 지파　46.㉰　47.㉱　48.㉯　49.㉱　　1.바알과 아세라

2. 하나님께서 우상을 섬긴 이스라엘에게 진노하사 그들을 누구의 손에 파셨는가? (삿 3:8)
㉮ 메소포타미아 왕 구산 리사다임 ㉯ 가나안 왕 야빈
㉰ 바알 ㉱ 아세라

3. 이스라엘 자손은 메소포타미아 왕 구산 리사다임을 몇 년 섬겼는가? (삿 3:8)
㉮ 5년 ㉯ 6년 ㉰ 7년 ㉱ 8년

4. 구산 리사다임 왕을 섬겼던 이스라엘 자손이 여호와께 부르짖자 그들을 위하여 여호와께서 하신 일은 무엇인가? (삿 3:9)
㉮ 예언자를 세움 ㉯ 종을 세움
㉰ 구원자를 세움 ㉱ 왕을 세움

5. 이스라엘의 첫 번째 사사는 누구인가? (삿 3:9)
(   )

6. 옷니엘은 누구의 아들인가? (삿 3:9)
㉮ 모세 ㉯ 여호수아 ㉰ 갈렙 ㉱ 그나스

7. 옷니엘의 아비 그나스의 형은 누구인가? (삿 3:9)
㉮ 모세 ㉯ 여호수아 ㉰ 갈렙 ㉱ 기드온

8. 갈렙은 어느 지파 사람인가? (민 34:19)
(   )

9. 옷니엘이 이스라엘의 사사가 되어 메소포타미아 왕 구산 리사다임과 싸울 때 그에게 무엇이 임했는가? (삿 3:10)
㉮ 여호수아 ㉯ 여호와의 신 ㉰ 모세 ㉱ 아론

【정답】

2.㉮ 3.㉱ 4.㉰ 5.옷니엘 6.㉱ 7.㉰ 8.유다 지파 9.㉯

10. 하나님께서 메소포타미아 왕 구산 리사다임을 누구의 손에 붙이셨는가? (삿 3:10)
㉮ 옷니엘 ㉯ 기드온 ㉰ 갈렙 ㉱ 여호수아

11. 사사 옷니엘은 이스라엘 땅이 태평한 지 몇 년에 죽었는가? (삿 3:11)
㉮ 40년 ㉯ 30년 ㉰ 20년 ㉱ 10년

〈사사〉 에훗·삼갈·드보라

1. 여호와께서 누가 여호와의 목전에 악을 행하자 모압 왕 에글론을 강성케 하사 그들을 대적하게 하셨나? (삿 3:12)
( )

2. 모압 왕 에글론이 암몬과 아말렉 자손들을 모아서 이스라엘의 어디를 점령했는가? (삿 3:13)
㉮ 가나안 ㉯ 종려나무 성읍 ㉰ 애굽 ㉱ 메소포타미아

3. 이스라엘 자손은 몇 년 동안 모압 왕 에글론을 섬겼는가? (삿 3:14)
㉮ 15년 ㉯ 17년 ㉰ 18년 ㉱ 19년

【정답】
10.㉮ 11.㉮ 1.이스라엘 자손 2.㉯ 3.㉰

4. 이스라엘 자손이 에글론을 섬김으로 인해 여호와께 부르짖자 그들을 위해서 세우신 구원자는 누구인가? (삿 3:14~15)
㉮ 에훗 ㉯ 바로 ㉰ 아브라함 ㉱ 야곱

5. 에훗은 베냐민 사람 누구의 아들인가? (삿 3:15)
㉮ 게라 ㉯ 여호수아 ㉰ 갈렙 ㉱ 여분네

6. 모압 왕 에글론을 죽인 이스라엘 사사는 누구인가? (삿 3:20~25)
㉮ 여호수아 ㉯ 모세 ㉰ 에훗 ㉱ 바로

7. 에훗은 무리에게 이르되, 나를 따르라 너희 대적 모압 사람을 너희 손에 누가 붙이셨다고 했는가? (삿 3:28)
( )

8. 모압 사람이 에훗과 이스라엘에게 항복하매 그 땅이 몇 년 동안 태평했는가? (삿 3:30)
㉮ 40년 ㉯ 50년 ㉰ 60년 ㉱ 80년

9. 에훗의 후에 이스라엘을 구원한 사사는 누구인가? (삿 3:31)
㉮ 옷니엘 ㉯ 삼손 ㉰ 삼갈 ㉱ 드보라

10. 사사 삼갈은 누구의 아들인가? (삿 3:31)
㉮ 바로 ㉯ 아낫 ㉰ 아브라함 ㉱ 야곱

11. 소 모는 막대기로 블레셋 사람 600명을 죽인 사사는 누구인가? (삿 3:31)
( )

12. 사사 에훗이 죽은 후 이스라엘 자손의 신앙은 어떠했는가? (삿 4:1)
( )

【정답】

4.㉮ 5.㉮ 6.㉰ 7.여호와 8.㉱ 9.㉰ 10.㉯ 11.삼갈
12.여호와의 목전에 악을 행함

13. 사사 에훗이 죽은 후 이스라엘이 악을 행함으로 인해 그들에게 하나님께서 내리신 심판은 무엇인가? (삿 4:1~2)

㉮ 가나안 왕 야빈의 손에 파심 ㉯ 애굽의 바로에게 파심
㉰ 이방 시스라에게 파심 ㉱ 모압 사람에게 파심

14. 가나안 왕 야빈의 군대장관은 누구인가? (삿 4:2)

( )

15. 이스라엘 자손은 가나안 왕 야빈에게 몇 년 동안 학대를 당했는가? (삿 4:3)

㉮ 5년 ㉯ 10년 ㉰ 15년 ㉱ 20년

16. 이스라엘 자손이 가나안 왕 야빈에게 학대받음으로 인해 여호와께 부르짖으매 구원자로 세우신 사사는 누구인가? (삿 4:3~4)

( )

17. 사사 드보라는 누구의 아내인가? (삿 4:4)

㉮ 아브라함 ㉯ 랍비돗 ㉰ 이삭 ㉱ 여호수아

18. 사사 드보라가 에브라임 산지 라마와 벧엘 사이 종려나무 아래에 거할 때에 이스라엘 자손이 그에게 나온 이유는? (삿 4:5)

( )

19. 사사 드보라는 하나님께서 누구에게 야빈의 군대장관 시스라를 네 손에 붙인다고 하였나? (삿 4:6~7)

㉮ 아브라함 ㉯ 이삭 ㉰ 바락 ㉱ 야곱

【정답】

13.㉮ 14.시스라 15.㉱ 16.여선지 드보라 17.㉯ 18.재판을 받으려고 함 19.㉰

20. 바락은 누구의 아들인가? (삿 4:6)
㉮ 아비노암　㉯ 에훗　㉰ 야엘　㉱ 시스라

21. 여호와께서 바락에게 납달리 자손과 스불론 자손 몇 명을 거느리고 다볼산으로 가라고 하셨는가? (삿 4:6)
㉮ 삼만 명　㉯ 일만 명　㉰ 오천 명　㉱ 삼천 명

22. 바락은 여호와께서 다볼산으로 가라고 하셨을 때 누구에게 당신이 나와 함께 가면 가고 그렇지 않으면 안 간다고 했는가? (삿 4:6~8)
(　　　　　)

23. 모세의 장인 호밥 자손 중에 자기 족속을 떠나 게데스 근처 사아난님 상수리나무 곁에 장막을 친 사람은 누구인가? (삿 4:11)
㉮ 헤벨　㉯ 야엘　㉰ 드보라　㉱ 바락

24. 여호와께서 바락의 앞에서 시스라와 그 모든 병거와 군대를 쳐서 패하게 하니 시스라가 도망하여 누구의 장막으로 갔나? (삿 4:15~17)
(　　　　　)

25. 가나안의 군대장관 시스라를 죽인 사람은 누구인가? (삿 4:21)
㉮ 바락　㉯ 드보라　㉰ 헤벨의 아내 야엘　㉱ 이스라엘 자손

26. 사사 드보라와 바락으로 인해 이스라엘 땅은 몇 년 동안 태평하였나? (삿 5:31)
㉮ 25년　㉯ 30년　㉰ 35년　㉱ 40년

【정답】

20.㉮　21.㉯　22.사사 드보라　23.㉮　24.헤벨의 아내 야엘
25.㉰　26.㉱

〈사사〉 기드온 · 돌라 · 야일

1. 하나님께서 이스라엘 자손을 7년 동안 미디안에게 붙이는 심판을 내리신 이유는 무엇인가? (삿 6:1)
( )

2. 이스라엘은 미디안의 압제 하에 있을 때 누구에게 부르짖었나? (삿 6:6)
㉮ 사사들에게 ㉯ 여호와께 ㉰ 왕에게 ㉱ 선지자에게

3. 하나님께서 미디안의 압제 때문에 부르짖는 이스라엘에게 보낸 사사는 누구인가? (삿 6:11~14)
㉮ 옷니엘 ㉯ 에훗 ㉰ 기드온 ㉱ 드보라

4. 기드온의 아비는 누구인가? (삿 6:11)
㉮ 요아스 ㉯ 여호수아 ㉰ 요셉 ㉱ 이삭

5. 기드온이 사사로 부름받을 때 그의 직업은 무엇이었나? (삿 6:11)
( )

6. 기드온은 어느 지파 사람인가? (삿 6:15)
㉮ 유다 ㉯ 갓 ㉰ 아셀 ㉱ 므낫세

【정답】

1.여호와의 목전에 악을 행하였기 때문 2.㉯ 3.㉰ 4.㉮ 5.농업 6.㉱

7. 기드온이 여호와를 위하여 단을 쌓고 이름을 '여호와 살롬' 이라 하였는데 여호와 살롬의 뜻은 무엇인가? (삿 6:24)
( )

8. 기드온의 아비가 섬기던 우상은 무엇인가? (삿 6:25)
㉮ 나무 ㉯ 벌레 ㉰ 바알과 아세라 ㉱ 암송아지

9. 사사로 부름받은 기드온이 훼파한 것은 무엇인가? (삿 6:25)
( )

10. 하나님께서 기드온과 함께하신다는 증거로 주신 응답은 무엇인가? (삿 6:37~40)
㉮ 바알의 단과 아세라 상을 찍음
㉯ 마른 땅 위의 젖은 양털과 젖은 땅 위의 마른 양털
㉰ 온 지면에 비를 내리심
㉱ 눈을 내리심

11. 기드온을 따라서 미디안을 치려 한 군사는 얼마나 되었나? (삿 7:3)
( )

12. 기드온을 따라 나선 군사 3만 2천 명 중 최종적으로 선발된 사람은 모두 몇 명인가? (삿 7:7)
㉮ 1만명 ㉯ 1천명 ㉰ 300명 ㉱ 100명

13. 기드온이 미디안 원정 때 부르지 않았다고 크게 다투려 한 지파는? (삿 8:1)
㉮ 에브라임 ㉯ 단 ㉰ 르우벤 ㉱ 므낫세

14. 기드온의 미디안 원정 도중 그들에게 양식 주기를 거절한 두 곳은

【정답】
7.여호와는 평강이라 8.㉰ 9.바알의 단과 아세라 상 10.㉯ 11.3만 2천명 12.㉰ 13.㉮

어디인가? (삿 8:5~8)

㉮ 세바와 살문나 ㉯ 숙곳과 브누엘 ㉰ 미디안과 진 ㉱ 아말렉과 요단

15. 이스라엘 사람들이 누구에게 당신이 우리를 미디안의 손에서 구원했으니 당신과 당신의 아들과 당신의 손자가 우리를 다스리라고 했나? (삿 8:22)

㉮ 삼갈 ㉯ 삼손 ㉰ 기드온 ㉱ 옷니엘

16. 이스라엘을 다스려 달라는 백성들의 요구에 대한 기드온의 대답은 무엇인가? (삿 8:23)

㉮ 여호와께서 너희를 다스린다. ㉯ 내 자손이 다스린다.
㉰ 내가 다스린다. ㉱ 지파들이 다스린다.

17. 기드온이 사는 날 동안 그 땅이 몇 년을 태평하였나? (삿 8:28)

㉮ 4년 ㉯ 10년 ㉰ 20년 ㉱ 40년

18. 기드온의 아들은 모두 몇 명이었나? (삿 8:30~31)

㉮ 40명 ㉯ 50명 ㉰ 60명 ㉱ 71명

19. 세겜에 있는 기드온의 첩이 낳은 아들은 누구인가? (삿 8:31)

㉮ 요아스 ㉯ 아비멜렉 ㉰ 아비노암 ㉱ 옷니엘

20. 자기 형제 칠십인 중 스스로 숨은 자 요담을 제외한 모든 형제를 한 반석 위에서 죽인 자는 누구인가? (삿 9:5)

㉮ 기드온 ㉯ 아비멜렉 ㉰ 요담 ㉱ 여호수아

21. 아비멜렉 다음으로 이스라엘을 다스린 사사는 누구인가? (삿 10:1)

( )

22. 돌라의 아비는 누구인가? (삿 10:1)

㉮ 도도 ㉯ 부아 ㉰ 아브라함 ㉱ 이삭

【정답】

14.㉯ 15.㉰ 16.㉮ 17.㉱ 18.㉱ 19.㉯ 20.㉯ 21.돌라 22.㉯

23. 돌라는 어느 지파 사람인가? (삿 10:1)
㉮ 베냐민 ㉯ 잇사갈 ㉰ 므낫세 ㉱ 레위

24. 돌라는 몇 년 동안 이스라엘을 다스렸는가? (삿 10:2)
㉮ 10년 ㉯ 15년 ㉰ 20년 ㉱ 23년

25. 돌라 다음으로 이스라엘의 사사가 된 사람은 누구인가? (삿 10:3)
㉮ 입다 ㉯ 입산 ㉰ 야일 ㉱ 엘론

26. 야일은 몇 년 동안 이스라엘을 다스렸는가? (삿 10:3)
㉮ 10년 ㉯ 22년 ㉰ 30년 ㉱ 40년

27. 야일이 낳은 아들은 몇 명인가? (삿 10:4)
( )

28. 야일이 소유한 성읍의 수는? (삿 10:4)
㉮ 30성읍 ㉯ 20성읍 ㉰ 10성읍 ㉱ 5성읍

〈사사〉 입다, 입산, 엘론, 압돈

1. 야일이 죽은 후 이스라엘 자손이 다시 하나님의 목전에서 악을 행하며 어떤 죄를 지었나? (삿 10:6)
( )

【정답】
23.㉯ 24.㉱ 25.㉰ 26.㉯ 27.30명 28.㉮ 1.이방신들을 섬기는 죄

2. 야일이 죽은 후 하나님께서는 우상을 섬긴 이스라엘에 진노하사 어떤 사람들에게 그들을 파셨는가? (삿 10:5~7)

㉮ 블레셋과 암몬　　㉯ 애굽과 미디안
㉰ 애굽과 블레셋　　㉱ 미디안과 블레셋

3. 이스라엘 자손들이 블레셋과 암몬에게 학대를 당하자 하나님께 범죄한 것을 회개함으로 하나님께서 이스라엘의 구원자로 세운 사람은 누구인가? (삿 10:15-11:6)

(　　　　　　)

4. 입다가 암몬과 싸우러 나가기 전에 하나님께 서원한 것은 무엇인가? (삿 11:30~31)

㉮ 이기고 돌아올 때 비둘기로 번제를 드린다.
㉯ 이기고 돌아올 때 짐승으로 번제를 드린다.
㉰ 이기고 돌아올 때 내 집 문에서 영접하는 자를 번제로 드린다.
㉱ 이기고 돌아올 때 암몬 자손을 번제로 드린다.

5. 암몬과 전쟁에서 이기고 돌아올 때 입다를 집 문에서 영접한 자는 누구인가? (삿 11:34)

(　　　　　　)

6. 입다 때에 길르앗 사람과 에브라임 사람들이 싸운 이유는 무엇인가? (삿 12:1)

㉮ 입다가 암몬을 칠 때 에브라임을 부르지 않아서
㉯ 에브라임에게 분깃을 나눠 주지 않아서
㉰ 입다가 에브라임 사람들을 싫어해서
㉱ 입다가 그 딸을 번제로 드렸기 때문에

【정답】

2.㉮　3.입다　4.㉰　5.입다의 딸　6.㉮

7. 길르앗과 에브라임 전쟁 중 길르앗이 요단을 건너 도망가는 에브라임 군대를 식별했던 방법은 무엇인가? (삿 12:6)

㉮ 생김새를 보고 ㉯ 십볼렛이라 하는 구음(口音)으로
㉰ 옷차림을 보고 ㉱ 뛰는 모습을 보고

8. 입다는 사사로 몇 년 동안 이스라엘을 다스렸는가? (삿 12:7)

㉮ 4년 ㉯ 5년 ㉰ 6년 ㉱ 7년

9. 입다 다음으로 이스라엘을 다스린 사사는 누구인가? (삿 12:8)

㉮ 입산 ㉯ 엘론 ㉰ 압돈 ㉱ 삼손

10. 입산은 몇 년 동안 이스라엘의 사사로 있었나? (삿 12:9)

㉮ 1년 ㉯ 3년 ㉰ 5년 ㉱ 7년

11. 입산 다음으로 사사가 된 사람은 누구인가? (삿 12:11)

( )

12. 엘론은 몇 년 동안 이스라엘의 사사로 있었는가? (삿 12:11)

㉮ 5년 ㉯ 7년 ㉰ 10년 ㉱ 15년

13. 엘론 다음으로 이스라엘의 사사는 누구인가? (삿 12:12~13)

( )

14. 압돈은 몇 년 동안 이스라엘의 사사로 있었는가? (삿 12:14)

㉮ 7년 ㉯ 8년 ㉰ 10년 ㉱ 15년

【정답】

7.㉯ 8.㉰ 9.㉮ 10.㉱ 11.엘론 12.㉰ 13.압돈 14.㉯

〈사사〉 삼손

1. 압돈이 죽은 후 하나님의 목전에 다시 악을 행하는 이스라엘을 하나님께서 누구의 손에 붙이셨는가? (삿 13:1)
   (　　　　　　)

2. 삼손의 아비는 누구인가? (삿 13:2,24)
   ㉮ 마노아　㉯ 요셉　㉰ 다윗　㉱ 아브라함

3. 삼손은 어느 지파 사람인가? (삿 13:2)
   ㉮ 단지파　㉯ 갓지파　㉰ 잇사갈지파　㉱ 레위지파

4. 마노아의 아내가 낳은 나실인은 누구인가? (삿 13:24)
   ㉮ 엘론　㉯ 삼손　㉰ 입다　㉱ 요셉

5. 삼손이 딤나의 블레셋 여인과 결혼하려 한 까닭은? (삿 14:1~4)
   (　　　　　　)

6. 삼손이 블레셋 여자와 결혼하여 블레셋을 치려 한 계획은 누구의 계획이었나? (삿 14:4)
   ㉮ 부모　㉯ 이스라엘　㉰ 하나님　㉱ 삼손의 친구

【정답】

1.블레셋　2.㉮　3.㉮　4.㉯　5.블레셋을 치려고 함　6.㉰

7. 삼손이 딤나의 포도원에서 염소 새끼를 찢음같이 찢은 것은 무엇인가? (삿 14:5~6)

( )

8. 삼손은 혼인잔치 7일 동안에 블레셋인들에게 수수께끼를 내었는데 그들은 어떻게 답을 알았는가? (삿 14:15)

㉮ 미리 알고 있었다. ㉯ 삼손 아버지를 통해서
㉰ 삼손 아내를 협박해서 ㉱ 영리해서

9. 삼손은 블레셋인들이 아내를 협박해 답을 알아낸 사건으로 노하여 아비 집으로 올라갔고 장인은 삼손의 아내를 어떻게 하였는가? (삿 14:19~20)

( )

10. 삼손이 여우 삼백으로 블레셋 사람의 곡식밭 곡식과 감람원을 불사른 이유는 무엇인가? (삿 15:3~5)

㉮ 심심해서 ㉯ 장인이 삼손 아내를 친구에게 주었으므로
㉰ 삼손의 부모 때문에 ㉱ 삼손의 형제 때문에

11. 블레셋 사람들은 삼손이 블레셋의 곡식밭 곡식과 감람원을 불사른 일로 삼손의 장인과 삼손의 아내를 어떻게 하였는가? (삿 15:5~6)

( )

12. 삼손이 아내를 빼앗긴 일로 블레셋 사람들을 죽이자 블레셋이 유다를 침공한 이유는 무엇인가? (삿 15:10)

㉮ 유다 사람들을 죽이려고 ㉯ 삼손의 부모를 내놓으라고
㉰ 삼손이 누군지 보려고 ㉱ 삼손을 결박해 당한대로 갚으려고

【정답】

7.어린 사자 8.㉰ 9.삼손의 친구에게 줌 10.㉯ 11.불살라 죽임 12.㉱

13. 유다인들에게 결박된 삼손은 블레셋으로 넘겨졌지만 여호와의 권능이 그에게 임하여 결박에서 풀어졌다. 그가 블레셋 사람들을 죽였던 무기는 무엇인가? (삿 15:14~15)
( )

14. 삼손이 나귀 턱뼈로 죽인 블레셋 사람은 몇 명인가? (삿 15:16)
㉮ 100명 ㉯ 500명 ㉰ 1000명 ㉱ 5000명

15. 삼손이 가진 힘의 근원을 블레셋 방백들은 누구를 통해 알아내려 했나? (삿 16:4~5)
( )

16. 삼손은 힘의 근원이 어디서 난다고 들릴라에게 말하였나? (삿 16:17)
㉮ 팔 ㉯ 긴 머리털 ㉰ 다리 ㉱ 손

17. 삼손이 자고 있을 때 들릴라가 사람을 불러 그의 머리털을 밀고 괴롭게 하니 삼손이 어떻게 되었는가? (삿 16:19)
( )

18. 삼손을 사로잡은 블레셋 사람들이 어떤 신에게 제사를 드렸는가? (삿 16:23)
㉮ 바알 ㉯ 다곤 ㉰ 아세라 ㉱ 암몬

19. 삼손은 다곤 신전에서 누구에게 부르짖어 다시 힘을 달라고 하였나? (삿 16:28)
㉮ 다곤 ㉯ 아세라 ㉰ 바알 ㉱ 여호와

20. 삼손이 다곤 신전에서 죽기 전에 여호와께 구한 것은 무엇인가? (삿 16:30)

【정답】

13.나귀 턱뼈 14.㉰ 15.들릴라 16.㉯ 17.그 힘이 없어졌다. 18.㉯ 19.㉱

㉮ 블레셋 사람과 함께 죽기를 원합니다.
㉯ 풀려나기를 원합니다.
㉰ 다곤에게 경배하기를 원합니다.
㉱ 부모님께 마지막 인사드리기를 원합니다.

21. 삼손이 죽자 그의 형제들과 친척들이 시체를 소라와 에스다올 사이에 있는 누구의 묘지에 장사하였나? (삿 16:31)
( )

22. 삼손이 이스라엘 사사로 몇 년을 지내었는가? (삿 16:31)
㉮ 20년 ㉯ 15년 ㉰ 10년 ㉱ 5년

23. 에브라임 산지에 어미의 은 일천 일백을 도둑질했던 사람은 누구인가? (삿 17:1~2)
㉮ 가알 ㉯ 누가 ㉰ 미가 ㉱ 마가

24. 은 일천 일백을 잃어버린 미가 어미가 한 일은 무엇인가? (삿 17:2)
㉮ 은을 찾아 나섰다. ㉯ 도적질한 사람을 저주했다.
㉰ 이웃에게 도움을 청했다. ㉱ 동네에 알렸다.

25. 어미의 은을 훔친 미가가 왜 어미에게 그 은을 돌려 주게 되었는가? (삿 17:2)
㉮ 미가 어미의 저주로 ㉯ 잘못을 깨닫고
㉰ 미가 어미가 알았으므로 ㉱ 쓸모가 없게 되어서

26. 미가가 어미에게 자신이 어미의 은을 훔쳤다는 사실을 말하자 미가 어미가 한 말은 무엇인가? (삿 17:2)
( )

【정답】

20.㉮ 21.아비 마노아 22.㉮ 23.㉰ 24.㉯ 25.㉮
26.내 아들이 여호와께 복받기를 원하노라.

27. 아들 미가가 어미에게서 훔친 은을 어미에게 돌려주자 미가 어미는 은장색에게 은 이백을 주고 무엇을 만들었는가? (삿 17:4)
㉮ 에봇　㉯ 드라빔　㉰ 신상　㉱ 휘장

28. 미가의 어미가 은장색을 통해 만든 신상은 어디에 두었는가? (삿 17:4)
(　　　　　)

29. 신당이 있던 미가가 어미가 만든 신상 외에 또 무엇을 만들었는가? (삿 17:5)
(　　　　　)

30. 미가는 신상을 섬기기 위해 누구를 제사장으로 삼았는가? (삿 17:5)
㉮ 미가의 아들　㉯ 미가의 형　㉰ 미가의 동생　㉱ 미가의 아비

31. 에브라임 사람 미가가 잘못한 것이 아닌 것은? (삿 17:2~5)
㉮ 훔친 어미의 은을 돌려준 것　㉯ 어미의 은을 훔친 것
㉰ 에봇과 드라빔을 만든 것　㉱ 아들을 제사장으로 삼은 것

32. 유다 베들레헴으로부터 온 레위 족의 소년이 에브라임 산지 누구 집에 이르렀는가? (삿 17:7~8)
(　　　　　)

33. 베들레헴으로부터 온 소년이 레위 지파임을 알고 미가가 제안한 것은 무엇인가? (삿 17:9~10)
(　　　　　)

【정답】

27.㉰　28.미가의 집　29.에봇과 드라빔
30.㉮　31.㉮　32.미가　33.우리 집 제사장이 되라.

34. 베들레헴으로부터 온 소년은 미가의 제안을 어떻게 했는가? (삿 17:11)

㉮ 만족히 여겼다. ㉯ 거짓 신상을 섬길 수 없다고 거절했다.
㉰ 도망갔다. ㉱ 생각해보겠다고 했다.

35. 거할 곳을 찾던 단 지파 정탐꾼들이 미가 집에 머물 때, 누구에게 자기들의 행할 길을 알려달라고 했는가? (삿 18:1~5)

㉮ 미가 ㉯ 미가 어머니
㉰ 제사장 레위 소년 ㉱ 미가 아들

36. 단 지파 정탐꾼들이 육백 명의 무장한 동료들과 함께 온 곳은 어디인가? (삿 18:17)

( )

37. 단 지파 정탐꾼들이 육백 명의 무장한 동료들과 미가의 집에 와서 한 일은 무엇인가? (삿 18:17)

( )

38. 미가 집 신당에서 신상과 에봇과 드라빔을 탈취한 단 지파 사람들이 제사장에게 요구한 것은 무엇인가? (삿 18:18~19)

( )

39. 미가 집 제사장은 단 지파의 제사장이 되라는 요청을 어떻게 했는가? (삿 18:19~20)

㉮ 거절했다. ㉯ 여러 가지 조건을 제시했다.
㉰ 생각해 본다고 했다. ㉱ 기뻐하며 단 지파 중에 거했다.

【정답】

34.㉮ 35.㉰ 36.미가의 집 37.미가 집 신당의 신상과 에봇과 드라빔을 탈취함.
38.단 지파의 제사장이 되라. 39.㉱

40. 신상과 제사장을 빼앗긴 미가가 이웃집 사람들과 함께 단 지파를 쫓아갔을 때 단 지파는 어떻게 했는가? (삿 18:24~25)

㉮ 돌아가지 않으면 네 생명과 네 가족을 죽이겠다고 함.
㉯ 모든 것을 순순히 내어 줌.
㉰ 제사장만 내어 줌.
㉱ 신상과 에봇과 드라빔은 주고 제사장은 주지 않음.

41. 단 지파의 제사장이 된 레위 소년은 누구인가? (삿 18:30)

(　　　　　　　)

42. 에브라임 산지에 살던 레위 사람이 첩을 취한 곳은 어디인가? (삿 19:1)

㉮ 기브아　　　　　㉯ 베들레헴
㉰ 예루살렘　　　　㉱ 아나돗

43. 베들레헴에서 에브라임 산지의 레위인 첩으로 왔던 여자가 행음하고 한 일은 무엇인가? (삿 19:2)

㉮ 남편에게 용서를 구했다.　　㉯ 베들레헴 아비 집으로 갔다.
㉰ 다른 곳으로 도망갔다.　　　㉱ 부끄러워 자결했다.

44. 행음하고 그 아비 집으로 간 첩을 위해 레위인이 한 일은 무엇인가? (삿 19:3)

㉮ 고소했다.　　　　　　　　　㉯ 잊어버렸다.
㉰ 첩의 아비 집으로 데리러갔다.　㉱ 원통한 세월을 보냈다.

45. 첩의 아비 집으로 첩을 데리러 간 레위인이 돌아오는 길에 유숙한 곳은 어디인가? (삿 19:1~3, 16)

(　　　　　　　)

【정답】

40.㉮　41.모세의 손자 게르손의 아들 요나단　42.㉯　43.㉯　44.㉰
45.베냐민 기브아의 노인 집

46. 기브아 노인 집에 유숙하던 레위인을 찾아온 비류들이 욕보인 첩은 어떻게 되었는가? (삿 19:22~28)

㉮ 도망갔다. ㉯ 죽었다.
㉰ 아비 집에서 살았다. ㉱ 남편을 따라갔다.

47. 첩의 시체를 가지고 집으로 돌아온 레위인이 한 일은 무엇인가? (삿 19:29)

(　　　　　　)

48. 첩을 잃은 레위인으로부터 첩의 시체 토막을 받은 이스라엘의 모든 자손들이 모인 곳은 어디인가? (삿 20:1)

㉮ 미스바 ㉯ 기브아 ㉰ 길르앗 ㉱ 헤브론

49. 레위인으로부터 첩의 시체 토막을 받은 이스라엘이 미스바에 모인 보병의 수효는 얼마나 되는가? (삿 20:1~2)

㉮ 사십 만 ㉯ 오십 만 ㉰ 육십 만 ㉱ 칠십 만

50. 레위인으로부터 첩의 시체 토막을 받은 이스라엘이 미스바에 모여 베냐민 자손에게 요청한 것은 무엇인가? (삿 20:1~2,13)

(　　　　　　)

51. 레위인의 첩 사건 해결을 위해 이스라엘이 미스바에 모여 베냐민 자손에게 기브아의 비류를 내어놓으라 하자, 베냐민 지파가 행한 일은 무엇인가? (삿 20:13~14)

(　　　　　　)

【정답】

46.㉯ 47.첩의 시체를 열두 덩이로 찍어 이스라엘 12지파에 보냄. 48.㉮ 49.㉮
50.기브아의 비류를 우리에게 붙이라. 51.이스라엘과 싸우기 위해 기브아에 모였다.

나오미, 룻, 보아스

1. 엘리멜렉 가족이 모압으로 간 때, 유다를 치리한 자들의 신분은 무엇이었나? (룻 1:1~2)
   ㉮ 사사 ㉯ 왕 ㉰ 선지자 ㉱ 제사장

2. 엘리멜렉의 부인은 누구인가? (룻 1:2)
   ㉮ 나오미 ㉯ 룻 ㉰ 오르바 ㉱ 리브가

3. 엘리멜렉의 두 아들은 누구인가? (룻 1:2)
   (   )

4. 룻의 남편 고향은 어디인가? (룻 1:1~2)
   ㉮ 모압 ㉯ 유다 베들레헴 ㉰ 암몬 ㉱ 애굽

5. 룻은 남편이 죽은 후에 누구와 살았는가? (룻 1:5~7)
   ㉮ 시모 나오미 ㉯ 친정 부모 ㉰ 언니 ㉱ 친구

6. 룻의 시모 나오미는 남편과 아들들이 죽은 후 어디로 갔나? (룻 1:5~7)
   ㉮ 모압 ㉯ 애굽 ㉰ 유다 ㉱ 암몬

【정답】

1.㉮ 2.㉮ 3.말론과 기룐 4.㉯ 5.㉮ 6.㉰

7. 나오미를 따라 유다까지 온 자부는 누구인가? (룻 1:17~19)
( )

8. 룻의 고향은 어디인가? (룻 2:2)
㉮ 유다 ㉯ 애굽 ㉰ 암몬 ㉱ 모압

9. 룻의 시모 나오미의 남편 엘리멜렉의 친족 중 유력한 자는 누구인가? (룻 2:1)
㉮ 보아스 ㉯ 보디발 ㉰ 비느하스 ㉱ 아브넬

10. 룻은 보아스를 어떻게 만났는가? (룻 2:5~8)
㉮ 나오미의 소개로 ㉯ 보아스의 밭에서 이삭을 줍다가
㉰ 보아스 친척의 소개로 ㉱ 왕의 소개로

11. 룻이 타작마당에서 보아스가 기업을 무를 자가 되게 한 것은 누가 시켜서 한 일인가? (룻 3:1~9)
( )

12. 성읍 장로들 앞에서 엘리멜렉과 기룐과 말론의 기업을 무르기 위해 룻과 결혼하기로 한 사람은 누구인가? (룻 4:9~10)
㉮ 보아스 ㉯ 이삭 ㉰ 야곱 ㉱ 아브라함

13. 룻과 보아스가 결혼해서 낳은 아들은 누구인가? (룻 4:21)
( )

14. 룻이 낳은 아들을 품에 품고 양육자가 된 사람은 누구인가? (룻 4:16)
㉮ 보아스 ㉯ 엘리멜렉 ㉰ 기룐 ㉱ 나오미

【정답】

7.룻 8.㉱ 9.㉮ 10.㉯ 11.나오미 12.㉮ 13.오벳 14.㉱

15. 룻이 낳은 아들 오벳의 아들은 누구인가? (룻 4:17)
( )

16. 다윗의 증조모는 누구인가? (룻 4:21~22)
㉮ 나오미 ㉯ 룻 ㉰ 오르바 ㉱ 라헬

사무엘

1. 사무엘의 어머니는 누구인가? (삼상 1:20)
( )

2. 사무엘의 아버지는 누구인가? (삼상 1:19)
㉮ 아브라함 ㉯ 엘가나 ㉰ 보아스 ㉱ 이삭

3. 한나가 아들을 달라고 매년 가서 기도하던 곳은 어디인가? (삼상 1:3~11)
( )

4. 한나가 아들을 달라고 매년 가서 기도하던 곳의 대제사장은 누구인가? (삼상 1:9)
㉮ 아론 ㉯ 엘르아살 ㉰ 비느하스 ㉱ 엘리

【정답】
15.다윗의 아비인 이새 16.㉯ 1.한나 2.㉯ 3.실로 4.㉱

5. 한나가 드린 서원의 내용은 무엇인가? (삼상 1:10~11)

㉮ 아들을 주시면 지도자로 잘 키우겠습니다.
㉯ 아들을 주시면 공부를 열심히 가르치겠습니다.
㉰ 아들을 주시면 그를 여호와께 드리고 삭도를 그 머리에 대지 않겠습니다.
㉱ 아들을 주시면 힘이 좋은 군사로 만들겠습니다.

6. 한나의 서원하는 기도를 들으시고 하나님께서 주신 아들은 누구인가? (삼상 1:19~20)

(　　　　　　)

7. 사무엘은 제사장 엘리 앞에서 누구를 섬겼는가? (삼상 2:11)

㉮ 엘리　　㉯ 여호와　　㉰ 엘리의 아들　　㉱ 부모

8. 홉니와 비느하스는 불량자로 여호와를 알지 못했다. 이들은 제사장 누구의 아들들인가? (삼상 1:3, 2:12)

(　　　　　　)

9. 엘리의 아들들은 여호와의 제사를 어떻게 했는가? (삼상 2:17)

㉮ 멸시하였다.　　㉯ 기뻐하였다.
㉰ 정성을 다했다.　　㉱ 슬퍼하였다.

10. 사무엘은 어려서부터 누구를 섬겼는가? (삼상 2:18)

(　　　　　　)

11. 하나님께서는 엘리의 죄가 무엇이라 하셨나? (삼상 2:29)

㉮ 순종하지 않은 것　　㉯ 제사를 드리지 않은 것
㉰ 아들들을 여호와보다 중히 여긴 것　　㉱ 사랑하지 않은 것

12. 사무엘은 여호와께서 부르실 때에 세 번째까지는 엘리 제사장이 부

【정답】

5.㉰　6.사무엘　7.㉯　8.엘리　9.㉮　10.여호와　11.㉰

른 줄로 알다가 네 번째 부르실 때 어떻게 대답하였는가? (삼상 3:4~10)

(   )

13. 하나님께서는 사무엘에게 엘리 제사장에 관해 어떤 말씀을 하셨나? (삼상 3:11~14)

㉮ 용서하신다. ㉯ 축복하신다.
㉰ 영원히 심판하겠다. ㉱ 은혜를 베푸신다.

14. 여호와께서 사무엘에게 나타나시고 다시 여호와의 말씀으로 자기를 나타내신 곳은 어디인가? (삼상 3:21)

(   )

15. 엘리가 이스라엘과 블레셋의 전쟁에서 들은 소식은? (삼상 4:16~17)

㉮ 아들들이 돌아오고 있음 ㉯ 블레셋이 도망침
㉰ 법궤의 빼앗김과 두 아들의 죽음 ㉱ 이스라엘의 승리

16. 하나님의 궤를 빼앗겼다는 말을 듣고 자기 의자에 자빠져 문 곁에서 목이 부러져 죽은 사람은 누구인가? (삼상 4:18)

㉮ 홉니 ㉯ 비느하스 ㉰ 엘리 ㉱ 사무엘

17. 하나님의 궤 빼앗긴 것과 시부와 남편의 죽은 소식을 들은 비느하스의 부인이 죽어가면서 낳은 아들에게 지어준 이름은 무엇인가? (삼상 4:19~21)

㉮ 엘리 ㉯ 이가봇 ㉰ 홉니 ㉱ 바로

18. 이가봇의 뜻은 무엇인가? (삼상 4:21)

(   )

【정답】

12. 말씀하옵소서 주의 종이 듣겠나이다. 13.㉰ 14.실로 15.㉰ 16.㉰ 17.㉯
18. 영광이 이스라엘에서 떠났다.

19. 블레셋 사람들은 빼앗은 법궤를 가지고 어디로 갔는가? (삼상 5:1~2)

㉮ 아스돗의 다곤 신전　　㉯ 아람의 신전
㉰ 바알 신전　　㉱ 암몬 신전

20. 하나님의 궤로 인해 다곤 신전에 일어난 사건은 무엇인가? (삼상 5:3~4)

(　　　　　　)

21. 하나님의 궤를 가져간 블레셋인들이 다시 법궤를 이스라엘로 보낸 까닭은 무엇인가? (삼상 5:6~8)

㉮ 이스라엘의 법궤를 가져와서 방백들에게 혼이 나서
㉯ 이스라엘의 하나님께 죄송해서
㉰ 이스라엘의 하나님께 벌을 받을까봐
㉱ 독종의 재앙으로 블레셋이 망하게 되었으므로

22. 하나님의 언약궤가 블레셋에 얼마나 있었나? (삼상 6:1)

(　　　　　　)

23. 블레셋인들이 돌려보낸 하나님의 법궤는 어디에 도착하였는가? (삼상 6:14)

㉮ 에벤에셀　㉯ 아스돗　㉰ 벧세메스　㉱ 에그론

24. 여호와께서 벧세메스 사람들을 쳐서 크게 살육하신 이유는 무엇인가? (삼상 6:19)

(　　　　　　)

25. 블레셋에서 돌아온 법궤가 20년 동안 체류한 곳은 어디인가? (삼상 7:1~2)

㉮ 미스바　㉯ 기럇여아림　㉰ 벧세메스　㉱ 에그론

【정답】

19.㉮　20.다곤 신상의 머리와 두 손목이 끊어져 있었다.　21.㉱　22.일곱 달
23.㉰　24.여호와의 궤를 들여다보았기 때문에　25.㉯

26. 블레셋인들이 돌려보낸 하나님의 궤는 기럇여아림의 누구 집에 있었는가? (삼상 6:21, 7:1)
㉮ 아비나답 ㉯ 요엘 ㉰ 아비야 ㉱ 엘리

27. 아비나답의 집에 하나님의 궤를 들여놓고 누구를 거룩히 구별하여 궤를 지키게 했는가? (삼상 7:1)
㉮ 아비나답 ㉯ 모세 ㉰ 사무엘 ㉱ 엘리아살

28. 사무엘이 이스라엘에게 회개를 촉구하자 이스라엘이 모여 금식하고 회개한 곳은 어디인가? (삼상 7:5~6)
( )

29. 하나님께서 이스라엘을 블레셋에서 구원하신 후 사무엘이 돌을 세워 가로되 여호와께서 여기까지 우리를 도우셨다 하고 그 이름을 무엇이라 하였는가? (삼상 7:12)
㉮ 에벤에셀 ㉯ 미스바 ㉰ 벧세메스 ㉱ 에그론

30. 사무엘이 늙은 후 사사로 세운 두 아들은 누구인가? (삼상 8:1~2)
( )

31. 사사로서 요엘과 아비야의 행위는 어떠했는가? (삼상 8:3)
㉮ 사무엘의 행위를 따랐다. ㉯ 백성들을 사랑했다.
㉰ 모범적이다. ㉱ 이를 따라 뇌물을 취하고 판결을 굽게 했다.

32. 사무엘의 불량한 아들들로 인해 이스라엘이 요구한 것은 무엇인가? (삼상 8:5)
( )

33. 이스라엘이 사무엘에게 왕을 세워 우리를 다스리게 하라고 했을 때 사무엘의 마음은 어떠했는가? (삼상 8:5~6)

【정답】

26.㉮ 27.㉱ 28.미스바 29.㉮ 30.요엘과 아비야 31.㉱
32.왕을 세워 이스라엘을 다스리게 해달라.

㉮ 좋아했다. ㉯ 기뻐하지 않았다. ㉰ 무시했다. ㉱ 혼냈다.

34. 왕을 세워달라는 이스라엘로 인해 여호와께 기도하는 사무엘에게 하나님께서 백성이 너를 버림이 아니고 나를 버리고 나로 자기들의 무엇이 되지 못하게 함이라 하셨나? (삼상 8:5~7)
( )

35. 하나님께서 사무엘에게 말씀하시되 이스라엘의 지도자로 누구를 택하셨다고 하셨나? (삼상 9:16~17)
㉮ 아브라함 ㉯ 이삭 ㉰ 사울 ㉱ 베냐민

36. 사무엘이 사울을 처음으로 볼 때 여호와께서 사무엘에게 이르시되 그가 내 백성을 어떻게 하리라고 하셨나? (삼상 9:17)
( )

37. 사무엘은 사울에게 사흘 전에 잃은 네 암나귀들을 찾았다고 하면서 온 이스라엘이 사모하는 자가 누구라고 하였나? (삼상 9:20)
㉮ 너와 네 아비의 온 집 ㉯ 요엘 ㉰ 이삭 ㉱ 야곱

38. 사울을 지도자로 세우려는 하나님의 뜻을 따라 사무엘이 사울의 머리에 부은 것은 무엇인가? (삼상 10:1)
( )

39. 사무엘이 이스라엘을 미스바로 모으고 각 지파마다 천 명씩 나오게 하여 제비뽑아 세운 왕은 누구인가? (삼상 10:17~24)
㉮ 다윗 ㉯ 사울 ㉰ 야곱 ㉱ 이삭

40. 사무엘은 어디에서 사울을 왕으로 삼고 여호와 앞에 화목제를 드렸는가? (삼상 11:14~15)
㉮ 기브아 ㉯ 세겜 ㉰ 미스바 ㉱ 길갈

【정답】

33.㉯ 34.왕 35.㉰ 36.통할하리라 37.㉮ 38.기름 39.㉯ 40.㉱

41. 사무엘은 고별 설교에서 백성들에게 무슨 죄를 범하지 않겠다고 했는가? (삼상 12:23)
( )

42. 사무엘은 사울에게 왕이 하나님의 어떤 명령을 지키지 않았으므로 왕의 나라가 길지 못할 것이라고 했는가? (삼상 13:8~14)
㉮ 아말렉 왕 아각을 살려 주었음.
㉯ 백성을 위해 기도하지 않았음.
㉰ 사무엘이 오기 전 번제를 직접 드림.
㉱ 사무엘을 저주하였음.

43. 사무엘은 사울왕의 나라가 길지 못할 것이라 하면서 하나님께서 어떻게 하실 것이라고 하였나? (삼상 13:14)
( )

44. 사무엘은 사울이 아말렉과의 전쟁에서 사로잡은 아말렉 왕 아각을 어떻게 하였나? (삼상 15:32~33)
㉮ 살려 주었다. ㉯ 축복했다. ㉰ 영접했다. ㉱ 찍어 죽였다.

45. 사무엘이 사울을 대신할 왕으로 기름부음받을 사람을 찾아간 곳은 어디인가? (삼상 16:1)
( )

46. 하나님께서 사무엘에게 사람은 외모를 보거니와 하나님께서는 무엇을 보신다고 하였는가? (삼상 16:7)
㉮ 제물 ㉯ 재주 ㉰ 중심 ㉱ 힘

【정답】

41.너희를 위하여 기도하기를 쉬는 죄 42.㉰
43.하나님 마음에 맞는 새 왕을 세울 것임 44.㉱ 45.베들레헴 46.㉰

47. 여호와께서 사무엘을 통하여 이새의 아들들 중 기름부으려고 택한 아들은 누구인가? (삼상 16:11~13)
( )

48. 사무엘이 라마 나욧에 있을 때 그의 앞에 옷을 벗고 예언한 사람은 누구인가? (삼상 19:23~24)
㉮ 사울왕 ㉯ 다윗왕 ㉰ 요나단 ㉱ 사자들

49. 사무엘이 죽으매 온 이스라엘 무리가 애곡하며 어디에 장사하였나? (삼상 25:1)
( )

사울

1. 사울왕은 어느 지파 사람인가? (삼상 9:1~2)
㉮ 베냐민 ㉯ 유다 ㉰ 잇사갈 ㉱ 스불론

2. 사울왕의 아비는 누구인가? (삼상 9:2)
( )

3. 사울은 아비 기스의 명으로 사환과 함께 무엇을 찾으러 나갔나? (삼상 9:3)
㉮ 송아지 ㉯ 염소 ㉰ 암나귀 ㉱ 말

【정답】
47.다윗 48.㉮ 49.라마에 있는 그의 집 1.㉮ 2.기스 3.㉰

4. 사울이 갈 길을 묻기 위해 사무엘을 만나러 갈 때 예물로 가지고 간 것은 무엇인가? (삼상 9:8~10)
( )

5. 사울이 사무엘을 만나고 가는 중에 하나님의 신이 임함으로 사울에게 나타난 현상은 무엇인가? (삼상 10:10)
( )

6. 사울이 왕으로 뽑힌 미스바로 이스라엘 백성을 불러 모은 사람은 누구인가? (삼상 10:17~21)
㉮ 사울 ㉯ 사무엘 ㉰ 이가봇 ㉱ 엘리

7. 사울은 길르앗 야베스가 도움을 요청했을 때 무엇에 감동되어 이스라엘을 동원했나? (삼상 11:1~7)
( )

8. 사울의 기별에 응해서 길르앗 야베스를 돕기 위해 나온 이스라엘과 유다의 군인은 몇 명인가? (삼상 11:1~8)
㉮ 이스라엘 자손이 10만 명, 유다 사람이 1만 명
㉯ 이스라엘 자손이 20만 명, 유다 사람이 2만 명
㉰ 이스라엘 자손이 30만 명, 유다 사람이 3만 명
㉱ 이스라엘 자손이 3만 명, 유다 사람이 30만 명

9. 사울이 왕이 되었을 때의 나이는 몇 살이었는가? (삼상 13:1)
㉮ 35세 ㉯ 37세 ㉰ 38세 ㉱ 40세

10. 사울은 블레셋과의 전쟁에 앞서 사무엘이 정한 기한에 오지 않자 어떤 행동을 취했는가? (삼상 13:8~10)

【정답】
4.은 한 세겔의 사분의 일 5.예언을 함 6.㉯ 7.하나님의 신 8.㉰ 9.㉱ 10.㉯

㉮ 군사들을 집으로 돌려보냈다.
㉯ 제사장 사무엘이 드릴 번제를 자신이 직접 드렸다.
㉰ 이스라엘 사람들과 함께 사무엘을 원망했다.
㉱ 블레셋에게 항복했다.

11. 사울왕은 사무엘이 드릴 번제를 직접 드림으로 하나님의 명령을 지키지 않았기에 여호와께서 어떻게 하신다고 했나? (삼상 13:8~14)
㉮ 하나님께서 한 번은 용서하신다.
㉯ 한 번 세운 왕은 영원하다.
㉰ 사울왕이 다른 왕을 찾아라.
㉱ 여호와의 마음에 맞는 사람을 구해 지도자로 삼으실 것이다.

12. 사울왕의 아들은 누구인가? (삼상 13:16)
㉮ 다윗 ㉯ 아히야 ㉰ 요나단 ㉱ 아히둡

13. 블레셋과의 전쟁 중 "여호와의 구원은 사람의 많고 적음에 달리지 아니하였느니라" 고 말한 사울의 아들은 누구인가? (삼상 14:6)
㉮ 요나단 ㉯ 아히야 ㉰ 이가봇 ㉱ 엘리

14. 블레셋과의 전쟁 중 사울의 금식 명령을 알지 못했던 요나단이 먹은 것은 무엇인가? (삼상 14:27)
( )

15. 블레셋과의 전쟁 중 금식하라는 사울의 명을 알지 못하고 금식을 어긴 요나단을 사울이 죽이려 하자 누가 그를 살렸나? (삼상 14:45)
㉮ 사무엘 ㉯ 백성 ㉰ 제사장 ㉱ 아각

16. 사울이 요나단을 죽이려 할 때 백성들이 살린 이유는 무엇인가? (삼상 14:45)
( )

【정답】
11.㉱ 12.㉰ 13.㉮ 14.꿀 15.㉯ 16.요나단이 하나님과 동사(同事)했기 때문에

17. 하나님께서 아멜렉과 싸우는 사울에게 명령한 것은 무엇인가? (삼상 15:3)
㉮ 양과 소의 좋은 것은 죽이지 말아라.
㉯ 어린 양과 모든 좋은 것을 남겨라.
㉰ 모든 소유를 남기지 말고 진멸하되 남녀와 소아와 젖 먹는 아이와 우양과 약대와 나귀를 죽이라.
㉱ 남녀와 소아와 젖 먹는 아이는 살려라.

18. 사울이 아말렉과의 전투에서 승리한 후 하나님의 명을 지키지 않고 살려 준 아말렉 왕은 누구인가? (삼상 15:9)
(　　　　　　)

19. 사울로 왕 삼은 것을 하나님께서 후회하신 이유는 무엇인가? (삼상 15:11)
㉮ 사울이 자기를 위하여 기념비를 세웠기 때문에
㉯ 하나님을 좇지 않고 명령을 이루지 않았기 때문에
㉰ 사무엘을 무시하고 자기 멋대로 했기 때문에
㉱ 사울 마음대로 금식하였기 때문에

20. 사무엘은 사울에게 하나님께서는 제사보다 무엇을 더 원하신다고 하였는가? (삼상 15:22)
(　　　　　　)

21. 여호와의 신이 사울에게서 떠나고 무엇이 그를 번뇌케 하였는가? (삼상 16:14)
㉮ 블레셋 ㉯ 여호와의 부리신 악신 ㉰ 사무엘 ㉱ 다윗

22. 사울이 여호와의 부리신 악신으로 인해 번뇌할 때 누가 수금을 연주하여 악신을 떠나게 하였는가? (삼상 16:23)
(　　　　　　)

【정답】
17.㉰ 18.아각 19.㉯ 20.순종 21.㉯ 22.다윗

23. 사울이 블레셋과 싸울 때 블레셋의 진에서 싸움을 돋우는 가드 출신의 거인 장수는 누구인가? (삼상 17:4)

㉮ 네피림 ㉯ 아각 ㉰ 골리앗 ㉱ 사무엘

24. 사울과 이스라엘을 모욕하며 농락하던 골리앗과 싸우러 나간 사람은 누구인가? (삼상 17:32)

( )

25. 사울의 아들 요나단의 마음이 누구의 마음과 연락되어 그를 자기 생명같이 사랑하였는가? (삼상 18:1)

㉮ 다윗 ㉯ 아브넬 ㉰ 메랍 ㉱ 미갈

26. 다윗은 사울이 보내는 곳마다 가서 지혜롭게 행했다. 사울은 다윗을 무엇으로 삼았나? (삼상 18:5)

㉮ 군대의 장 ㉯ 총리 ㉰ 아들 ㉱ 종

27. "사울의 죽인 자는 천천이요 다윗은 만만이로다"라는 여인들의 노래가 사울에게 미친 영향은 무엇인가? (삼상 18:7~9)

㉮ 사울은 백성들의 말이 맞다고 생각했다.
㉯ 사울은 사무엘이 한 말을 잊지 않고 기억했다.
㉰ 사울은 다윗을 생명같이 사랑하였다.
㉱ 사울은 불쾌하여 심히 노하고 다윗을 주목했다.

28. 사울이 다윗을 죽이기 위하여 자신의 딸 미갈을 주겠다고 하면서 다윗에게 요구한 것은 무엇인가? (삼상 18:21, 25)

( )

29. 사울의 딸 미갈은 사울이 다윗을 죽이려는 것을 알고 그를 어디로 달아내려 피하게 했는가? (삼상 19:11~12)

【정답】

23.㉰ 24.다윗 25.㉮ 26.㉮ 27.㉱ 28.블레셋 사람의 양피 일백 29.㉯

㉮ 다락 ㉯ 창 ㉰ 베란다 ㉱ 산

30. 사울이 하나님의 신이 임하여 예언을 했는데, 누구를 잡으러 라마 나욧으로 가는 중에 일어난 일이었는가? (삼상 19:20~23)
( )

31. 제사장 아히멜렉이 다윗에게 떡과 칼을 준 것을 사울의 신하에게 고한 사람은 누구인가? (삼상 22:9~10)
㉮ 골리앗 ㉯ 에돔 사람 도엑 ㉰ 아기스 ㉱ 이새

32. 사울이 다윗을 도운 놉의 제사장들을 죽이라고 명령했을 때 신하들의 반응은 어떠했는가? (삼상 22:17)
( )

33. 사울은 신하들이 놉의 제사장들을 죽이기 싫어하자 누구에게 그들을 죽이라고 했는가? (삼상 22:18)
㉮ 아기스 ㉯ 장군 ㉰ 도엑 ㉱ 요나단

34. 사울의 명을 받은 도엑이 다윗에게 떡과 칼을 준 놉의 제사장들 몇 명을 죽였는가? (삼상 22:18)
㉮ 90명 ㉯ 85명 ㉰ 75명 ㉱ 70명

35. 사울의 명을 받은 도엑이 제사장들을 죽일 때 아히멜렉의 아들 중 그곳을 도망한 사람은 누구인가? (삼상 22:20)
( )

36. 사울은 엔게디 황무지 굴에서 다윗에게 무엇을 베였는가? (삼상 24:4)
㉮ 손 ㉯ 머리 ㉰ 신발 ㉱ 겉옷자락

【정답】

30.다윗 31.㉯ 32.죽이기를 싫어했다. 33.㉰ 34.㉯ 35.아비아달 36.㉱

37. 사울이 마온 황무지에서 다윗을 잡으려다가 쫓기를 그치고 철수한 이유는 무엇인가? (삼상 23:27~28)

㉮ 블레셋의 침공으로 ㉯ 아기스의 침공으로
㉰ 요나단의 강청으로 ㉱ 갑자기 아파서

38. 사울은 그의 딸이자 다윗의 아내로 주었던 미갈을 누구에게 주었는가? (삼상 25:44)

( )

39. 사울은 광야 앞 하길라 산 길가 진에서 곤히 자다가 다윗에게 무엇을 빼앗겼나? (삼상 26:1~12)

( )

40. 사울은 사무엘이 죽은 후에 그 땅에서 어떤 사람들을 쫓아냈는가? (삼상 28:3)

㉮ 신접한 자와 박수 ㉯ 다윗을 좋아하는 백성
㉰ 블레셋 사람들 ㉱ 아기스 사람들

41. 사울이 블레셋의 침공으로 두려워서 신접한 여인을 찾으려고 했을 때 어디에서 찾았나? (삼상 28:7~8)

( )

42. 사울이 신접한 여인에게 죽은 누구를 불러 올리라고 했는가? (삼상 28:11)

㉮ 아브라함 ㉯ 모세 ㉰ 사무엘 ㉱ 엘리

43. 하나님께서 왜 사울을 블레셋과의 싸움에서 죽게 하셨나? (삼상 28:18)

【정답】

37.㉮ 38.라이스의 아들 발디 39.창과 물병 40.㉮ 41.엔돌 42.㉰

㉮ 다윗을 죽이려고 했기 때문에
㉯ 여호와께 불순종하고 아말렉에게 그의 진노를 쏟지 않아서
㉰ 신접한 여인을 통해서 사무엘을 불렀기 때문에
㉱ 다윗의 아내를 다른 사람에게 주었기 때문에

44. 사무엘은 사울이 블레셋과의 싸움에서 죽을 때 누가 함께 죽을 것이라고 하였나? (삼상 28:19)

(　　　　　　)

45. 사울과 그의 아들들이 죽고 이스라엘이 패한 전쟁은 어느 전쟁인가? (삼상 31:1~2,7)

㉮ 블레셋과의 길보아 전투　　㉯ 시글락과의 전투
㉰ 이집트와의 전투　　㉱ 아말렉과의 전투

46. 사울 일가의 시체를 찾아 장사지내고 7일을 금식한 사람들은 누구인가? (삼상 31:11~13)

(　　　　　　)

47. 사울이 죽고 누가 이스라엘의 왕이 되었는가? (삼하 2:8~9)

㉮ 사울의 군장 넬　　㉯ 사울의 아들 이스보셋
㉰ 넬의 아들 아브넬　　㉱ 요나단의 아들

48. 사울의 아들 이스보셋이 이스라엘 왕이 될 때의 나이는 몇 살인가? (삼하 2:10)

(　　　　　　)

49. 이스보셋은 몇 년 동안 이스라엘의 왕으로 있었는가? (삼하 2:10)

㉮ 1년　㉯ 2년　㉰ 3년　㉱ 4년

50. 사울의 집과 다윗의 집 사이에 전쟁이 오랫동안 계속되었는데 사울

【정답】

43.㉯　44.아들들　45.㉮　46. 길르앗 야베스 거민들　47.㉯　48.40세　49.㉯

의 집은 어떻게 되었나? (삼하 3:1)

(   )

51. 아브넬은 누구를 통간했는가? (삼하 3:7)

㉮ 요나단의 첩 ㉯ 이스보셋의 첩
㉰ 사울의 첩 ㉱ 다윗의 첩

52. 사울의 군장 넬의 아들은 누구인가? (삼하 2:8)

㉮ 아브넬 ㉯ 이스보셋 ㉰ 요나단 ㉱ 아비새

53. 이스보셋을 배반한 아브넬은 누구에게로 갔나? (삼하 3:6~20)

㉮ 아비새 ㉯ 요압 ㉰ 아사헬 ㉱ 다윗

54. 사울과 요나단이 죽었다는 소식을 듣고 유모가 안고 피하다가 떨어져 절뚝발이가 된 요나단의 아들은 누구인가? (삼하 4:4)

(   )

55. 사울의 아들 이스보셋은 왜 죽었나? (삼하 4:6~7)

㉮ 병이 들어서 ㉯ 살해당했다.
㉱ 약을 먹고 ㉱ 늙어서

56. 사울의 손자인 므비보셋은 누구로부터 은총을 받았는가? (삼하 9:7)

㉮ 사울 ㉯ 요나단 ㉰ 바로 ㉱ 다윗

57. 사울의 손자 므비보셋의 아들은 누구인가? (삼하 9:12)

㉮ 미가 ㉯ 미가야 ㉰ 요압 ㉱ 압살롬

【정답】

50.점점 약하여졌다. 51.㉰ 52.㉮
53.㉱ 54.므비보셋 55.㉯ 56.㉱ 57.㉮

다윗

1. 여호와께서 이새의 아들들 중 기름부으려고 택한 사람은 누구인가? (삼상 16:11~12)
   ㉮ 첫째 엘리압　　㉯ 둘째 아비나답
   ㉰ 셋째 삼마　　㉱ 말째 다윗

2. 다윗은 기름부음받기 전까지 무슨 일을 했는가? (삼상 16:11)
   (　　　　　　)

3. 다윗에게 기름을 부은 사람은 누구인가? (삼상 16:12~13)
   ㉮ 사울　㉯ 사무엘　㉰ 엘리압　㉱ 장로

4. 다윗은 사무엘에게 기름부음을 받은 날 이후로 무엇에 감동되었나? (삼상 16:13)
   (　　　　　　)

5. 다윗은 누구의 아들인가? (삼상 16:18)
   ㉮ 이새　㉯ 사울　㉰ 사무엘　㉱ 아각

6. 다윗이 수금을 취하여 손으로 탄즉 하나님의 부리신 악신이 누구에게서 떠나갔나? (삼상 16:23)
   ㉮ 이새　㉯ 사울　㉰ 다윗　㉱ 요나단

【정답】

1.㉱　2.양치는 일　3.㉯　4.여호와의 신　5.㉮　6.㉯

7. 다윗이 골리앗과 싸우기 위해 택한 무기는 무엇인가? (삼상 17:40)

㉮ 창　　㉯ 칼
㉰ 전차　　㉱ 막대기, 물매, 매끄런 돌 다섯 개

8. 다윗은 누구의 이름을 걸고 골리앗과 싸웠나? (삼상 17:45)

(　　　　　)

9. 다윗과 골리앗의 싸움 결과는 어찌되었나? (삼상 17:49)

㉮ 다윗은 골리앗을 막대기로 때렸다.
㉯ 다윗이 던진 첫 번 물매에 맞은 골리앗은 땅에 엎드러졌다.
㉰ 골리앗이 다윗을 물리쳤다.
㉱ 골리앗은 칼과 창으로 다윗을 겁주었다.

10. 사울이 다윗을 군대의 장으로 삼았을 때 온 백성과 함께 합당히 여긴 자들은 누구인가? (삼상 18:5)

(　　　　　)

11. 다윗이 블레셋 사람을 죽이고 돌아올 때 여인들이 부른 노래의 내용은 무엇이었나? (삼상 18:7)

(　　　　　)

12. 다윗을 시기한 사울은 그를 죽이기 위해 블레셋 사람 100명을 죽이면 자신의 딸을 주겠다고 했는데 결과는 어찌되었나? (삼상 18:20~27)

㉮ 다윗이 블레셋 사람 100명을 죽였다.
㉯ 다윗이 블레셋 사람 200명을 죽이므로 딸 미갈을 주었다.
㉰ 다윗은 블레셋 사람에게 졌다.
㉱ 사울은 블레셋에게 진 다윗을 혼냈다.

【정답】

7.㉱　8.만군의 여호와　9.㉯　10.사울의 신하들
11.사울이 죽인 자는 천천이요 다윗은 만만이로다.　12.㉯

13. 사울이 다윗을 죽이려 할 때 창에서 달아내려 도망하게 해 준 사람은 누구인가? (삼상 19:11~12)

(   )

14. 다윗은 미갈의 도움으로 달아나 누구에게로 갔나? (삼상 19:18)

㉮ 요나단 ㉯ 사무엘 ㉰ 사울 ㉱ 이새

15. 다윗을 죽이려 라마 나욧으로 가는 사울에게 어떤 일이 일어났는가? (삼상 19:22~23)

㉮ 하나님이 부리는 악신으로 인해 괴로웠다.
㉯ 하나님의 신이 임하니 라마 나욧에 이르기까지 예언하였다.
㉰ 사무엘이 사울에게 돌아가라고 하였다.
㉱ 다윗은 사울에게서 악신이 떠나기를 소원했다.

16. 다윗에게 사울이 다윗을 죽이려 한다고 알려 주면서 자기 자손에게 인자를 베풀어 달라고 부탁한 사람은 누구인가? (삼상 20:12~15)

(   )

17. 다윗은 사울이 자기를 죽이려 한다는 요나단의 경고를 듣고 어느 곳으로 피했나? (삼상 20:12~15, 21:1)

㉮ 사무엘이 있는 라마 ㉯ 미갈이 있는 성
㉰ 이새가 있는 베들레헴 ㉱ 제사장 아히멜렉이 있는 놉

18. 다윗이 사울을 피해 놉으로 갔을 때 놉에 있던 제사장은 누구인가? (삼상 21:1)

(   )

19. 다윗이 아히멜렉에게 떡을 요청할 때 준 것은 무엇인가? (삼상

【정답】

13.아내 미갈 14.㉯ 15.㉯ 16.요나단 17.㉱ 18.아히멜렉

21:1~6)

㉮ 항용 떡 ㉯ 고기 ㉰ 거룩한 떡 ㉱ 죽

20. 제사장이 다윗에게 떡과 칼을 줄 때 이를 목격한 사울의 목자장은 누구인가? (삼상 21:7~9)

㉮ 아히멜렉 ㉯ 에돔 사람 도엑 ㉰ 아기스 ㉱ 나발

21. 다윗이 아히멜렉에게 무기를 요구하자 준 것은 무엇인가? (삼상 21:9)

( )

22. 다윗이 사울을 피하여 가드 왕 아기스에게 가서 어떤 행동을 하였는가? (삼상 21:10~13)

㉮ 미친 체하였다. ㉯ 위협했다. ㉰ 조아렸다. ㉱ 항복했다.

23. 다윗이 사울을 피해 다닐 때 그일라를 침략한 부족은? (삼상 23:1)

( )

24. 다윗은 그일라를 구원하기 위해 먼저 누구에게 물었나? (삼상 23:2)

㉮ 사무엘 ㉯ 사울 ㉰ 여호와 ㉱ 아히멜렉

25. 다윗이 십 황무지 수풀에서 만난 사람은 누구인가? (삼상 23:15~16)

( )

26. 다윗을 잡으려고 십 광야 마온 황무지로 추격하던 중에 블레셋의 침공으로 철수한 사람은 누구인가? (삼상 23:28)

㉮ 요나단 ㉯ 사울
㉰ 에돔 사람 도엑 ㉱ 아히멜렉

【정답】

19.㉰ 20.㉯ 21.골리앗의 칼 22.㉮ 23.블레셋 24.㉰ 25.요나단 26.㉯

27. 다윗이 사울을 죽일 수 있었으나 겉옷자락만 베고 그를 살려주었던 곳은 어디인가? (삼상 24:1, 4)

( )

28. 다윗이 양 떼를 보호하여 하나도 잃지 않게 해준 부자에게 양식을 부탁하자 거절한 사람은 누구인가? (삼상 25:7~11)

㉮ 아비가일 ㉯ 나발 ㉰ 사울 ㉱ 사무엘

29. 다윗이 나발을 죽이려 한 것을 알고 급히 떡과 포도주, 양, 볶은 곡식과 건포도, 무화과를 가져와 용서를 구한 사람은 누구인가? (삼상 25:18)

( )

30. 다윗이 양식을 달라고 하였을 때 거절했던 나발이 죽고 그의 아내는 어떻게 되었나? (삼상 25:40~42)

㉮ 양치는 목동이 되었다. ㉯ 부모에게로 돌아갔다.
㉰ 다윗의 아내가 되었다. ㉱ 다윗의 사자가 되었다.

31. 다윗은 왜 사울을 해하지 않았나? (삼상 26:11)

㉮ 이스라엘 백성이 많으므로 ㉯ 사울이 병이 들어서
㉰ 사울을 존경해서 ㉱ 여호와의 기름부음을 받은 자라서

32. 다윗이 사울을 피해 하길라에서 블레셋으로 피신할 때 함께 간 사람은 몇 명인가? (삼상 26:3, 27:1~2)

( )

33. 다윗이 사울을 피해 블레셋 가드의 누구에게로 갔나? (삼상 27:2)

㉮ 아기스 ㉯ 바로 ㉰ 마옥 ㉱ 야베스

【정답】

27.엔게디 황무지 28.㉯ 29.나발의 아내 아비가일 30.㉰ 31.㉱ 32.600명 33.㉮

34. 다윗이 사울을 피해 블레셋 가드의 아기스에게로 갔을 때, 그에게 받은 마을은 어디인가? (삼상 27:6)

( )

35. 다윗과 그 일행이 블레셋에서 시글락으로 돌아왔을 때 생긴 일은 무엇인가? (삼상 30:1~2)

㉮ 사울이 쳐들어와 다윗의 사람들을 잡아갔다.
㉯ 아말렉 사람들이 성을 불사르고 처자들을 잡아갔다.
㉰ 블레셋 사람들이 다윗을 미워하여 성에 쳐들어 왔다.
㉱ 에돔 사람들이 다윗을 보러 와 있었다.

36. 다윗은 시글락에 쳐들어 왔던 아말렉을 물리침으로 빼앗긴 모든 것을 찾았고 그들에게서 탈취한 것을 어떻게 했나? (삼상 30:26)

( )

37. 다윗이 아말렉 소년을 통해 전해들은 사울의 전사 장면은 어떠했는가? (삼하 1:7~10)

㉮ 사울은 블레셋과의 전쟁을 승리로 이끌고 죽었다.
㉯ 사울과 그 아들들은 전쟁 중에 도망치다 죽었다.
㉰ 부상당해 죽어가는 사울이 아말렉 소년에게 자신을 죽여달라 하여 그를 죽였다.
㉱ 사울만 죽고 그 아들들은 살았다.

38. 다윗이 사울의 전사 소식을 전한 아말렉 소년을 죽인 이유는 무엇인가? (삼하 1:14~15)

( )

39. 다윗은 요나단의 죽음을 애통해 하면서 자기를 사랑한 요나단을 어떻게 표현했나? (삼하 1:26)

【정답】

34.시글락　35.㉯　36.그의 친구 유다 장로들에게 보냄　37.㉰
38.여호와의 기름부음받은 자를 죽였기 때문에

㉮ 나를 사랑하여 사울에게서 구했다.
㉯ 나를 사랑함이 기이하여 여인의 사랑보다 승하였도다.
㉰ 나를 사랑하여 나보다 먼저 죽었다.
㉱ 나를 사랑함이 블레셋보다 더하다.

40. 다윗이 유다 왕으로 취임한 곳은 어디인가? (삼하 2:3~4)
㉮ 기럇여아림 ㉯ 두로 ㉰ 예루살렘 ㉱ 헤브론

41. 다윗을 왕으로 추대한 지파는 어느 지파인가? (삼하 2:4)
㉮ 요셉 ㉯ 베냐민 ㉰ 잇사갈 ㉱ 유다

42. 다윗은 어디 사람들이 사울을 장사했다는 소식을 듣고 그들을 축복하였는가? (삼하 2:5)
(   )

43. 유다 지파가 다윗을 왕으로 추대하자 다른 지파들은 누구를 왕으로 추대했는가? (삼하 2:8~10)
㉮ 요나단 ㉯ 아비나답 ㉰ 이스보셋 ㉱ 말기수

44. 다윗이 헤브론에서 얼마 동안 왕으로 있었나? (삼하 2:11)
(   )

45. 다윗은 아브넬이 이스보셋을 배반하고 다윗에게 오려고 할 때 누구를 데려오라고 했는가? (삼하 3:12~13)
(   )

46. 다윗은 왜 아브넬에게 사울의 딸 미갈을 데려오라 했는가? (삼하 3:14)
㉮ 볼모로 데리고 있으려고 ㉯ 다윗의 부인이기 때문에
㉰ 아름답기 때문에 ㉱ 며느리 삼으려고

【정답】
39.㉯ 40.㉱ 41.㉱ 42.길르앗 야베스 43.㉰ 44.7년 6개월
45.사울의 딸 미갈 46.㉯

47. 다윗에게 망명한 아브넬을 왜 군장 요압과 그 동생 아비새가 죽였나? (삼하 3:30)
( )

48. 이스보셋 사후에 다윗을 이스라엘 왕으로 추대한 사람들은 누구인가? (삼하 4:12, 5:3)
㉮ 이스라엘 모든 장로들 ㉯ 블레셋 사람들
㉰ 베냐민 지파 사람들 ㉱ 유다 지파 사람들

49. 다윗이 이스라엘 왕으로 추대된 곳은 어디인가? (삼하 5:3)
㉮ 길갈 ㉯ 두로 ㉰ 여리고 ㉱ 헤브론

50. 다윗은 몇 살에 이스라엘의 왕이 되었나? (삼하 5:4)
㉮ 20세 ㉯ 25세 ㉰ 30세 ㉱ 40세

51. 헤브론에서 7년 6개월 동안 유다를 다스린 다윗은 예루살렘에서 몇 년 동안 온 이스라엘과 유다를 다스렸는가? (삼하 5:5)
㉮ 30년 ㉯ 31년 ㉰ 33년 ㉱ 35년

52. 다윗이 이스라엘 왕이 되었을 때 처음으로 빼앗은 성은 어디인가? (삼하 5:7)
㉮ 암몬성 ㉯ 시온 산성 ㉰ 요압성 ㉱ 애굽성

53. 다윗은 시온 산성을 무엇이라 이름 하였는가? (삼하 5:7, 9)
( )

54. 다윗이 블레셋 사람들을 치기 위해 여호와께 물을 때 뽕나무 수풀 맞은편에서 저희를 엄습하되 뽕나무 꼭대기에서 무슨 소리가 들릴 때 동작하라 하셨는가? (삼하 5:22~24)
㉮ 걷는 소리 ㉯ 웃음 소리 ㉰ 울음 소리 ㉱ 노랫 소리

【정답】
47.아브넬이 전쟁에서 동생 아사헬을 죽였기 때문에 48.㉮ 49.㉱ 50.㉰
51.㉰ 52.㉯ 53.다윗성 54.㉮

55. 다윗왕이 바알레유다로 가서 무엇을 가져오려 했나? (삼하 6:2)

( )

56. 다윗이 법궤를 다윗성으로 옮기려 할 때 법궤를 만져 죽은 사람은 누구인가? (삼하 6:2~7)

㉮ 사울 ㉯ 요나단 ㉰ 블레셋인 ㉱ 아비나답의 아들 웃사

57. 다윗이 법궤를 다윗성으로 가져오지 않고 어디에 보관했나? (삼하 6:10)

( )

58. 다윗은 법궤를 오벧에돔 집에 얼마나 보관하였나? (삼하 6:11)

㉮ 한 달 ㉯ 두 달 ㉰ 석 달 ㉱ 넉 달

59. 다윗은 하나님의 궤로 인하여 누구의 집이 복을 받았다는 소식을 들었나? (삼하 6:12)

( )

60. 다윗은 하나님의 궤로 인하여 오벧에돔의 집이 복을 받았다는 소식을 듣고 어떻게 하였나? (삼상 6:12)

㉮ 오벧에돔이 복을 받도록 그대로 두었다.
㉯ 기쁨으로 하나님의 궤를 다윗성으로 옮겼다.
㉰ 신하들의 집이 복을 받도록 그곳으로 옮겼다.
㉱ 하나님의 말씀을 기다렸다.

61. 여호와의 궤가 다윗성으로 올 때 다윗이 춤추는 것을 보고 업신여긴 사람은 누구인가? (삼하 6:16)

㉮ 미갈 ㉯ 아비가일 ㉰ 밧세바 ㉱ 아히노암

【정답】

55.법궤 56.㉱ 57.오벧에돔의 집 58.㉰ 59.오벧에돔의 집 60.㉯ 61.㉮

62. 다윗은 다윗성으로 옮긴 법궤를 어느 곳에 두었는가? (삼하 6:17)
㉮ 장막 ㉯ 궁궐 ㉰ 성전 ㉱ 산

63. 다윗이 하나님의 집을 짓겠다고 했을 때 하나님은 누구의 집을 지어 주신다고 했는가? (삼하 7:1~11)
( )

64. 하나님께서 다윗에게 하나님의 법궤를 둘 성전은 누가 지을 것이라고 하셨나? (삼하 7:12~13)
㉮ 다윗 ㉯ 나단 ㉰ 다윗의 자식 ㉱ 사울

65. 다윗왕에게 여호와의 말씀을 전한 선지자는 누구인가? (삼하 7:17)
( )

66. 권력을 회복하기 위해 군사를 이끌고 유프라테스 강으로 가다가 다윗에게 사로잡혀 패한 르홉의 아들 소바 왕은 누구인가? (삼하 8:3)
㉮ 바로 ㉯ 하닷에셀 ㉰ 사독 ㉱ 나단

67. 다윗이 하닷에셀을 도우러 온 아람 사람 22,000명을 죽이고 이스라엘의 수비대를 주둔시킨 곳은 어디인가? (삼하 8:5~6)
( )

68. 다윗이 요나단의 아들을 찾을 때 그의 거처를 알려 준 사람은 누구인가? (삼하 9:2~3)
㉮ 바로 ㉯ 노아 ㉰ 사울의 종 시바 ㉱ 나단

69. 다윗이 죽은 친구 요나단에게 은총을 베풀기 위해 찾아낸 요나단의 아들은 누구인가? (삼하 9:6~7)
( )

【정답】
62.㉮ 63.다윗의 집 64.㉰ 65.나단 66.㉯ 67.다메섹 아람 68.㉰ 69.므비보셋

70. 다윗은 사울과 그 온 집에 속한 것을 다 누구에게 주었는가? (삼하 9:9~10)

㉮ 바로　㉯ 요나단　㉰ 시바　㉱ 므비보셋

71. 다윗은 사울의 손자 므비보셋에게 어떤 혜택을 주었는가? (삼하 9:11)

(　　　　　　)

72. 다윗이 암몬 왕 나하스가 죽자 그의 아들 하눈에게 조문을 보낸 이유는 무엇인가? (삼하 10:1~2)

㉮ 나하스가 죽었기에 나하스의 아들에게 항복하라고
㉯ 나하스의 아들 하눈에게 무섭게 보이려고
㉰ 나하스의 은총을 생각하여 그의 아들에게 은총을 베풀려고
㉱ 나하스의 아들 대신 다른 사람을 왕으로 세우려고

73. 다윗이 나하스의 죽음을 조문하기 위해 보낸 조문객들의 수염을 깎고 그 의복의 중동 볼기까지 자르고 돌려보낸 자는? (삼하 10:4)

(　　　　　　)

74. 다윗은 이스라엘과 암몬이 전쟁할 때 어디에 있었는가? (삼하 11:1)

㉮ 암몬　㉯ 예루살렘　㉰ 이스라엘　㉱ 애굽

75. 다윗이 이스라엘과 암몬이 전쟁하는 중 예루살렘의 왕궁 지붕 위를 거닐다 본 것은 무엇인가? (삼하 11:2)

(　　　　　　)

76. 다윗이 이스라엘과 암몬이 전쟁하는 중에 범한 여인은 누구인가? (삼하 11:3~4)

㉮ 우리아의 아내 밧세바　㉯ 사울의 딸 미갈
㉰ 아비가일　㉱ 다말

【정답】

70.㉱　71.왕자처럼 왕의 상에서 먹게 함　72.㉰　73.하눈　74.㉯　75.목욕하는 여자　76.㉮

77. 다윗은 동침한 우리아의 아내 밧세바가 잉태함으로 인해 우리아를 어떻게 했나? (삼하 11:15~17)

( )

78. 다윗이 우리아를 죽이고 밧세바를 자기 처로 삼은 것에 대해 여호와께서 나단을 통해 네 집에서 무엇이 영영히 떠나지 않는다고 하셨나? (삼하 12:10)

㉮ 재앙 ㉯ 칼 ㉰ 싸움 ㉱ 전투

79. 다윗의 범죄로 인해 밧세바가 낳은 아이는 어떻게 되었나? (삼하 12:18)

( )

80. 다윗이 죽은 아이로 인해 밧세바를 위로하고 동침하여 낳은 아들은 누구인가? (삼하 12:24)

㉮ 바로 ㉯ 압살롬 ㉰ 이삭 ㉱ 솔로몬

81. 다윗의 아들 압살롬의 누이동생은 누구인가? (삼하 13:1)

( )

82. 다윗의 딸 다말을 사모하여 거짓말로 유인해 동침한 자는 누구인가? (삼하 13:6, 14)

㉮ 압살롬 ㉯ 바로 ㉰ 암논 ㉱ 이삭

83. 다윗의 딸 다말과 강제로 동침한 암논이 다말을 멀리하자 자신의 종들에게 암논을 죽이라고 명령한 사람은 누구인가? (삼하 13:28)

㉮ 다말 ㉯ 솔로몬 ㉰ 압살롬 ㉱ 마아가

【정답】

77.치열한 전쟁에 보내 죽게 했다. 78.㉯ 79.죽었다. 80.㉱ 81.다말
82.㉰ 83.㉰

84. 다윗의 셋째 아들 압살롬은 누이인 다말을 욕보인 암논을 어떻게 했는가? (삼하 13:37)

㉮ 죽이려고 하다가 실패했다. ㉯ 암논을 쫓아냈다.
㉰ 죽이고 그술 왕 달매에게로 갔다. ㉱ 죽이고 집으로 왔다.

85. 다윗의 아들 압살롬이 암논을 죽인 후 그술에 있는 외할아버지에게로 피난갔다. 압살롬의 외할아버지는 누구인가? (삼하 3:3)

( )

86. 다윗이 그술에 있는 압살롬을 그리워하는 줄 알고 데려오도록 꾸민 사람은 누구인가? (삼하 14:1, 21)

㉮ 요압 ㉯ 바로 ㉰ 모압 ㉱ 모세

87. 다윗의 아들 압살롬이 그술에서 귀국하여 백성들의 마음을 도적질한 지 4년 만에 반역을 일으킨 곳은 어디인가? (삼하 15:6~12)

( )

88. 다윗은 압살롬의 반역으로 피란하면서 언약궤 가져가기를 왜 거절했는가? (삼하 15:25)

㉮ 번거롭기 때문에
㉯ 하나님께 죄송해서
㉰ 아들이 싫어하기 때문에
㉱ 여호와 앞에 은혜를 얻으면 돌아와 언약궤를 볼 수 있기에

89. 다윗의 자문관이었으나 반역한 압살롬의 수석 참모가 된 사람은 누구인가? (삼하 15:12)

( )

【정답】

84.㉰ 85.달매왕 86.㉮ 87.헤브론 88.㉱ 89.아히도벨

90. 다윗이 아히도벨의 계략을 패하게 하기 위해 성으로 들여보낸 사람은 누구인가? (삼하 15:31~37)

㉮ 바로 ㉯ 이삭 ㉰ 후새 ㉱ 야곱

91. 다윗이 압살롬을 피해 피란할 때 떡과 건포도와 여름 실과와 포도주를 제공한 사람은 누구인가? (삼하 16:1)

( )

92. 다윗이 압살롬을 피해 피란할 때 돌을 던지며 저주한 사람은 누구인가? (삼하 16:5~6)

㉮ 바로 ㉯ 시므이 ㉰ 아비가일 ㉱ 후새

93. 다윗을 배반하고 압살롬에게 다윗의 후궁들과 동침하도록 모략을 꾸민 사람은 누구인가? (삼하 16:20~22)

( )

94. 다윗이 압살롬을 피해 피란할 때 추격하여 치겠다는 아히도벨의 계략을 파한 사람은 누구인가? (삼하 17:7~14)

㉮ 바로 ㉯ 압살롬 ㉰ 후새 ㉱ 시므이

95. 다윗의 신하 후새에 의해 자신의 책략이 무너진 것을 본 아히도벨은 어떻게 하였나? (삼하 17:23)

( )

96. 다윗이 압살롬을 치기 위해 출전하는 요압과 아비새와 잇대에게 압살롬을 어떻게 하라고 부탁했는가? (삼하 18:5)

㉮ 죽여라. ㉯ 용서해라. ㉰ 너그러이 대접하라. ㉰ 뜻한 대로 하라.

【정답】

90.㉰ 91.므비보셋의 사환 시바 92.㉯ 93.아히도벨 94.㉰
95.고향으로 돌아가 목매어 죽었다. 96.㉰

97. 다윗을 반역한 다윗의 아들 중 그가 자랑스러워하던 머리털이 나무에 걸리게 되어 요압에게 죽임을 당한 자는 누구인가? (삼하 18:9~15)
㉮ 압살롬 ㉯ 후새 ㉰ 아히도벨 ㉱ 솔로몬

98. 다윗은 압살롬의 죽은 소식을 듣고 어떻게 하였나? (삼하 18:33)
㉮ 잘 죽었다고 했다. ㉯ 압살롬을 부르며 울었다.
㉰ 상을 주었다. ㉱ 아무 말도 안했다.

99. 다윗이 압살롬의 전사 소식에 대성통곡할 때 민심을 추스르도록 권한 사람은 누구인가? (삼하 19:5~7)
( )

100. 다윗은 압살롬을 죽인 요압 대신 누구를 군장으로 임명했나? (삼하 19:13)
㉮ 바로 ㉯ 압살롬 ㉰ 아마사 ㉱ 므비보셋

101. 다윗이 압살롬을 피해 피란할 때 그를 저주하던 시므이가 다윗에게 용서를 빌 때 어떻게 하였나? (삼하 19:18~23)
( )

102. 다윗이 압살롬을 피해 마하나임에 있을 때 음식과 침구를 제공한 길르앗의 늙은 거부는 누구인가? (삼하 19:31~32)
㉮ 바르실래 ㉯ 바로 ㉰ 므비보셋 ㉱ 요압

103. 다윗이 음식과 침구를 제공한 바르실래를 궁으로 데려가려 했을 때 그는 다윗에게 무슨 청을 하였나? (삼하 19:33,37)
( )

【정답】

97.㉮ 98.㉯ 99.요압 100.㉰ 101.용서했다.
102.㉮ 103.자신은 고향으로 돌아가고 아들 김함을 데려가 달라.

104. 요압은 다윗이 군장으로 임명한 아마사를 어떻게 죽였는가? (삼하 20:9~10)

㉮ 결투를 청해 요압이 이겼다.
㉯ 부하들의 도움을 받아 죽였다.
㉰ 입 맞추는 체하며 경계심을 풀게 하고 칼로 찔러 죽였다.
㉱ 요압의 하인들이 몰래 죽였다.

105. 다윗 시대에 3년 가뭄이 있었는데 원인이 무엇인가? (삼하 21:1)

(　　　　　　)

106. 사울이 기브온 사람들에게 행한 범죄로 인해 다윗 시대에 3년 가뭄이 있었다. 다윗이 기브온 사람들을 불러 속죄함을 물었을 때 그들이 요구한 것은 무엇인가? (삼하 21:6)

㉮ 금은보화를 요구했다.
㉯ 이스라엘 사람들을 종으로 요구했다.
㉰ 사울 가족을 종으로 요구했다.
㉱ 사울의 자손 일곱을 그들의 고향 기브아에서 목매어 달겠다.

107. 다윗은 사울이 기브온 사람들을 죽인 일로 사울의 자손을 내어줄 때 제외한 사울의 자손은 누구인가? (삼하 21:7)

(　　　　　　)

108. 다윗이 기브온 사람들의 소원대로 사울의 자손 7명을 넘겨주고 난 후 일어난 일은 무엇인가? (삼하 21:10)

㉮ 사울의 자손들이 분개했다.
㉯ 기브아인들이 용서했다.
㉰ 사울의 자손들을 살려 주었다.
㉱ 3년 가뭄이 끝나고 비가 왔다.

【정답】

104.㉰　105.사울이 기브온 사람을 죽였기 때문　106.㉱
107.요나단의 아들 므비보셋　108.㉱

109. 하나님께서 다윗을 감동시키사 이스라엘과 유다의 인구를 조사케 함은 누구를 향해 진노하시고 그를 치시려는 것인가? (삼하 24:1)
㉮ 이스라엘 ㉯ 애굽 ㉰ 유다 ㉱ 모압

110. 다윗의 인구 조사로 인하여 하나님께서 갓 선지자를 통해 제안한 세 가지 심판은 무엇인가? (삼하 24:12~13)
㉮ 7년 기근, 7달 대적에게 쫓김, 7일 온역
㉯ 7년 기근, 3달 대적에게 쫓김, 3일 온역
㉰ 3달 기근, 3달 대적에게 쫓김, 3일 온역
㉱ 5년 기근, 5달 대적에게 쫓김, 5달 온역

111. 하나님께서 다윗에게 제안한 세 가지 재앙 중 그가 받게 된 재앙은 무엇인가? (삼하 24:15)
( )

112. 다윗과 이스라엘에게 내려진 3일 온역의 결과는 어떠했는가? (삼하 24:15)
㉮ 1만 명이 죽음 ㉯ 2만 명이 죽음
㉰ 7만 명이 죽음 ㉱ 9만 명이 죽음

113. 다윗이 늙어 그의 체온을 따뜻하게 하려고 데려온 여인은 누구인가? (왕상 1:1~3)
( )

114. 다윗이 자리에 눕자 반란을 일으켜 왕이 되려고 한 다윗의 아들은 누구인가? (왕상 1:5)
㉮ 아도니야 ㉯ 솔로몬 ㉰ 압살롬 ㉱ 암논

【정답】

109.㉮ 110.㉯ 111.3일 온역 112.㉰ 113.아비삭 114.㉮

115. 다윗에게 밧세바를 통해 솔로몬의 왕권 계승을 주장하게 한 이는 누구인가? (왕상 1:11~13)

㉮ 아도니야 ㉯ 나단 ㉰ 브나야 ㉱ 여호야다

116. 다윗은 이스라엘 왕으로 누구를 지목했나? (왕상 1:30)

㉮ 아도니야 ㉯ 솔로몬 ㉰ 압살롬 ㉱ 암논

117. 다윗이 죽기 전에 솔로몬에게 한 유언 가운데 누구의 아들들에게 은총을 베풀라고 하였나? (왕상 2:7)

( )

118. 다윗은 이스라엘 왕으로 몇 년 동안을 치리했는가? (왕상 2:11)

( )

솔로몬

1. 솔로몬이 왕으로 기름부음받은 곳은 어디인가? (왕상 1:33~34)

㉮ 헤브론 ㉯ 기혼 ㉰ 두로 ㉱ 기럇여아림

2. 솔로몬을 왕으로 기름부은 사람들은 누구인가? (왕상 1:34)

( )

3. 솔로몬왕의 모친은 누구인가? (왕상 1:11)

㉮ 학깃 ㉯ 밧세바 ㉰ 아비삭 ㉱ 다말

【정답】

115.㉯ 116.㉯ 117.길르앗 바실래 118.40년 1.㉯ 2.제사장 사독, 선지자 나단 3.㉯

4. 솔로몬이 죽음이 임박한 아비 다윗에게 명령받지 아니한 것은 무엇인가? (왕상 2:3~9)
   ㉮ 모세의 율법대로 행할 것
   ㉯ 요압을 죽일 것
   ㉰ 바실래의 아들들에게 은총을 베풀 것
   ㉱ 마음대로 할 것

5. 밧세바를 통해 솔로몬에게 아비삭을 아내로 주기를 청했다가 처형된 사람은 누구인가? (왕상 2:17, 24~25)
   (   )

6. 솔로몬에게 파면되어 아나돗으로 쫓겨난 사람은 누구인가? (왕상 2:26~27)
   ㉮ 아도니야   ㉯ 밧세바   ㉰ 아비아달   ㉱ 나단

7. 솔로몬은 의롭고 선한 군대장관 두 명을 죽인 요압이 여호와의 장막으로 피했을 때 누구를 시켜서 죽였는가? (왕상 2:29~34)
   (   )

8. 솔로몬이 브나야를 시켜 여호와의 장막으로 도망한 요압을 죽이라고 했는데 이는 누구의 유언을 따른 일인가? (왕상 2:29)
   ㉮ 압살롬   ㉯ 다윗   ㉰ 아도니야   ㉱ 나단

9. 솔로몬에게 금족령을 받은 지 3년 뒤에 도망한 종을 찾아 나갔던 일로 인해 죽게 된 자는 누구인가? (왕상 2:39~46)
   (   )

10. 솔로몬은 어느 나라의 여자를 아내로 취했나? (왕상 3:1)
    ㉮ 애굽   ㉯ 블레셋   ㉰ 모압   ㉱ 에디오피아

【정답】

4.㉱ 5.아도니야 6.㉰ 7.브나야 8.㉯ 9.시므이 10.㉮

11. 솔로몬이 일천번제를 드린 제단은 어디인가? (왕상 3:4)
( )

12. 솔로몬의 일천번제를 받으신 하나님께서 그에게 무엇이든 구하라고 하자 무엇을 구했는가? (왕상 3:9)
㉮ 집 ㉯ 보물 ㉰ 지혜로운 마음 ㉱ 많은 땅

13. 솔로몬은 누구의 명대로 성전을 건축하였는가? (왕상 5:5)
( )

14. 솔로몬이 성전을 지을 때 백향목과 잣나무 등 성전 건축 재료를 공급해 준 왕은 누구인가? (왕상 5:7~8)
㉮ 두로 왕 히람 ㉯ 애굽 왕 바로
㉰ 바산 왕 옥 ㉱ 아모리 왕 시혼

15. 두로 왕 히람은 솔로몬에게 성전 건축 재료를 공급하면서 무엇을 원했는가? (왕상 5:9)
㉮ 금은보화 ㉯ 후궁 ㉰ 식물 ㉱ 무기

16. 솔로몬은 히람에게 백향목과 잣나무를 공급받고 식물을 얼마나 주었는가? (왕상 5:11)
㉮ 매일 밀과 맑은 기름을 주었다.
㉯ 매일 쌀과 보리를 주었다.
㉰ 매년 밀 이만 석과 맑은 기름 이십 석을 주었다.
㉱ 콩과 쌀과 보리를 주었다.

17. 솔로몬이 성전 건축을 시작한 해는 즉위 몇 년인가? (왕상 6:1)
( )

【정답】

11.기브온 산당 12.㉰ 13.하나님 14.㉮ 15.㉰ 16.㉰ 17.즉위 4년

18. 솔로몬이 성전 건축을 시작할 때는 이스라엘 자손이 애굽 땅에서 나온 지 얼마나 되었나? (왕상 6:1)
㉮ 4년 ㉯ 40년 ㉰ 48년 ㉱ 480년

19. 솔로몬은 성전을 몇 년 동안 지었는가? (왕상 6:38)
( )

20. 솔로몬이 성전 건축을 끝내고 자기의 궁을 몇 년 동안 지었는가? (왕상 7:1)
㉮ 13년 ㉯ 10년 ㉰ 7년 ㉱ 3년

21. 솔로몬이 건축한 성전의 낭실 앞에 세운 두 기둥의 이름은 무엇인가? (왕상 7:21)
( )

22. 솔로몬은 여호와의 언약궤를 성전으로 옮기기 위해 어디에서 메어 올렸는가? (왕상 8:1)
㉮ 애굽 ㉯ 다윗성 ㉰ 모압 ㉱ 블레셋

23. 솔로몬과 이스라엘이 성전 낙성식 때 화목제의 희생으로 드린 소가 몇 마리였는가? (왕상 8:63)
( )

24. 솔로몬과 이스라엘이 성전 낙성식 때 화목제의 희생으로 드린 양은 몇 마리였는가? (왕상 8:63)
㉮ 2천 ㉯ 2만 ㉰ 10만 ㉱ 12만

25. 솔로몬이 여호와의 전 낙성식 때 며칠 동안을 절기로 지켰는가? (왕상 8:65)

【정답】

18.㉱ 19.7년 20.㉮ 21.야긴과 보아스 22.㉯ 23.2만 2천 24.㉱

㉮ 10일　㉯ 11일　㉰ 12일　㉱ 14일

26. 솔로몬이 낙성식 절기를 지키고 자기 장막으로 돌아갈 때 그의 마음은 어떠했나? (왕상 8:66)

(　　　　　)

27. 솔로몬은 갈릴리 땅의 성읍 이십을 누구에게 주었는가? (왕상 9:11)

㉮ 히람　㉯ 압살롬　㉰ 아도니야　㉱ 암논

28. 솔로몬이 성을 건축할 때 역군으로 쓴 노예들은 누구인가? (왕상 9:20~21)

㉮ 돈을 주고 이웃 나라에서 사 온 사람들
㉯ 아모리, 헷, 브리스, 히위, 여부스 사람
㉰ 솔로몬이 전쟁에서 끌고 온 사람들
㉱ 히람이 솔로몬에게 보내 준 사람들

29. 솔로몬의 명예를 듣고 와서 어려운 문제로 그를 시험하고자 했던 사람은 누구인가? (왕상 10:1)

(　　　　　)

30. 솔로몬의 후비와 빈장의 수는 몇인가? (왕상 11:3)

㉮ 후비 100명, 빈장 100명　㉯ 후비 200명, 빈장 200명
㉰ 후비 700명, 빈장 300명　㉱ 후비 500명, 빈장 500명

31. 솔로몬이 많은 이방 여인을 취함으로 하나님께 지은 죄는 무엇인가? (왕상 11:4)

(　　　　　)

【정답】

25.㉱　26.기뻐하며 즐거워하였다.　27.㉮　28.㉯　29.스바 여왕　30.㉰
31.이방신들을 섬김

32. 솔로몬의 우상숭배로 하나님께서는 솔로몬에게서 나라를 빼앗되 다 빼앗지 않고 누구에게 한 지파를 주겠다고 하셨나? (왕상 11:13)

(　　　　　　)

33. 하나님께서 솔로몬이 우상숭배한 일로 인해 솔로몬의 대적이 되게 한 에돔 사람은 누구인가? (왕상 11:14)

㉮ 요압　　　　　㉯ 엘르아살
㉰ 하닷　　　　　㉱ 소바

34. 솔로몬의 신복 느밧의 아들은 누구인가? (왕상 11:26)

㉮ 여로보암　　　㉯ 르호보암
㉰ 아히도벨　　　㉱ 아히야

35. 솔로몬 때 선지자 아히야가 이스라엘 열 지파를 다스릴 사람이라고 예언한 큰 용사는 누구인가? (왕상 11:29~31)

㉮ 여로보암　㉯ 이삭　㉰ 모세　㉱ 야곱

36. 솔로몬을 피해 여로보암은 어디로 도망하였는가? (왕상 11:40)

(　　　　　　)

37. 솔로몬이 예루살렘에서 이스라엘을 몇 년 동안 다스렸는가? (왕상 11:42)

㉮ 10년　㉯ 20년　㉰ 40년　㉱ 50년

38. 솔로몬의 뒤를 이어 왕이 된 아들은 누구인가? (왕상 11:43)

(　　　　　　)

【정답】

32.솔로몬의 아들　33.㉰　34.㉮　35.㉮　36.애굽　37.㉰　38.르호보암

〈남유다 왕〉

르호보암, 아비얌, 아사

1. 르호보암은 누구의 아들인가? (왕상 11:43)
   (   )

2. 여로보암과 이스라엘 온 회중이 르호보암에게 고하여 왕의 부친이 멍에를 무겁게 하였으나 왕은 그 멍에를 가볍게 해 달라고 할 때 르호보암은 어떤 대답을 하였나? (왕상 12:14)
   ㉮ 백성의 종이 되어 섬기겠다. ㉯ 부친보다 가볍게 하겠다.
   ㉰ 부친보다 더 무겁게 하겠다. ㉱ 부친과 같이 하겠다.

3. 르호보암이 부친보다 짐을 더 무겁게 하겠다고 했을 때 이스라엘은 누구를 왕으로 삼았나? (왕상 12:20)
   ㉮ 여로보암 ㉯ 솔로몬 ㉰ 다윗 ㉱ 사울

4. 르호보암을 떠나 이스라엘의 여로보암에게로 가지 않은 지파는? (왕상 12:21~24)
   (   )

5. 르호보암은 몇 년 동안 왕으로 치리하였나? (왕상 14:21)
   ㉮ 10년 ㉯ 11년 ㉰ 15년 ㉱ 17년

【정답】

1.솔로몬 2.㉰ 3.㉮ 4.유다 족속과 베냐민 지파 5.㉱

6. 르호보암 때 예루살렘 성전의 보화를 약탈해 간 사람은 누구인가? (왕상 14:25~26)

( )

7. 르호보암을 대신하여 유다의 왕이 된 사람은 누구인가? (왕상 14:31)

㉮ 베냐민 ㉯ 아비얌 ㉰ 아사 ㉱ 시삭

8. 아비얌은 그 부친이 행한 모든 죄를 행하여 그 마음이 그 조상 누구와 같지 않으므로 하나님 앞에 온전치 못하였나? (왕상 15:3)

㉮ 르호보암 ㉯ 베냐민 ㉰ 다윗 ㉱ 솔로몬

9. 아비얌은 죽어 어디에 장사되었나? (왕상 15:8)

㉮ 다윗성 ㉯ 예루살렘성 ㉰ 막벨라굴 ㉱ 아이성

10. 아비얌의 뒤를 이은 유다 왕은 누구인가? (왕상 15:8)

㉮ 이삭 ㉯ 아사 ㉰ 솔로몬 ㉱ 다윗

11. 아사는 그 조상 다윗과 같이 여호와 보시기에 어떻게 행하였나? (왕상 15:11)

( )

12. 아사는 남색하는 자를 쫓아내고 우상을 없애고 그 모친 마아가가 아세라의 가증한 우상을 만들었으므로 태후의 위를 폐했으나 없애지 아니한 것은 무엇인가? (왕상 15:12~14)

( )

13. 아사는 이스라엘 왕 바아사가 쳐들어왔을 때 하나님께 도움을 구하는 대신에 어느 나라 왕과 동맹했는가? (왕상 15:16~19)

㉮ 모압 ㉯ 블레셋 ㉰ 아람 ㉱ 애굽

【정답】

6.애굽 왕 시삭 7.㉯ 8.㉰ 9.㉮ 10.㉯ 11.정직하게 행하였다. 12.산당 13.㉰

14. 아사의 뒤를 이은 유다 왕은 누구인가? (왕상 15:24)
㉮ 이삭 ㉯ 여호사밧 ㉰ 여로보암 ㉱ 르호보암

〈북이스라엘 왕〉

여로보암, 나답

1. 느밧의 아들 여로보암은 누구의 신복이었나? (왕상 11:26)
( )

2. 여로보암에게 이스라엘 열 지파를 다스릴 사람이라고 예언한 선지자는 누구인가? (왕상 11:29~31)
㉮ 이사야 ㉯ 나단 ㉰ 아히야 ㉱ 예레미야

3. 여로보암이 왕이 된다는 말에 솔로몬이 여로보암을 죽이려 했을 때 그는 어디로 도망하였나? (왕상 11:40)
( )

【정답】

14.㉯ 1.솔로몬 2.㉰ 3.애굽

4. 여로보암과 이스라엘 온 회중이 왕의 부친이 멍에를 무겁게 하였으니 이제 그 멍에를 가볍게 해 달라고 요구했을 때 그 멍에를 더 무겁게 하겠다고 한 사람은 누구인가? (왕상 12:12~14)

㉮ 아사 ㉯ 아합 ㉰ 르호보암 ㉱ 나답

5. 르호보암이 여로보암과 이스라엘 온 회중에게 멍에를 더 무겁게 하겠다고 한 결과는 무엇인가? (왕상 12:20)

㉮ 르호보암의 말에 순복했다.
㉯ 젊은 사람들은 그 뜻을 따랐다.
㉰ 마음에 맞는 말이라고 했다.
㉱ 온 이스라엘이 여로보암을 왕으로 삼았다.

6. 여로보암을 이스라엘 왕으로 삼을 때 여기에 함께하지 않은 지파는? (왕상 12:21)

( )

7. 여로보암이 이스라엘의 왕이 되자 이스라엘 사람들이 예루살렘으로 제사드리러 가는 것을 막기 위해 대신 단을 세운 장소는 어디인가? (왕상 12:28~29)

㉮ 예루살렘 ㉯ 벧엘과 단 ㉰ 다윗성 ㉱ 호렙산

8. 여로보암이 벧엘과 단에 만들어 둔 우상은 무엇인가? (왕상 12:28)

( )

9. 여로보암이 임명한 제사장은 어떤 사람들이었나? (왕상 12:31)

㉮ 보통 백성 ㉯ 레위 자손 ㉰ 왕 ㉱ 택한 족속

10. 여로보암이 유다의 절기와 비슷하게 하기 위해 정한 날짜는 언제인가? (왕상 12:32)

( )

【정답】

4.㉰ 5.㉱ 6.유다지파, 베냐민 지파 7.㉯ 8.금송아지 9.㉮ 10.8월 15일

11. 여로보암의 우상 숭배와 보통 백성으로 제사장을 삼은 일에 대한 하나님의 심판은 무엇인가? (왕상 13:33~34)
   ㉮ 돌아보지 않았다.
   ㉯ 책망했다.
   ㉰ 여로보암의 아들만 살고 나머지는 죽게 되었다.
   ㉱ 여로보암의 집이 지면에서 끊어져 멸망케 되었다.

12. 여로보암이 병든 아들의 장래를 알기 위해 그의 아내를 변장시켜 찾아가게 한 선지자는 누구인가? (왕상 14:1~3)
   (   )

13. 여로보암의 아내가 선지자 아히야에게 들은 책망은 무엇이었는가? (왕상 14:10)
   ㉮ 아이를 살려 주겠다.
   ㉯ 여호와께 용서를 빌어라.
   ㉰ 여로보암의 집을 거름을 쓸어버림같이 쓸어버리겠다.
   ㉱ 기다려라.

14. 여로보암은 이스라엘 왕으로 몇 년 동안 있었나? (왕상 14:20)
   (   )

15. 여로보암 뒤를 이은 이스라엘의 왕은 누구인가? (왕상 14:20)
   ㉮ 압살롬 ㉯ 여호람 ㉰ 나답 ㉱ 여호나답

16. 나답은 그 아비의 길로 행하여 여호와 보시기에 어떠했나? (왕상 15:26)
   ㉮ 악을 행했다. ㉯ 백성을 잘 다스렸다.
   ㉰ 하나님께 제사를 잘 드렸다. ㉱ 이방신을 모두 없앴다.

17. 나답을 죽이고 이스라엘의 왕이 된 사람은 누구인가? (왕상 15:28)
   ㉮ 바아사 ㉯ 아사 ㉰ 아히야 ㉱ 야엘

【정답】

11.㉱ 12.실로의 아히야 13.㉰ 14.22년 15.㉰ 16.㉮ 17.㉮

〈북이스라엘 왕〉

바아사, 엘라, 시므리, 오므리

1. 바아사는 여호와 보시기에 어떻게 행하였나? (왕상 15:34)
   (   )
2. 바아사에게 하나님의 심판을 전한 사람은 누구인가? (왕상 16:1~4)
   ㉮ 나단 ㉯ 이사야 ㉰ 예후 ㉱ 예레미야
3. 바아사의 뒤를 이은 이스라엘 왕은 누구인가? (왕상 16:6)
   (   )
4. 엘라의 군대장관으로 왕을 죽이고 왕권을 빼앗은 사람은 누구인가? (왕상 16:9~10)
   ㉮ 시므이 ㉯ 아사 ㉰ 아히야 ㉱ 시므리
5. 시므리는 얼마 동안 왕이 되었나? (왕상 16:15)
   ㉮ 7일 ㉯ 17일 ㉰ 7년 ㉱ 17년
6. 오므리가 어디에 왕국의 새로운 수도를 만들었나? (왕상 16:23~24)
   ㉮ 시온 ㉯ 사마리아 ㉰ 세일 ㉱ 에돔
7. 오므리는 악을 행하되 그 전의 모든 사람보다 어떠했나? (왕상 16:25)
   (   )

【정답】

1.악을 행함 2.㉰ 3.엘라 4.㉱ 5.㉮ 6.㉯ 7.더욱 악했다.

8. 오므리의 뒤를 이은 이스라엘 왕은 누구인가? (왕상 16:28)
㉮ 아합 ㉯ 시므리 ㉰ 아사 ㉱ 디브니

〈북이스라엘 왕〉 아합

1. 아합은 그 전의 모든 사람보다 여호와 보시기에 어떠했나? (왕상 16:30)
( )

2. 이스라엘을 바알 숭배의 죄에 빠지게 한 아합의 아내는 누구인가? (왕상 16:31)
㉮ 다말 ㉯ 이세벨 ㉰ 밧세바 ㉱ 아달랴

3. 아합의 시대에 여호수아의 예언을 무시하고 여리고 성 터를 쌓다가 장자 아비람을 잃고, 문을 세울 때 막내 아들 스굽을 잃은 사람은 누구인가? (왕상 16:34)
( )

4. 아합이 이스라엘 왕으로 있을 때 선지자로 활동한 길르앗의 디셉 사람은 누구인가? (왕상 17:1)
㉮ 엘리야 ㉯ 예후 ㉰ 나단 ㉱ 아히야

5. 엘리야가 아합 왕에게 전한 하나님의 첫 번째 말씀은 무엇인가? (왕상 17:1)

【정답】

8.㉮ 1.악을 더욱 행함 2.㉯ 3.벧엘 사람 히엘 4.㉮

㉮ 내 말을 잘 들어야 한다.
㉯ 죄 짓지 말아라.
㉰ 내 말이 없으면 수년 동안 우로가 있지 않을 것이다.
㉱ 아합은 머리를 조아리고 하나님의 말씀을 들어라.

6. 아합의 궁내 대신이며 여호와를 경외한 자는 누구인가? (왕상 18:3)
㉮ 오바댜 ㉯ 아히살 ㉰ 엘리야김 ㉱ 아스리감

7. 아합은 갈멜산에서 엘리야와 바알 선지자의 대결에 바알 선지자들을 몇 명이나 불렀나? (왕상 18:22)
㉮ 100명 ㉯ 200명 ㉰ 300명 ㉱ 450명

8. 엘리야와 바알 선지자의 대결에서 바알 선지자들의 제사 결과는 어떠했는가? (왕상 18:29)
(   )

9. 기손 시내에서 바알을 섬기는 제사장 450명을 죽인 사람은 누구인가? (왕상 18:40)
㉮ 엘리사 ㉯ 이세벨 ㉰ 엘리야 ㉱ 바로

10. 아합의 아내 이세벨은 바알 선지자들이 기손 시내에서 죽었다는 소식을 들었을 때 누구를 죽이겠다고 했는가? (왕상 19:1~2)
(   )

11. 이스라엘을 침공한 벤하닷이 아합에게 무엇을 요구했는가? (왕상 20:2~3)
㉮ 군사 ㉯ 은금과 처와 자녀들 ㉰ 나라 ㉱ 왕

12. 아합은 이스라엘을 침공하여 패한 벤하닷을 어떻게 하였나? (왕상 20:31~34)
(   )

【정답】

5.㉰ 6.㉮ 7.㉱ 8.무응답 9.㉰ 10.엘리야 11.㉯ 12.살려 주었다.

13. 아합이 나봇의 포도원을 빼앗도록 악한 계책을 쓴 사람은 누구인가? (왕상 21:7~10)
㉮ 이세벨 ㉯ 마아가 ㉰ 바로 ㉱ 벤하닷

14. 이스라엘의 왕 아합이 아람과 싸울 때 이스라엘과 동맹한 유다 왕은 누구인가? (왕상 22:4)
( )

15. 아합과 유다 연합군이 싸우면 패할 것이라고 예언한 미가야를 때린 선지자는 누구인가? (왕상 22:17~24)
㉮ 예레미야 ㉯ 시드기야 ㉰ 이사야 ㉱ 나단

16. 아합의 뒤를 이어 이스라엘 왕이 된 아합의 아들은 누구인가? (왕상 22:40)
( )

〈북이스라엘 왕〉 아하시야, 여호람

1. 아하시야가 다락 난간에서 떨어져 병들자 사자를 어디에 보내 이 병이 낫겠는가를 물어보라고 했나? (왕하 1:2)
㉮ 바알 ㉯ 아세라 ㉰ 에그론의 신 바알세붑 ㉱ 엘리야

2. 아하시야의 신하들이 아하시야의 병이 낫겠는가를 묻기 위해 에그론의 신 바알세붑을 찾아간 후에 엘리야가 한 말은? (왕하 1:3~4)
( )

【정답】

13.㉮ 14.여호사밧 15.㉯ 16.아하시야 1.㉰ 2.아하시야가 반드시 죽는다.

3. 아하시야를 이어 이스라엘을 통치한 사람은 누구인가? (왕하 1:17)
㉮ 아합 ㉯ 여호사밧 ㉰ 여로보암 ㉱ 여호람

4. 아하시야를 이어 이스라엘의 왕이 된 여호람의 아버지는 누구인가? (왕하 3:1)
( )

5. 이스라엘 왕 여호람은 여호와 보시기에 악을 행하였으나 그 부모와 같지 않고 그 아비가 만든 무엇을 제하였나? (왕하 3:2)
㉮ 제단 ㉯ 바알의 주상 ㉰ 놋그릇 ㉱ 갑옷

6. 여호람은 유다 왕 여호사밧과 에돔 왕으로 더불어 모압과의 전쟁에 대해 누구에게 물으러 나아갔나? (왕하 3:11~12)
( )

엘리야

1. 엘리야는 누구에게 여호와의 사심을 가리켜 맹세하노니 내 말이 없으면 수년 동안 우로가 있지 않을 것이라고 하였나? (왕상 17:1)
( )

2. 엘리야가 그릿 시냇가에 숨어 있는 동안 음식을 날라다 준 새는? (왕상 17:5~6)
㉮ 제비 ㉯ 까마귀 ㉰ 참새 ㉱ 까치

【정답】

3.㉱ 4.아합 5.㉯ 6.엘리사 1.아합 2.㉯

3. 엘리야가 그릿 시냇가에 있을 때 여호와의 말씀이 임해 어디로 가라고 하였나? (왕상 17:8~9)

( )

4. 엘리야가 사르밧 과부를 만났을 때 그녀가 하고 있었던 일은 무엇인가? (왕상 17:12)

㉮ 가루 한 움큼과 약간의 기름으로 마지막 음식을 만들려고 했다.
㉯ 엘리야가 올 것을 알고 떡을 굽고 있었다.
㉰ 모든 것이 풍부하여 나누어 주고 있었다.
㉱ 지나가는 사람들을 위해 떡을 만들고 있었다.

5. 엘리야가 사르밧 과부에게 유할 때 마지막 가루와 기름을 엘리야와 그 식구가 여러 날 먹고 어떻게 되었나? (왕상 17:15~16)

( )

6. 사르밧 과부는 어떤 이적으로 엘리야가 하나님의 사람이며 여호와의 말씀이 진실한 줄 알았다고 말했는가? (왕상 17:21~24)

㉮ 떡이 풍성해서
㉯ 기름이 풍성해서
㉰ 과부의 아들 병을 고쳐 주었기 때문에
㉱ 과부의 죽은 아들을 다시 살려 주었기 때문에

7. 엘리야가 이스라엘에 수년 동안 우로가 없을 것이라고 했는데 몇 년 동안 우로가 없었나? (왕상 18:1)

( )

8. 아합의 아내 이세벨이 여호와의 선지자를 죽일 때 여호와의 선지자 100인을 숨겨 준 사람은 누구인가? (왕상 18:3~13)

㉮ 오므리 ㉯ 오바댜 ㉰ 마아가 ㉱ 시므이

【정답】

3.시돈의 사르밧 4.㉮ 5.가루와 기름이 없어지지 않았다. 6.㉱ 7.3년 8.㉯

9. 엘리야가 아합에게 참 신이 누구인지 알아보자고 제안한 방법은 무엇인가? (왕상 18:23~24)
( )

10. 엘리야가 드린 제사에 하나님은 어떻게 응답하셨나? (왕상 18:38)
㉮ 아합이 이스라엘을 괴롭게 하였으니 제물이 타다가 말았다.
㉯ 아합의 죄가 너무 커서 아합만 혼내셨다.
㉰ 하늘에서 불을 내려 모든 제물을 태워 버렸다.
㉱ 아무 응답도 안하셨다.

11. 엘리야와 바알 선지자들의 대결 결과를 본 이스라엘 백성의 반응은 어떠했는가? (왕상 18:39)
( )

12. 엘리야와 대결하다 갈멜산에서 죽은 바알 선지자들은 몇 명인가? (왕상 18:22,40)
㉮ 100명 ㉯ 200명 ㉰ 300명 ㉱ 450명

13. 엘리야는 누구에게 큰 비의 소리가 있다고 하였나? (왕상 18:41)
㉮ 이세벨 ㉯ 아합 ㉰ 바알 선지자 ㉱ 오바댜

14. 갈멜산에서 엘리야에게 여호와의 능력이 임하였을 때, 아합은 마차 타고 이스르엘로 가고 엘리야는 어떻게 이스르엘로 갔는가? (왕상 18:45~46)
( )

15. 엘리야가 바알 선지자들을 죽였다는 소식을 들은 이세벨이 엘리야를 죽이겠다고 하였을 때 엘리야는 어떻게 하였나? (왕상 19:1~3)
( )

【정답】

9.신의 이름을 부를 때 불로 응답하는 신 10.㉰ 11.여호와는 하나님이시라고 말함 12.㉱ 13.㉯ 14.허리를 동이고 마차를 앞서 달렸다. 15.생명을 위하여 도망감.

16. 엘리야가 이세벨을 피해 도망가다 광야 로뎀나무 아래서 하나님께 구한 것은 무엇인가? (왕상 19:4)

㉮ 용서해달라 ㉯ 숨겨달라 ㉰ 죽기를 구함 ㉱ 체념

17. 엘리야가 광야 로뎀나무 아래서 죽기를 구했을 때 천사가 나타나 어떻게 하였나? (왕상 19:5~7)

( )

18. 엘리야가 로뎀나무 아래서 천사가 준 음식을 먹고 힘을 내어 간 곳은 어디인가? (왕상 19:8)

㉮ 다윗성 ㉯ 하나님의 산 호렙 ㉰ 애굽 ㉱ 제단

19. 여호와께서 엘리야에게 호렙산에서 기름부으라고 명한 사람들은 누구인가? (왕상 19:15~17)

( )

20. 하나님께서 엘리야에게 너를 대신하여 선지자가 되게 하라는 사람은 누구인가? (왕상 19:16)

( )

21. 엘리야가 이스라엘이 주의 언약을 버리고 단을 헐며 칼로 선지자를 죽이고 나만 남았다고 했을 때 하나님은 어떻게 말씀하셨나? (왕상 19:14, 18)

㉮ 너를 통하여 하나님의 의를 이루겠다.
㉯ 너는 호렙산에서 나와 함께 살 것이다.
㉰ 이스라엘 중에 바알에게 무릎을 꿇지 않은 자 7,000명을 살려 두겠다.
㉱ 너는 계속 이세벨을 피하여 도망해라.

【정답】

16.㉰ 17.엘리야를 어루만지며 떡과 물을 먹으라고 함. 18.㉯
19.하사엘, 예후, 엘리사 20.엘리사 21.㉰

22. 엘리야가 엘리사를 만나러 갔을 때 엘리사는 무엇을 하고 있었나? (왕상 19:19)

( )

23. 엘리야가 아하시야 왕의 병으로 인해 바알세붑을 찾아가는 그 신하들에게 한 말은 무엇인가? (왕하 1:3)

㉮ 이스라엘에 하나님이 없느냐? ㉯ 바알세붑이 더 크냐?
㉰ 바알세붑은 신이 아니다. ㉱ 다시 내려가라.

24. 엘리야는 바알세붑을 찾아가는 누구의 신하들에게 왕이 반드시 죽는다고 하였나? (왕하 1:2~4)

㉮ 아합 ㉯ 아하시야 ㉰ 여로보암 ㉱ 르호보암

25. 회리바람을 타고 승천한 사람은 누구인가? (왕하 2:11)

( )

엘리사

1. 엘리사는 무엇을 하다가 엘리야를 만났나? (왕상 19:19)

㉮ 청소하다가 ㉯ 밭을 갈다가
㉰ 나무하러 가다가 ㉱ 전쟁하는 중에

【정답】

22. 열두 겨리 소로 밭을 갈고 있었다. 23. ㉮ 24. ㉯ 25. 엘리야 1. ㉯

2. 엘리사는 엘리야가 승천하기 전에 그에게 구한 것은 무엇인가? (왕하 2:9)

( )

3. 엘리사가 엘리야의 승천을 목격하고 처음으로 행한 기적은 무엇인가? (왕하 2:11~14)

㉮ 자기 옷을 찢고 엘리야의 옷을 입었다.
㉯ 엘리야의 승천을 보고 자기도 올라갔다.
㉰ 엘리야의 겉옷으로 물을 치매 물이 이리저리로 갈라졌다.
㉱ 엘리야의 옷을 입고 전쟁에 나갔다.

4. 엘리사는 여리고의 나쁜 물을 무엇으로 정하게 하였는가? (왕하 2:18~22)

( )

5. 엘리사의 대머리 됨을 조롱하다 벧엘에서 암곰에게 희생된 젊은 아이들은 몇 명인가? (왕하 2:23~24)

㉮ 10명 ㉯ 20명 ㉰ 30명 ㉱ 42명

6. 채권자가 채무자의 두 아들을 종 삼으려 하자 엘리사에게 도움을 청한 채무자는 누구인가? (왕하 4:1)

( )

7. 엘리사가 도움을 청한 부인에게 빈 그릇들을 빌려오게 하여 무엇을 그릇에 채워 팔아 빚을 갚고 그 남은 것으로 생활하게 하였는가? (왕하 4:2~7)

㉮ 소금 ㉯ 기름 ㉰ 떡 ㉱ 고기

【정답】

2. 엘리야가 가진 갑절의 영감 3.㉰ 4.소금 5.㉱ 6.죽은 선지자 생도의 부인 7.㉯

8. 엘리사를 하나님의 사람으로 알고 그를 위하여 방을 따로 짓고 오고 갈 때 쉴 수 있도록 해 준 사람은 누구인가? (왕하 4:8~10)
( )

9. 엘리사는 수넴 여인의 아들이 죽자 어떻게 하였나? (왕하 4:32~34)
㉮ 하나님께 기도하여 죽은 아이를 살렸다. ㉯ 그냥 두었다.
㉰ 아이를 장사지냈다. ㉱ 지팡이로 살렸다.

10. 엘리사는 선지자 생도들이 먹으려던 국 속에 든 독을 무엇으로 해독시켰는가? (왕하 4:40~41)
㉮ 간장 ㉯ 가루 ㉰ 포도주 ㉱ 향유

11. 엘리사는 보리떡 20개와 채소로 몇 명이 먹기에 충분하다고 하였나? (왕하 4:42~43)
㉮ 10명 ㉯ 50명 ㉰ 70명 ㉱ 100명

12. 엘리사에게 가면 나아만의 문둥병이 나을 것이라고 말한 사람은 누구인가? (왕하 5:2~4)
( )

13. 엘리사가 찾아온 문둥병자 나아만에게 준 치료법은 무엇인가? (왕하 5:10)
㉮ 안수했다. ㉯ 요단 강물에서 몸을 7번 씻게 했다.
㉰ 물을 뿌렸다. ㉱ 약을 발랐다.

14. 엘리사의 사자가 문둥병자 나아만에게 요단 강물에 7번 씻으라고 했을 때 그가 분하여 돌아가려 했으나 나아만을 설득한 사람은 누구인가? (왕하 5:13)
( )

【정답】

8.수넴 여인 9.㉮ 10.㉯ 11.㉱ 12.이스라엘에서 잡혀 온 계집아이 13.㉯
14.나아만의 종들

15. 엘리사를 찾아가 문둥병이 나은 나아만의 신앙 고백은 무엇인가? (왕하 5:15)
( )

16. 나아만이 엘리사에게 노새 두 마리에 실을 흙을 요청한 까닭은 무엇인가? (왕하 5:17)
( )

17. 엘리사의 뜻을 어기고 나아만에게서 물건을 취했다가 문둥병에 걸린 사람은 누구인가? (왕하 5:26~27)
㉮ 나아만의 종 ㉯ 게하시 ㉰ 바로 ㉱ 계집종

18. 엘리사는 선지자 생도들이 물에 빠뜨린 도끼를 찾아 줄 때 무엇을 던져 떠오르게 했는가? (왕하 6:5~6)
㉮ 엘리사 옷 ㉯ 나뭇가지 ㉰ 신발 ㉱ 돌

19. 엘리사는 아람 군대가 도단을 포위하자 기도로 두려워하는 사환들의 눈을 열어 무엇을 보게 했나? (왕하 6:17)
㉮ 불말과 불병거 ㉯ 말 ㉰ 화살 ㉱ 병거

20. 엘리사 때 아람 왕 벤하닷이 사마리아를 공격하여 기근이 심해졌을 때 여인들이 삶아 먹은 것은 무엇인가? (왕하 6:29)
㉮ 감자 ㉯ 옥수수 ㉰ 여인들의 아들 ㉱ 메뚜기

21. 아람이 사마리아를 에워싸 성 안에 기근이 있을 때 내일 이맘 때에 고운 가루 한 스아에 한 세겔, 보리 두 스아에 한 세겔이 될 것이라고 왕에게 예언한 사람은 누구인가? (왕하 6:25, 7:1)
( )

【정답】

15. 이스라엘 외에는 온 천하에 신이 없는 줄을 아나이다.
16. 오직 여호와께만 제사드릴려고 17. ㉯ 18. ㉯ 19. ㉮ 20. ㉰ 21. 엘리사

22. 아람 왕 벤하닷은 병들었을 때에 누구를 시켜서 약대 40마리에 다메섹의 아름다운 물품을 실어 엘리사에게로 보내었는가? (왕하 8:7~9)
( )

23. 엘리사는 하사엘에게 누가 아람 왕이 될 것이라고 말하였는가? (왕하 8:13)
㉮ 바로 ㉯ 하사엘 ㉰ 벤하닷 ㉱ 예후

24. 엘리사가 자신을 대신해서 선지자의 생도 중 하나에게 명하여 기름을 부어 세운 이스라엘 왕은 누구인가? (왕하 9:1~6)
( )

25. 엘리사가 죽을 병이 들매 그에게 찾아 온 이스라엘 왕은 누구인가? (왕하 13:14)
㉮ 아합 ㉯ 아하시야 ㉰ 요아스 ㉱ 여호람

<남유다 왕>

히스기야, 므낫세, 아몬

1. 모세가 만들었던 놋뱀을 부순 유다 왕은 누구인가? (왕하 18:3~4)
( )

【정답】

22.하사엘 23.㉯ 24.예후 25.㉰ 1.히스기야

2. 히스기야 때 엘라의 아들로서 이스라엘의 왕이었던 사람은 누구인가? (왕하 18:9)
( )

3. 히스기야왕 4년, 호세아왕 7년에 이스라엘의 사마리아를 에워싼 앗수르 왕은 누구인가? (왕하 18:9)
㉮ 살만에셀 ㉯ 산헤립 ㉰ 랍사게 ㉱ 에살핫돈

4. 히스기야왕 몇 년에 이스라엘이 앗수르에 의해 멸망당했는가? (왕하 18:10)
( )

5. 히스기야 시대에 앗수르 왕이 사로잡은 이스라엘 사람들을 이주 시키지 않은 곳은 어디인가? (왕하 18:11)
㉮ 앗수르의 할라 ㉯ 고산 하볼 하숫가
㉰ 메대 사람의 여러 성읍 ㉱ 니느웨 성

6. 유다를 침공한 앗수르의 산헤립왕이 히스기야왕에게 요구한 조공의 내역은 무엇인가? (왕하 18:14~16)
㉮ 은 삼백 달란트와 금 삼십 달란트
㉯ 은 삼십 달란트와 금 삼백 달란트
㉰ 은 삼백 달란트와 금 삼백 달란트
㉱ 은 삼백 달란트와 금 사십 달란트

7. 히스기야왕 때 유다를 침공한 것이 여호와의 뜻이라고 유다 방언으로 유다 백성들에게 항복할 것을 종용한 앗수르 장수는 누구인가? (왕하 18:19~26)
( )

【정답】

2.호세아 3.㉮ 4.히스기야왕 6년 5.㉱ 6.㉮ 7.랍사게

8. 히스기야왕은 앗수르에 항복하라는 앗수르의 장수 랍사게의 말을 전해 듣고 신하들을 누구에게 보냈는가? (왕하 19:2)

㉮ 엘리사 ㉯ 이사야 ㉰ 예레미야 ㉱ 호세아

9. 히스기야왕이 앗수르에 항복하라는 랍사게의 말에 이사야 선지자에게 신하들을 보냈을 때 이사야가 한 말이 아닌 것은? (왕하 19:4~7)

㉮ 기도하라. ㉯ 랍사게가 철수할 것이다.
㉰ 두려워 말라. ㉱ 랍사게가 본국에서 죽을 것이다.

10. 히스기야왕 때 유다를 다시 침공한 산헤립의 군대 십팔만 오천을 누가 쳐죽였는가? (왕하 19:35)

㉮ 히스기야 ㉯ 여호와의 사자 ㉰ 이사야 ㉱ 랍사게

11. 히스기야왕 때 유다를 침공한 산헤립이 여호와의 사자에게 패해 돌아가자 그를 죽인 사람은 누구인가? (왕하 19:37)

(　　　　　　)

12. 병들어 죽게 된 히스기야가 하나님께 기도함으로 생명을 연장받은 햇수는 얼마인가? (왕하 20:6)

㉮ 15년 ㉯ 17년 ㉰ 19년 ㉱ 20년

13. 이사야 선지자는 병든 히스기야왕의 종처에 무엇을 놓아 고쳤는가? (왕하 20:7)

㉮ 포도씨유 ㉯ 올리브유 ㉰ 무화과 반죽 ㉱ 밀가루 반죽

14. 히스기야의 생명을 연장한다고 기별한 이사야 선지자에게, 히스기야가 요구한 표적은 무엇인가? (왕하 20:10)

【정답】

8.㉯ 9.㉮ 10.㉯ 11.아드람멜렉과 사레셀 12.㉮ 13.㉰

㉮ 일영표의 해 그림자를 십도 뒤로 물러가게 할 것
㉯ 해와 달이 어두워지게 할 것
㉰ 홍해가 갈라지게 할 것
㉱ 별들이 사라지게 할 것

15. 바벨론으로부터 문병 온 사절에게 히스기야왕이 보여 준 것은 무엇인가? (왕하 20:13)
( )

16. 바벨론으로부터 문병 온 사절에게 히스기야왕이 보물고와 군기고와 내탕고를 보였다는 소식을 들은 이사야 선지자의 계시가 아닌 것은 무엇인가? (왕하 20:17~18)
㉮ 유다 왕궁의 모든 것이 바벨론으로 옮겨질 것이다.
㉯ 유다가 바벨론을 치고 보물을 빼앗아 올 것이다.
㉰ 왕의 열조가 쌓아두었던 것이 바벨론으로 옮겨질 것이다.
㉱ 왕의 후손들 중에 바벨론 왕궁의 환관이 될 것이다.

17. 히스기야왕을 이어 유다 왕이 된 사람은 누구인가? (왕하 20:21)
㉮ 므낫세 ㉯ 요시아 ㉰ 아사 ㉱ 다윗

18. 므낫세왕은 이스라엘 왕 누구를 본받아 바알과 아세라 우상을 세우고 섬겼는가? (왕하 21:3)
( )

19. 여호와 하나님께서 예루살렘을 쓸어버릴 결심을 하시기까지 악을 행한 므낫세왕은 그 전에 있던 어디 사람의 행위보다 더욱 심하였는가? (왕하 21:10~13)
㉮ 아모리 ㉯ 아람 ㉰ 앗수르 ㉱ 애굽

【정답】

14.㉮ 15.보물고와 군기고와 내탕고의 모든 것 16.㉯ 17.㉮ 18.아합 19.㉮

20. 므낫세를 이어 유다 왕이 된 아몬은 여호와 보시기에 어떠했는가?
(왕하 21:20~22)
(　　　　　　)

〈남유다 왕〉 요시야

1. 유다의 아몬을 이어 왕이 된 사람은 누구인가? (왕하 21:26)
㉮ 요시야　㉯ 므낫세　㉰ 아하스　㉱ 히스기야

2. 요시야는 여호와 보시기에 어떠했는가? (왕하 22:2)
(　　　　　　)

3. 요시야왕 십팔년에 성전을 수리하다가 발견한 책은 어떤 것인가?
(왕하 22:3~8)
(　　　　　　)

4. 성전 수리 중에 발견된 율법책을 요시야왕 앞에서 읽은 사람은 누구인가? (왕하 22:8~10)
㉮ 대제사장 힐기야　㉯ 여선지자 훌다
㉰ 서기관 사반　㉱ 선지자 이사야

5. 성전 수리 중에 발견된 율법책을 사반이 읽자 요시야왕이 보인 반응은 어떠했는가? (왕하 22:11)
㉮ 웃었다.　㉯ 울었다.　㉰ 옷을 찢었다.　㉱ 춤을 추었다.

【정답】
20.아비의 길을 따라 악을 행했다.　1.㉮　2.정직히 행했다.　3.율법책　4.㉰　5.㉰

6. 여호와의 전에 있던 바알, 아세라, 일월성신을 위하여 만든 기명을 모두 없앤 왕은 누구인가? (왕하 22:2, 23:4)
( )

7. 유다 모든 성읍과 예루살렘 주위의 산당에서 분향하며 우상을 섬기게 한 제사장들을 폐한 왕은 누구인가? (왕하 23:5)
㉮ 여호야김 ㉯ 여호아하스 ㉰ 요시야 ㉱ 여호야긴

8. 사사시대부터 이스라엘과 유대 왕들이 지킨 일이 없던 절기를 요시야왕18년에 지키게 되었는데 이 절기는 무엇인가? (왕하 23:22~23)
㉮ 유월절 ㉯ 오순절 ㉰ 초막절 ㉱ 맥추절

9. 요시야왕은 마음과 정성과 힘을 다하여 여호와를 섬기고 무엇을 온전히 준행하였나? (왕하 23:25)
( )

10. 유다를 멸망시킨 나라와 왕은? (왕하 25:8~9)
㉮ 애굽 왕 바로 ㉯ 바벨론 왕 느부갓네살
㉰ 애굽 왕 시삭 ㉱ 앗수르 왕 야렙

11. 유다의 마지막 왕은 누구인가? (왕하 25:7)
㉮ 시드기야 ㉯ 여호야김 ㉰ 여호야긴 ㉱ 여호아하스

【정답】
6.요시야 7.㉰ 8.㉮ 9.모세의 율법 10.㉯ 11.㉮

에스라

1. 유다를 침략하여 유다인들을 포로로 잡아간 왕은 누구인가? (왕하 25:8~12)

㉮ 바벨론의 느부갓네살　　㉯ 로마의 가이사
㉰ 애굽의 바로　　㉱ 이스라엘의 아합

2. 하나님은 누구의 마음을 감동시키셔서 바벨론에 포로 된 유다인들이 고국으로 돌아가도록 하셨는가? (스 1:1)

㉮ 스룹바벨　　㉯ 모세
㉰ 고레스　　㉱ 느헤미야

3. 여호와께서 바사 왕 고레스 원년에 예루살렘 성전 건축을 공포하게 하신 것은 누구를 통해서 예언하신 말씀을 이루시기 위함인가? (스 1:1~2)

㉮ 아담　　㉯ 모세
㉰ 아브라함　　㉱ 예레미야

4. 여호와께서 예레미야에게 유다의 바벨론 포로에 대해 하신 말씀은 무엇인가? (렘 29:10)

㉮ 바벨론에서 70년이 차면 고국으로 돌아오게 하겠다.
㉯ 바벨론에서 영원히 살 것이다.
㉰ 바벨론을 70년 동안 포로로 삼겠다.
㉱ 바벨론이 70년이 지나면 망할 것이다.

【정답】

1.㉮　2.㉰　3.㉱　4.㉮

5. 고레스는 유다가 바벨론에 포로 된 지 몇 년에 유다의 귀국을 명했는가? (스 1:1)

㉮ 70년 ㉯ 75년 ㉰ 80년 ㉱ 85년

6. 유다인 포로에 대한 고레스의 조서 내용은 무엇인가? (스 1:2)

(   )

7. 고레스 왕이 태어나기 전에 고레스에 대해 예언한 선지자는 다음 중 누구인가? (사 45:1)

㉮ 모세 ㉯ 이삭
㉰ 느헤미야 ㉱ 이사야

8. 이사야가 여호와의 기름부은 자 고레스를 통해 포로귀환이 이루어질 것을 예언한 시기는 언제인가? (사 44:28, 45:1)

(   )

9. 여호와의 전 기명(성물)을 예루살렘에서 바벨론으로 옮겨 보관한 바벨론 왕은 누구인가? (스 1:7)

㉮ 느부갓네살 ㉯ 다리오
㉰ 네로 ㉱ 벨사살

10. 고레스 당시의 유다 목백(총독)은 누구인가? (스 1:8)

㉮ 빌라도 ㉯ 가이사
㉰ 바로 ㉱ 세스바살

11. 고레스 당시 예루살렘에 귀환한 레위 지파의 우두머리이자 대제사장은 누구인가? (스 2:40, 3:2)

㉮ 아론 ㉯ 예수아 ㉰ 엘리 ㉱ 사무엘

【정답】

5.㉮ 6.유다 예루살렘에 전을 건축하라. 7.㉱ 8.바벨론이 고레스에 의해 정복당하기 약 150년 전 9.㉮ 10.㉱ 11.㉯

12. 고레스 당시 예수아와 더불어 귀환한 포로의 지도자가 아닌 사람은 누구인가? (스 2:2)

㉮ 스룹바벨 ㉯ 느헤미야
㉰ 모세 ㉱ 스라야

13. 여호와께서 포로에서 돌아온 유다 총독 스룹바벨과 여호사닥의 아들 대제사장 여호수아와 모든 백성의 마음을 흥분시키므로 그들이 한 일은 무엇인가? (학 1:14)

㉮ 성전건축 ㉯ 기도
㉰ 이슬람선교 ㉱ 전도

14. 포로 되었다가 귀환한 유다인들이 예루살렘 성전을 재건하는 것을 중단케 한 바사 왕은 누구인가? (스 4:23)

(　　　　　　)

15. 포로 되었다가 돌아온 유다인들이 성전을 재건하다가 중단하기를 어느 왕 때까지 중단했는가? (스 4:24)

㉮ 느부갓네살왕 ㉯ 아닥사스다왕
㉰ 알렉산더왕 ㉱ 다리오왕

16. 바벨론에서 이주한 사람들에게 예언한 선지자들은 누구인가? (스 5:1)

㉮ 이사야와 나훔 ㉯ 엘리야와 엘리사
㉰ 학개와 스가랴 ㉱ 미가와 잇도

17. 중단한 성전 재건 사업을 학개와 스가랴의 예언을 듣고 다시 시작한 이들은 누구인가? (스 5:2)

(　　　　　　)

【정답】

12.㉰ 13.㉮ 14.아닥사스다왕 15.㉱ 16.㉰ 17.스룹바벨과 예수아

18. 스룹바벨과 예수아가 일어나 성전을 재건할 때 이를 방해하지 아니한 사람은 누구인가? (스 5:3~6)
㉮ 스달보스내 ㉯ 에스라 ㉰ 닷드내 ㉱ 아바삭 사람

19. 바벨론 포로에서 돌아와 건축하던 성전이 대적들의 방해로 중단되었던 것을 다시 건축하라 명하여 성전건축을 마친 왕은 누구인가? (스 6:14~15)
㉮ 아닥사스다왕 ㉯ 헤롯왕
㉰ 다리오왕 ㉱ 느부갓네살왕

20. 아론의 십육대 손으로서, 모세 율법에 정통하며 아닥사스다왕과 막역했던 사람은 누구인가? (스 7:1~6)
㉮ 에스더 ㉯ 느헤미야
㉰ 에스라 ㉱ 이사야

21. 에스라와 포로 된 유다인들이 예루실렘으로 돌아온 때의 바사 왕은 누구인가? (스 7:7~9)
㉮ 아닥사스다왕 ㉯ 헤롯왕
㉰ 다리오왕 ㉱ 느부갓네살왕

22. 에스라가 구하는 것을 다 줄 만큼 관계가 친밀했던 아닥사스다왕은 어느 나라 왕인가? (스 7:1~6)
㉮ 유다 ㉯ 이스라엘
㉰ 스바 ㉱ 바사

23. 바사에서 유다로 돌아온 에스라가 결심한 것은 무엇인가? (스 7:10)
㉮ 성전을 재건하기로 함 ㉯ 세례를 주기로 함
㉰ 율법을 가르치기로 함 ㉱ 부흥회를 하기로 함

【정답】
18.㉯ 19.㉰ 20.㉰ 21.㉮ 22.㉱ 23.㉰

24. 바벨론 포로로 아론의 자손이며 율법에 정통한 학사로 이스라엘의 2차 포로 귀환을 이끈 사람은 누구인가? (스 7:12~13)
㉮ 여호수아 ㉯ 에스라 ㉰ 에스더 ㉱ 느헤미야

25. 바벨론에서 예루살렘으로 돌아온 에스라가 레위 자손이 없어 지도자들에게 하나님의 전에서 수종들 사람들을 불러오게 했을 때 그들이 데려온 사람들은 어느 자손인가? (스 8:15~20)
㉮ 유다 ㉯ 레위 ㉰ 베냐민 ㉱ 시므온

26. 에스라가 유다에 도착하여 속옷과 겉옷을 찢고 머리털과 수염을 뜯으며 기가 막혀한 이유는 무엇인가? (스 9:1~3)
㉮ 유다인들이 그 땅의 거민들과 결혼하여서
㉯ 유다인들이 자기를 미워해서
㉰ 유다인들이 수염을 깎지 않아서
㉱ 유다인들이 굶주리고 있어서

27. 포로에서 돌아온 유다인들이 이방 여인들을 아내로 삼은 것을 알고 그들에게 하나님께 죄를 자복하고 이방 여인을 끊어 버리라고 한 선지자는 누구인가? (스 10:10~11)
( )

28. 포로에서 돌아와 이방 여인과 결혼한 이들에게 그들의 아내를 떠나보내라는 에스라의 명에 대한 유다인들의 반응은 어떠했는가? (스 10:12)
㉮ 못한다. ㉯ 명령대로 하겠다.
㉰ 생각할 여유를 달라. ㉱ 다음에 다시 합할 기회를 달라.

【정답】

24.㉯ 25.㉯ 26.㉮ 27.에스라 28.㉯

느헤미야

1. 바사(페르시아)의 수산궁에 있던 느헤미야는 누구에게서 유다 소식을 들었는가? (느 1:2)
   (　　　　　　)

2. 하나니가 느헤미야에게 전한 유다 소식은 무엇인가? (느 1:3)
   ㉮ 예루살렘이 평안하다.
   ㉯ 예루살렘에 풍년이 들었다.
   ㉰ 예루살렘 성은 훼파되고 성문들은 소화되었다.
   ㉱ 예루살렘에 홍수가 났다.

3. 유다 소식을 들은 느헤미야는 무엇을 하였는가? (느 1:4)
   ㉮ 유다로 달려갔다.　　㉯ 금식하며 기도하였다.
   ㉰ 말씀을 읽었다.　　㉱ 화를 냈다.

4. 느헤미야는 바사국에서 무엇을 하고 있었는가? (느 1:11)
   (　　　　　　)

5. 유다 소식을 듣고 기도한 느헤미야가 아닥사스다왕에게 요청한 것은 무엇인가? (느 2:5)

【정답】
1.하나니와 그와 함께 유다에서 온 사람들　2.㉰　3.㉯
4.아닥사스다왕의 술관원　5.㉱

㉮ 유다에 구호품을 보내소서.
㉯ 유다에 다국적군을 파견하소서.
㉰ 유다에 식량을 허락하소서.
㉱ 나를 유다에 보내어 예루살렘 성을 중건하게 하옵소서.

6. 느헤미야의 요청을 들은 아닥사스다왕은 느헤미야에게 무슨 직을 주어 유다로 가게 했는가? (느 5:14)

㉮ 술관원 ㉯ 유다 총독 ㉰ 제사장 ㉱ 선지자

7. 이스라엘을 흥왕케 하려는 느헤미야가 왔다는 소식에 근심한 사람들은 누구인가? (느 2:10)

( )

8. 예루살렘 성을 중건하자는 느헤미야의 제안에 제사장과 방백들이 동의하자 이를 업신여기고 비웃은 대적들 가운데 해당되지 않는 사람은? (느 2:19)

㉮ 호론 사람 산발랏 ㉯ 암몬 사람 도비야
㉰ 아라비아 사람 게셈 ㉱ 모압 사람 엘리멜렉

9. 유다인들은 예루살렘 성 중건이 방해받자 어떻게 하였나? (느 4:17)

㉮ 대적들과 싸웠다. ㉯ 성 건축을 일시 멈추었다.
㉰ 금식기도했다. ㉱ 한 손은 일하고 한 손은 병기를 잡았다.

10. 느헤미야가 유다 부유한 자들에게 가난한 자들로부터 받을 이자를 감하고, 종삼은 자들을 돌려보내라고 하자 부유한 자들이 보인 반응은 어떠했는가? (느 5:12)

㉮ 싫다. ㉯ 이자만 감해주겠다.
㉰ 말씀대로 행하겠다. ㉱ 생각해보고 결정하겠다.

【정답】

6.㉯ 7.호론 사람 산발랏과 암몬 사람 도비야 8.㉱ 9.㉱ 10.㉰

11. 느헤미야는 유다 총독이 된 12년 동안 총독의 녹을 받지 않고 그의 모든 종자와 유다 사람들과 민장들 일백 오십인, 사면 이방인들을 어떻게 하였는가? (느 5:14~18)
㉮ 먹였다. ㉯ 굶겼다. ㉰ 일을 시켰다. ㉱ 추방했다.

12. 느헤미야가 유다 총독으로 근무한 12년 동안 녹(급료)을 받지 않은 까닭은 무엇인가? (느 5:18)
㉮ 부자라서 ㉯ 율법에 어긋나서
㉰ 백성의 부역이 중해서 ㉱ 하나님이 금해서

13. 도비야와 산발랏에게 뇌물을 받고 거짓 예언하여 느헤미야에게 하나님의 전 외소로 도망하라고 한 선지자는 누구인가? (느 6:10~12)
( )

14. 느헤미야가 바벨론에서 돌아와 성벽을 중건한 후 지킨 초막절에 하나님의 율법을 전한 사람은 누구인가? (느 8:16~18)
㉮ 느헤미야 ㉯ 에스라
㉰ 사무엘 ㉱ 에스더

15. 에스라가 초막절에 율법책을 백성들에게 낭독할 때 그들은 어떻게 하였나? (느 8:9~10)
㉮ 화를 냈다. ㉯ 졸았다.
㉰ 환호했다. ㉱ 울었다.

16. 느헤미야가 잠시 바사로 갔다가 예루살렘에 돌아왔을 때 성전 뜰에 누구를 위한 방이 지어져 있었는가? (느 13:6~7)
( )

【정답】

11.㉮ 12.㉰ 13.스마야 14.㉯ 15.㉱ 16.도비야

17. 느헤미야가 바사로 간 사이에 레위인들이 각각 자기 전리(고향)로 도망한 이유는 무엇인가? (느 13:10)

㉮ 고향이 그리워서 ㉯ 느헤미야가 싫어서
㉰ 몫을 주지 않으므로 ㉱ 전쟁이 나서

에스더

1. 인도에서 구스까지 127도를 치리하던 왕은 누구인가? (에 1:1)

㉮ 바로 ㉯ 헤롯
㉰ 여로보암 ㉱ 아하수에로

2. 모르드개에 대한 설명 중 틀린 것은 무엇인가? (에 2:5~7)

㉮ 유다에서 포로로 잡혀온 사람 ㉯ 베냐민 자손
㉰ 수산성에 거함 ㉱ 에스더의 부친

3. 부모가 없는 에스더를 길러준 사람은 누구인가? (에 2:5~7)

㉮ 모르드개 ㉯ 애굽 공주
㉰ 아하수에로 ㉱ 하만

【정답】

17.㉰ 1.㉱ 2.㉱ 3.㉮

4. 아하수에로왕이 왕후를 선택하기 위해 처녀들을 뽑을 때 뽑혀간 유대 처녀는 누구인가? (에 2:16)

㉮ 사라　　㉯ 한나
㉰ 에스더　　㉱ 마리아

5. 아하수에로왕이 와스디를 대신하여 모든 여자보다 더욱 사랑한 여인은 누구인가? (에 2:17)

㉮ 마리아　　㉯ 나오미
㉰ 에스더　　㉱ 마르다

6. 아하수에로왕이 에스더를 왕후로 삼은 후에 에스더를 위해 무엇을 하였나? (에 2:17~18)

(　　　　　　)

7. 아하수에로왕의 내시 빅단과 데레스가 왕을 모살하려 한 것을 에스더가 누구의 이름으로 왕에게 알렸는가? (에 2:21~22)

㉮ 하만　　㉯ 에스더
㉰ 하나니　　㉱ 모르드개

8. 아하수에로왕의 내시 빅단과 데레스가 왕을 모살하려는 음모를 꾸밀 당시 그들이 맡은 일은 무엇이었는가? (에 2:21~22)

㉮ 총리　　㉯ 제사장
㉰ 대궐문지기　　㉱ 성지자

9. 아하수에로왕에게 가장 신임받았던 고위 신하는 누구인가? (에 3:1)

㉮ 하만　　㉯ 느부갓네살　　㉰ 나아만　　㉱ 암몬

10. 아각 사람 하만의 부친은 누구인가? (에 3:1, 10)

(　　　　　　)

【정답】

4.㉰　5.㉰　6.잔치를 베풀었다.　7.㉱　8.㉰　9.㉮　10.함므다다

11. 하나님께서 아말렉을 진멸하겠다고 했던 이유는 무엇인가? (출 17:8~14)

㉮ 아말렉이 우상숭배를 심하게 했기에
㉯ 아말렉이 출애굽 한 이스라엘을 광야에서 친 까닭에
㉰ 아말렉이 너무 강해졌기에
㉱ 아말렉이 내분이 잦아져서

12. 아말렉의 후손 하만이 유다인을 미워한 까닭은 무엇인가? (에 3:2, 5)

㉮ 유다인들이 가난해서
㉯ 모르드개가 그에게 절을 하지 않았기 때문에
㉰ 에스더가 유다인이기에
㉱ 아하수에로왕이 유다인들을 미워하기에

13. 하만은 모르드개에 대한 원한을 어떻게 하려고 했는가? (에 3:6)

(   )

14. 하만의 음모를 안 모르드개는 에스더에게 어떤 명령을 하는가? (에 4:8)

㉮ 왕에게 알리라고 했다.　　㉯ 기도하라고 했다.
㉰ 조용히 지내라고 했다.　　㉱ 하만의 지위를 박탈하라고 했다.

15. 아하수에로왕이 잠이 오지 않아 역대 일기를 들으면서 발견한 사실은 무엇인가? (에 6:1~3)

㉮ 하만은 좋은 신하이다.
㉯ 모르드개의 역모 제보에 상을 내리지 않았다.
㉰ 역사 공부가 즐겁다.
㉱ 유다는 위대한 나라이다.

16. 에스더가 자기 민족을 구하기 위해 택한 방법은 어떤 것인가? (에 7:3~4)

【정답】

11.㉯　12.㉯　13. 왕국에 있는 모든 유대인들을 멸하려고 함.　14.㉮　15.㉯

㉮ 왕에게 청원하여 하만에게서 민족을 구해달라고 하였다.
㉯ 결사대를 조직했다.
㉰ 독립운동을 일으켰다.
㉱ 강대국에 도움을 청했다.

17. 유다 민족을 말살하려던 하만은 어떻게 되었는가? (에 7:10)
㉮ 계획이 성공했다. ㉯ 이웃 나라로 망명갔다.
㉰ 하만 자신이 사형을 당했다. ㉱ 유다와 화해했다.

18. 아하수에로왕은 자기를 역모에서 구원한 모르드개를 어떻게 했는가? (에 10:3)
( )

욥

1. 우스 땅에 살며 순전하고 정직하며 악에서 떠나 하나님을 경외한 사람은 누구인가? (욥 1:1)
( )

2. 욥이 하나님을 경외하는 이유가 그에게 주신 풍성한 복 때문이기에 그것을 빼앗으면 하나님을 욕할 것이라고 주장한 자는 누구인가? (욥 1:9~11)

【정답】
16.㉮ 17.㉰ 18. 아하수에로왕의 다음이 되게 하였다. 1. 욥

㉮ 사단 ㉯ 누이 ㉰ 아내 ㉱ 형

3. 여호와께서 욥의 모든 소유를 사단의 손에 붙이도록 허락했으나 손을 대지 말라고 한 것은 무엇인가? (욥 1:12)

( )

4. 모든 소유를 빼앗긴 욥은 어떠하였나? (욥 1:20~21)

㉮ 슬퍼하였다. ㉯ 하나님을 원망하였다.
㉰ 기뻐하였다. ㉱ 변함없이 하나님을 경배하였다.

5. 모든 소유를 빼앗긴 욥은 자신이 모태에서 어떻게 나왔다고 하였나? (욥 1:21)

( )

6. 욥은 자신이 모태에서 나올 때 적신으로 나왔으니 돌아갈 때 어떻게 돌아간다고 하였나? (욥 1:21)

㉮ 마음대로 ㉯ 적신 ㉰ 많이 가지고 ㉱ 호화롭게

7. 모든 소유를 잃어버린 욥은 "주신 자도 여호와시요 ( )도 여호와시오니"라고 하면서 여호와의 이름을 찬송했다. ( ) 안에 들어갈 말은 무엇인가? (욥 1:21)

( )

8. 욥이 모든 재산과 자녀를 잃었음에도 신앙이 여전하다고 칭찬하시는 하나님께 사단은 욥의 무엇을 치면 주를 욕할 것이라고 했는가? (욥 2:5)

㉮ 마음 ㉯ 부인 ㉰ 뼈와 살 ㉱ 친구

【정답】

2.㉮ 3.욥의 몸 4.㉱ 5.적신 6.㉯ 7.취하신 자 8.㉰

9. 욥의 생명만은 해하지 말라는 하나님의 명을 받은 사단은 욥의 발바닥에서 정수리까지 무엇이 나게 했는가? (욥 2:7)
( )

10. 욥의 몸에 악창이 나자 그의 아내가 한 말은 무엇인가? (욥 2:9)
㉮ 악창을 치료하자. ㉯ 하나님께 기도해라.
㉰ 혼자 알아서 해라. ㉱ 하나님을 욕하고 죽으라.

11. 하나님을 욕하고 죽으라는 아내의 말에 대한 욥의 반응은? (욥 2:10)
( )

12. 욥이 고난당한다는 소문을 듣고 찾아온 친구들은 누구인가? (욥 2:11)
㉮ 엘리바스, 빌닷, 소발 ㉯ 보아스, 나오미, 오르바
㉰ 사드락, 메삭, 아벳느고 ㉱ 엘리, 비느하느, 홉니

13. 욥을 위문한 친구들은 그의 곤고함이 심함을 보고 얼마 동안 말 한 마디 없이 함께 있었는가? (욥 2:13)
㉮ 사십일 ㉯ 삼십일 ㉰ 칠일칠야 ㉱ 팔일

14. 욥이 위문한 친구들 앞에서 입을 열어 저주한 것은 무엇인가? (욥 3:1)
㉮ 부인 ㉯ 하나님 ㉰ 자기 생일 ㉱ 부모

15. 욥이 자기의 태어난 날을 저주할 때 죄 없이 망한 자가 누구인가 하면서 욥의 고난을 죄의 결과로 정죄한 사람은 누구인가? (욥 4:1,7)
㉮ 엘리후 ㉯ 엘리바스 ㉰ 소발 ㉱ 빌닷

16. 고난받는 욥에게 "인생은 고난을 위하여 났으니 나 같으면 하나님께 구하고 내 일을 하나님께 의탁하리라"고 한 사람은 누구인가? (욥 5:7~8)

【정답】
9.악창 10.㉱ 11.모든 일에 입술로 범죄치 아니함 12.㉮ 13.㉰ 14.㉰ 15.㉯

㉮ 엘리바스 ㉯ 빌닷 ㉰ 소발 ㉱ 욥의 아내

17. 엘리바스가 욥에게 고난을 하나님의 징계로 여겨 전능자의 경책을 업신여기지 말라고 한 까닭은 무엇인가? (욥 5:17)

㉮ 하나님께 잘못했기 때문에
㉯ 사람들에게 잘못했기 때문에
㉰ 하나님께 징계받는 자는 복이 있기 때문에
㉱ 자신의 잘못을 깨닫기 때문에

18. 욥은 자신의 모든 재앙을 저울에 달 수 있다면 무엇보다 무거울 것이라고 했나? (욥 6:2~3)

(　　　　　　)

19. 욥은 자신이 당하는 고난이 하나님께서 자신을 멸하시기를 기뻐하사 그 손을 들어 어찌하실 것이라고 여겼는가? (욥 6:9)

㉮ 끊으심 ㉯ 붙이심 ㉰ 때리심 ㉱ 안으심

20. 욥은 비록 하나님께서 자신을 죽이신다 해도 오히려 위로를 받고 고통 가운데서도 기뻐할 것은 누구의 말씀을 거역하지 않았기 때문이라고 했는가? (욥 6:10)

(　　　　　　)

21. 욥은 자신을 불쌍히 여기지 않는 친구들을 향해, 전능자 경외하는 일을 폐한 자에게 그 벗이 어떻게 한다고 했는가? (욥 6:14)

㉮ 정죄한다. ㉯ 불쌍히 여긴다.
㉰ 교훈한다. ㉱ 사랑한다.

【정답】

16.㉮ 17.㉰ 18.바다의 모래 19.㉮ 20.거룩하신 이 21.㉯

22. 욥은 하나님께 돌이키라는 벗들에게 오히려 돌이켜야 할 자는 너희들이고 자신은 어떠하다고 항변했는가? (욥 6:29~30)
㉮ 지혜롭다. ㉯ 죄가 없다. ㉰ 선하다. ㉱ 의롭다.

23. 욥은 극심한 고통으로 입을 금하지 아니하고 마음의 아픔을 인해 말하며 영혼의 괴로움을 인해 어찌하겠다고 했는가? (욥 7:11)
㉮ 즐거워하겠다. ㉯ 기뻐하겠다.
㉰ 원망하겠다. ㉱ 슬퍼하겠다.

24. 환난 중의 욥은 "생명을 싫어하고 항상 살기를 원치 아니하오니 나를 놓으소서 내 날은 (　　)이니이다"라고 했다. (　) 안에 들어갈 말은 무엇인가? (욥 7:16)
(　　　　　)

25. 욥의 자녀들이 죽게 된 원인은 그들이 주께 죄를 지었기 때문이라고 한 사람은 누구인가? (욥 8:1,4)
㉮ 엘리바스 ㉯ 빌닷 ㉰ 소발 ㉱ 바로

26. 욥에게 "청결하고 정직하면 너를 돌아보시고 네 의로운 집으로 형통하게 하실 것이라"고 말한 사람은 누구인가? (욥 8:6)
(　　　　　)

27. 욥이 절망할 때 "네 시작은 미약하였으나 네 나중은 심히 창대하리라"고 말한 사람은 누구인가? (욥 8:7)
㉮ 엘리바스 ㉯ 빌닷 ㉰ 소발 ㉱ 바로

28. 욥은 자신이 하나님을 불러 하나님께서 대답하셨을지라도 자신의 음성을 어찌했다고는 믿지 않는다고 했나? (욥 9:16)
㉮ 들으셨다. ㉯ 외면하셨다. ㉰ 이해하셨다. ㉱ 막으셨다.

【정답】

22.㉱ 23.㉰ 24.헛 것 25.㉯ 26.빌닷 27.㉯ 28.㉮

29. 욥이 하나님께 "나를 정죄하지 마옵시고 무슨 연고로 나로 더불어 (   )하시는지 나로 알게 하옵소서"라고 하였다. (   ) 안에 들어갈 말은 무엇인가? (욥 10:2)
(   )

30. 욥에게 "너는 알라 하나님의 벌하심이 네 죄보다 경하니라"고 말한 사람은 누구인가? (욥 11:1,6)
㉮ 엘리바스 ㉯ 소발 ㉰ 바로 ㉱ 빌닷

31. 욥은 자신의 환난을 죄의 값으로 보는 친구들에게 너희만 참으로 사람이로구나 너희가 죽으면 무엇도 죽겠다고 했는가? (욥 12:2)
(   )

32. 욥은 친구들에게 "나도 너희같이 (   )이 있어 너희만 못하지 아니하니 그 같은 일을 누가 알지 못하겠느냐"고 했다. (   ) 안에 들어갈 말은 무엇인가? (욥 12:3)
㉮ 지혜 ㉯ 총명 ㉰ 눈치 ㉱ 마음

33. 친구들에게 내가 스스로 의로운 줄 안다고 자신의 사정을 진술한 사람은 누구인가? (욥 13:18)
(   )

34. 욥은 여인에게서 난 사람은 사는 날이 적고 괴로움이 가득하며 그 발생함이 무엇과 같아서 쇠하여진다고 했는가? (욥 14:1~2)
㉮ 눈 ㉯ 바람 ㉰ 꽃 ㉱ 구름

35. 욥에게 "네 죄악이 네 입을 가르치나니 네가 간사한 자의 혀를 택하였구나"라며 욥을 정죄한 사람은 누구인가? (욥 15:1,5)
㉮ 엘리바스 ㉯ 소발 ㉰ 바로 ㉱ 빌닷

【정답】

29.쟁변 30.㉯ 31.지혜 32.㉯ 33.욥 34.㉰ 35.㉮

36. 욥의 친구들 중 욥보다 연상인 자가 있음을 알 수 있는 것은 "네 부친보다 나이 많은 자가 있다"고 한 누구의 말 때문인가? (욥 15:1,10)
㉮ 엘리후 ㉯ 빌닷 ㉰ 소발 ㉱ 엘리바스

37. 욥이 보기에 자기를 번뇌케 하는 안위자는 누구라고 했는가? (욥 16:2)
㉮ 친구들 ㉯ 부모 ㉰ 아내 ㉱ 자녀

38. 욥은 나의 친구는 나를 조롱하나 내 눈은 누구를 향하여 눈물을 흘린다고 탄식했는가? (욥 16:20)
㉮ 하나님 ㉯ 아내 ㉰ 자식 ㉱ 형제

39. 욥은 자신을 정죄하는 친구들을 지적하여 해를 받게 한 자의 자식들은 어떻게 될 것이라고 저주했나? (욥 17:5)
( )

40. 욥이 자신을 변명하며 오히려 친구를 저주하자 빌닷이 악인의 빛은 꺼지고, 그 힘은 기근으로 쇠하며 그 백성 가운데서 무엇도 없어질 것이라고 했는가? (욥 18:5,12,19)
㉮ 친구 ㉯ 나라 ㉰ 아들과 손자 ㉱ 아내

41. 욥은 친구들에게 "너희가 열 번이나 나를 학대하고도 부끄러워 아니하니 과연 ( )이 내게만 있는 것이냐"고 항변하였다. ( ) 안에 들어갈 말은 무엇인가? (욥 19:3~4)
( )

【정답】

36.㉱ 37.㉮ 38.㉮ 39.눈이 멀 것이다. 40.㉰ 41.허물

42. 욥의 환난으로 인해 그의 형제, 친척, 친구, 종들, 아내, 심지어 누구까지도 욥을 업신여겼는가? (욥 19:13~18)
㉮ 걸인 ㉯ 어린아이 ㉰ 짐승 ㉱ 노인

43. 생명을 포기한 욥은 나의 이 가죽, 이것이 썩은 후에 내가 육체 밖에서 누구를 볼 것이라고 하였나? (욥 19:26)
(　　　　　)

44. 욥이 생명을 포기했을 때 소발은 악인의 자랑은 잠시며 그 높기가 하늘에 닿아도 무엇처럼 영원히 망할 것이라고 했나? (욥 20:5~7)
㉮ 밥 ㉯ 음식 ㉰ 자기의 똥 ㉱ 부귀

45. 욥은 그의 환난을 악에 대한 징계로 보는 친구들에게 악인이 살고 수를 누리며 세력이 어떻다고 항변하는가? (욥 21:7)
(　　　　　)

46. 욥이 나만 죄인이냐고 항변하자 하나님은 겸손한 자를 구원하신다고 말한 사람은 누구인가? (욥 22:1,29)
㉮ 엘리바스 ㉯ 바로 ㉰ 나만 ㉱ 소발

47. 욥은 "나의 가는 길을 오직 그가 아시나니 그가 나를 단련하신 후에는 내가 (　　)같이 나오리라"고 했다. (　　) 안에 들어갈 말은 무엇인가? (욥 23:1,10)
(　　　　　)

48. 욥이 "그의 입술의 명령을 어기지 아니하고 일정한 음식보다 그 (　　)을 귀히 여겼구나"고 했다. (　　) 안에 들어갈 말은 무엇인가? (욥 23:12)
㉮ 입의 음식 ㉯ 입의 말씀 ㉰ 손의 기 ㉱ 마음의 위로

【정답】

42.㉯ 43.하나님 44.㉰ 45.강하다. 46.㉮ 47.정금 48.㉯

49. 욥은 친구들에게 하나님은 권능으로 바다를 흉용케 하시며 지혜로 라합을 쳐서 파하시며 무엇으로 하늘을 단장하신다고 했는가? (욥 26:12~13)
( )

50. 욥은 자신의 의를 빼앗고 영혼을 괴롭게 한 자는 누구라고 여겼나? (욥 27:1~2)
㉮ 아버지 ㉯ 어머니 ㉰ 전능자 ㉱ 친구들

51. 욥은 결단코 벗들을 옳다 하지 않겠고 죽기 전에는 자신의 무엇을 버리지 않겠다고 했는가? (욥 27:5)
㉮ 의로움 ㉯ 순전함 ㉰ 지혜 ㉱ 자녀들

52. 환난 중에 있는 욥은 이전에 누가 자신을 보호하던 날에 지내던 것 같이 되기를 원했는가? (욥 29:1~2)
( )

53. 욥은 자신보다 젊은 자들이 자기를 기롱하자 그들의 아비들을 어떻게 보았는가? (욥 30:1)
㉮ 쳐다보지 않았다.
㉯ 무시했다.
㉰ 기롱했다.
㉱ 자신의 양 떼 지키는 개 중에도 둘 만하지 못한 자로 보았다.

54. 욥의 세 친구들이 욥에게 대답하기를 그친 이유는 무엇인가? (욥 32:1)
㉮ 하나님께서 그만 하라고 해서
㉯ 할 말이 없어서
㉰ 욥이 스스로를 의롭게 여기므로
㉱ 욥이 그만 하라고 해서

【정답】

49.신 50.㉰ 51.㉯ 52.하나님 53.㉱ 54.㉰

55. 하나님께 불평하는 욥과 그의 친구들을 꾸짖은 젊은이는 누구인가? (욥 32:2~3)

㉮ 엘리바스 ㉯ 바로 ㉰ 엘리후 ㉱ 소발

56. 욥이 스스로 의롭게 여김을 인하여 화를 낸 사람은 누구인가? (욥 32:2)

㉮ 엘리바스 ㉯ 빌닷 ㉰ 소발 ㉱ 엘리후

57. 엘리후가 욥의 친구들에게 노를 발한 이유는 욥의 말에 대답을 못하면서 어떻게 했기 때문인가? (욥 32:3)

( )

58. 욥에게 자신의 마음은 정직하고, 자신의 입술은 진실을 말한다고 주장하면서 자신의 말을 들으라고 한 사람은 누구인가? (욥 33:1~3)

㉮ 엘리후 ㉯ 빌닷 ㉰ 소발 ㉱ 엘리바스

59. 하나님께 억울함을 하소하겠다는 욥에게 하나님께서 말하라고 하자 욥이 한 말은 무엇인가? (욥 40:1~5)

㉮ 하나님, 할 말 없습니다.
㉯ 하나님, 왜 나를 이렇게 고생하게 하십니까?
㉰ 하나님, 친구들을 심판해 주십시오.
㉱ 하나님, 나는 의인입니다.

60. 하나님의 말씀을 들은 욥이 "내가 주께 대하여 귀로 듣기만 하였삽더니 이제는 ( )으로 주를 뵙나이다"라고 했다. ( ) 안에 들어갈 말은 무엇인가? (욥 42:5)

( )

【정답】

55.㉰ 56.㉱ 57.욥을 정죄하였기 때문 58.㉮ 59.㉮ 60.눈

61. 하나님을 뵌 욥이 티끌과 재 가운데서 무엇을 하였는가? (욥 42:6)
( )

62. 하나님께서 욥의 친구 엘리바스에게 하신 말씀은 무엇인가? (욥 42:7)
㉮ 욥에 대한 너희 말이 옳다.
㉯ 나에 대한 너와 너의 친구들의 말이 욥처럼 정당하지 못하다.
㉰ 너희는 욥의 말을 들으라.
㉱ 이제 그만 고향으로 돌아가라.

63. 하나님은 욥의 친구들에 대한 판결로 숫송아지 일곱과 숫양 일곱을 취해 어떻게 하라고 하셨는가? (욥 42:8)
( )

64. 욥이 시험당한 후에 그 전 소유의 갑절을 받고, 아들과 딸 각각 몇을 두었는가? (욥 42:10~13)
( )

이사야

1. 유다 왕 웃시야, 요담, 아하스와 히스기야 시대에 예루살렘에서 예언한 사람은 누구인가? (사 1:1)
㉮ 예레미야 ㉯ 미가 ㉰ 이사야 ㉱ 에스겔

【정답】
61.회개 62.㉯ 63.욥에게 가서 너희를 위해 번제를 드려라.
64.아들 일곱, 딸 셋 1.㉰

2. “하늘이여 들으라 땅이여 귀를 기울이라 여호와께서 말씀하시기를 내가 자식을 양육하였거늘 그들이 나를 거역하였도다”라고 외친 선지자는 누구인가? (사 1:2)

㉮ 이사야 ㉯ 사무엘 ㉰ 예레미야 ㉱ 에스겔

3. 여호와께서 이사야에게 소도 그 임자를 알고 나귀도 주인의 구유를 아는데 이스라엘은 알지 못하고 누가 깨닫지 못한다고 했는가? (사 1:3)

( )

4. 이사야는 유다 백성들이 많이 기도할지라도 여호와께서 듣지 아니하리니 이는 그들의 손에 무엇이 가득하기 때문이라 했는가? (사 1:15)

㉮ 물 ㉯ 피 ㉰ 땀 ㉱ 돈

5. 이사야는 “너희 죄가 주홍 같을지라도 눈과 같이 희어질 것이요 진홍같이 붉을지라도 ( )같이 되리라”고 했다. ( ) 안에 들어갈 말은 무엇인가? (사 1:18)

( )

6. 이사야는 언제 여호와의 전의 산이 모든 산 꼭대기에 굳게 서며 만방이 그리로 모여들 것이라 했는가? (사 2:2)

㉮ 초에 ㉯ 중간에 ㉰ 말일에 ㉱ 정각에

7. 말일에 칼을 쳐서 보습을 만들고 창을 쳐서 낫을 만들며 이 나라와 저 나라가 다시는 전쟁을 연습하지 아니할 것이라고 말한 선지자는 누구인가? (사 2:4)

㉮ 이사야 ㉯ 사무엘 ㉰ 예레미야 ㉱ 에스겔

【정답】

2.㉮ 3.나의 백성 4.㉯ 5.양털 6.㉰ 7.㉮

8. 이사야를 통해 여호와께서 책망하시는 백성의 장로들과 방백들의 죄는 무엇인가? (사 3:14~15)

㉮ 무화과 나무를 꺾으며 부자들에게 아부한 죄
㉯ 사과 나무를 꺾으며 관리들에게 아부한 죄
㉰ 과일 나무를 꺾으며 왕에게 아부한 죄
㉱ 포도원을 짓밟고, 가난한 자의 물건을 탈취한 죄

9. 하나님께서는 포도원인 이스라엘에 좋은 포도를 기대하고 최상급 포도나무를 심었는데 열린 것은 무엇인가? (사 5:2)

(　　　　　　)

10. 이사야는 이스라엘 족속을 여호와의 포도원으로 비유하고, 주께서 기뻐하시는 나무는 무엇으로 비유했나? (사 5:7)

(　　　　　　)

11. 이사야는 높이 들린 보좌에 앉으신 여호와와 그를 모신 스랍들을 어느 왕의 죽던 해에 보았는가? (사 6:1~2)

(　　　　　　)

12. 이사야가 본 스랍들이 여호와를 향해 세 번 반복해서 찬양한 내용은 무엇인가? (사 6:2~3)

㉮ 찬양하라 찬양하라 찬양하라. ㉯ 할렐루야 할렐루야 할렐루야.
㉰ 거룩하다 거룩하다 거룩하다. ㉱ 노래하라 노래하라 노래하라.

13. 자신은 입술이 부정한 사람이요 입술이 부정한 백성 중에 거하면서 만군의 여호와이신 왕을 뵈었다고 말한 사람은 누구인가? (사 6:5)

㉮ 이사야　㉯ 예레미야　㉰ 여호와　㉱ 웃시야

【정답】

8.㉱　9.들포도　10.유다 사람　11.웃시야　12.㉰　13.㉮

14. 이사야의 악이 제하여지고 그 죄가 사해진 것은, 스랍이 화저로 단에서 취한 숯이 이사야의 어디에 닿았기 때문인가? (사 6:6~7)
㉮ 머리 ㉯ 입 ㉰ 발 ㉱ 손

15. 보좌에 앉으신 주께서 "내가 누구를 보내며 누가 우리를 위하여 갈꼬" 할 때 이사야는 무엇이라 했는가? (사 6:8)
( )

16. 이사야를 통해 여호와께서 "너희가 듣기는 들어도 깨닫지 못할 것이요 보기는 보아도 알지 못하리라"고 하신 말씀은 누구에게 하신 말씀인가? (사 6:9)
( )

17. '남은 자가 돌아오리라'는 뜻을 가진 이사야의 아들은 누구인가? (사 7:3)
㉮ 스알야숩 ㉯ 아모스 ㉰ 미가 ㉱ 호세아

18. 이사야의 아들 마헬살랄하스바스가 엄마 아빠라고 말할 줄 알기 전에 다메섹의 재물과 어디에 있는 노략물이 앗수르 왕 앞에 옮겨질 것이라고 하였나? (사 8:3~4)
㉮ 베들레헴 ㉯ 사마리아 ㉰ 헤브론 ㉱ 예루살렘

19. 이사야가 말한 "주께서 친히 징조로 너희에게 주실 것이라 보라 처녀가 잉태하여 아들을 낳을 것이요 그 이름을 임마누엘이라 하리라"는 누구에 대한 예언인가? (사 7:14)
( )

【정답】

14.㉯ 15.내가 여기 있나이다 나를 보내소서. 16.이스라엘 백성 17.㉮
18.㉯ 19.예수님

20. 이사야는 한 아기가 우리에게 났고 한 아들을 우리에게 주신 바 되었는데 그 어깨에는 정사를 메었고 그 이름은 기묘자, 모사, 전능하신 하나님, 영존하시는 아버지이며 또 무엇이라고 했나? (사 9:6)
㉮ 하나님 ㉯ 만왕의 왕
㉰ 평강의 왕 ㉱ 예수님

21. 이사야는 예수가 누구의 자손으로 나온다고 예언했나? (사 11:1~2)
( )

22. 이사야는 유다를 멸망시킨 바벨론은 어느 나라에 의해 망할 것이라고 예언하는가? (사 13:17~19)
( )

23. 이사야는 모압이 망하게 된 원인은 무엇이라고 하였는가? (사 16:6~8)
㉮ 거만하며 교만하고 분노해서 ㉯ 아첨을 잘해서
㉰ 사람들을 싫어해서 ㉱ 예의가 없어서

24. 이사야는 이스라엘이 망하게 된 원인은 자기의 구원의 하나님을 잊어버리며 무엇을 마음에 두지 않은 까닭이라고 하였나? (사 17:1~10)
㉮ 돈 ㉯ 땅 ㉰ 자기의 능력의 반석 ㉱ 생각

25. 이사야가 3년 동안 벗은 몸과 발로 행한 것은 어느 나라가 앗수르의 포로가 될 것을 예표한 것인가? (사 20:3~4)
( )

【정답】

20.㉰ 21.이새 22.메대 23.㉮ 24.㉰ 25.애굽과 구스

26. 이사야는 여호와의 심판날에 여호와께서 이 산에서 만민을 위하여 기름진 것과 오래 저장하였던 무엇으로 연회를 베푸신다고 했는가? (사 25:1~6)

(　　　　　　　)

27. 이사야는 주께서 심지가 견고한 자를 평강에 평강으로 지키시리니 이는 그가 누구를 의뢰함이라고 했는가? (사 26:3)

(　　　　　　　)

28. 이사야 선지자는 여호와의 심판날에 여호와께서 견고하고 크고 강한 칼로 무엇을 벌하시며 바다에 있는 용을 죽이실 것이라고 했는가? (사 27:1)

㉮ 거짓 선지자　　㉯ 나무
㉰ 날래고 꼬불꼬불한 뱀 리워야단　　㉱ 물

29. 이사야 선지자는 "여호와의 책을 자세히 읽어 보라 이것들이 하나도 빠진 것이 없고 하나도 그 짝이 없는 것이 없으리라"고 했는데 이는 여호와의 입이 이를 명하셨고, 누가 이것들을 모으셨기 때문이라고 했는가? (사 34:16)

㉮ 여호와의 신　㉯ 선지자　㉰ 제사장　㉱ 이스라엘 백성

30. 산헤립의 침략으로 두려워진 히스기야가 이사야에게 사람을 보내 요청한 것은 무엇인가? (사 37:2~4)

(　　　　　　　)

31. 히스기야가 병들어 죽게 될 것을 예언한 선지자는 누구인가? (사 38:1)

㉮ 예레미야　㉯ 이사야　㉰ 에스겔　㉱ 사무엘

【정답】

26.포도주　27.주　28.㉰　29.㉮　30.이스라엘 백성들을 위한 기도　31.㉯

32. 이사야에게 임하신 여호와의 말씀에 히스기야의 기도를 들으신 여호와께서 그의 수명을 몇 년 연장해 주겠다고 했나? (사 38:5)
㉮ 13년 ㉯ 15년 ㉰ 17년 ㉱ 20년

33. 이사야가 히스기야에게 바벨론 왕의 사자가 왕의 궁전에서 무엇을 보았냐고 물었을 때 히스기야의 대답은 무엇인가? (사 39:4)
( )

34. 이사야는 히스기야에게 여호와의 말씀에 네 집에 있는 모든 소유와 네 열조가 오늘까지 쌓아둔 것이 모두 어디로 옮겨질 것이라고 했는가? (사 39:5~6)
㉮ 애굽 ㉯ 블레셋 ㉰ 바벨론 ㉱ 앗수르

35. 이사야의 말에 의하면 새 힘을 얻어 독수리의 날개치며 올라감 같고 달음박질하여도 곤비치 아니하며 걸어가도 피곤치 아니한 사람은 누구인가? (사 40:31)
( )

36. 이사야 선지자를 통해 여호와께서 "내가 붙드는 나의 종, 내 마음에 기뻐하는 나의 택한 사람을 보라 내가 ( )을 그에게 주었다"고 말씀하셨다. ( ) 안에 들어갈 말은 무엇인가? (사 42:1)
㉮ 선물 ㉯ 나의 신 ㉰ 물건 ㉱ 꿈

37. 이사야 선지자는, 여호와의 종은 상한 갈대를 꺾지 아니하며 무엇을 끄지 아니하고 진리로 공의를 베풀 것이라고 했는가? (사 42:3)
( )

【정답】

32.㉯ 33.궁전에 있는 것을 다 보여 주었다. 34.㉰ 35.여호와를 앙망하는 자
36.㉯ 37.꺼져가는 등불

38. 여호와께서 "내가 너를 구속하였고 내가 너를 지명하여 불렀나니 너는 내 것이라"고 하신 말씀은 누구를 가리키는가? (사 43:1)
㉮ 이삭 ㉯ 아브라함 ㉰ 야곱 ㉱ 에서

39. 이사야에 의하면 여호와께서 기름부음받은 누구의 손을 잡고 열국으로 그 앞에 항복하게 하고 열왕의 허리를 풀며 성문을 그 앞에 열어서 닫지 못하게 한다고 했나? (사 45:1)
( )

40. 이사야에 의하면 하나님께서는 어느 민족을 위해 고레스를 지명하여 부르셨는가? (사 45:4)
㉮ 이스라엘 ㉯ 애굽 ㉰ 암몬 ㉱ 블레셋

41. 이사야에 의하면 여호와의 성읍을 건축하고 여호와의 사로잡힌 자들을 값이나 갚음 없이 놓아 줄 자가 누구인가? (사 45:1, 13)
( )

42. 이사야 53장에 나오는 고난당하는 주인공은 누구인가?
㉮ 바로 ㉯ 이삭 ㉰ 예수 그리스도 ㉱ 다윗

43. 이사야는 예수 그리스도께서 찔림은 우리의 허물로 인함이며 그가 상함은 누구의 죄악을 인함이라고 하였는가? (사 53:5)
( )

44. 이사야는 예수 그리스도가 징계를 받음으로 우리가 평화를 누리고 그가 채찍에 맞음으로 누가 나음을 입었다고 했는가? (사 53:5)
㉮ 예수 ㉯ 바로 ㉰ 이방 ㉱ 우리

【정답】

38.㉰ 39.고레스 40.㉮ 41.고레스 42.㉰ 43.우리 44.㉱

45.이사야는 "너희는 (　　)를 만날 만한 때에 찾으라 가까이 계실 때에 그를 부르라"고 했다. (　　) 안에 들어갈 말은 무엇인가? (사 55:6)
(　　　　　　　)

46.이사야를 통하여 여호와께서는 내 집은 어떤 집이라 일컬음이 될 것이라고 했는가? (사 56:7)
(　　　　　　　)

47.이사야 선지자는 무엇이 흉악의 결박을 풀어 주며 멍에의 줄을 끌러 주며 압제당하는 자를 자유케 하며 모든 멍에를 꺾게 한다고 했는가? (사 58:6)
㉮ 예수　㉯ 순종　㉰ 여호와께서 기뻐하시는 금식　㉱ 찬양

48.이사야는 이스라엘 백성들에게 여호와의 손이 짧아 구원치 못하심도 아니요 귀가 둔하여 듣지 못하심도 아니라 무엇이 너희와 너희 하나님 사이를 내었다고 했는가? (사 59:1~2)
㉮ 근심　㉯ 의심　㉰ 다툼　㉱ 죄악

49.이사야는 "주 여호와의 신이 내게 임하셨으니 이는 여호와께서 내게 기름을 부으사 가난한 자에게 (　　)을 전하게 하려 하심이라"고 했다. (　) 안에 들어갈 말은 무엇인가? (사 61:1)
㉮ 아름다운 소식　㉯ 기쁨　㉰ 구원　㉱ 사랑

50.이사야에 의하면 우리는 진흙이요 주는 주의 손으로 우리를 지으신 무엇이라고 했나? (사 64:8)
(　　　　　　　)

【정답】

45.여호와　46.만민의 기도하는 집　47.㉰　48.㉱　49.㉮　50.토기장이

51. 이사야에 의하면 여호와께서 이전 것은 기억되거나 마음에 생각나지 아니할 것이라 했는데 그 이유는 무엇인가? (사 65:17)
㉮ 포기했으므로 ㉯ 생각하기 싫어서
㉰ 머리가 아파서 ㉱ 새 하늘과 새 땅을 창조하시므로

예레미야

1. 예레미야는 베냐민 땅 아나돗의 제사장 중 누구의 아들인가? (렘 1:1)
( )

2. 여호와의 말씀이 유다 왕 요시야가 다스린 지 몇 년에 예레미야에게 임하였나? (렘 1:2)
㉮ 13년 ㉯ 15년 ㉰ 17년 ㉱ 20년

3. 여호와께서 예레미야를 언제 알았다고 했는가? (렘 1:4~5)
( )

4. 예레미야는 여호와의 부르심을 받고 무엇이라고 대답했는가? (렘 1:6)
㉮ 순종하겠다고 함.
㉯ 다른 사람을 택하라고 함.
㉰ 잘못 택했다고 함.
㉱ 자신은 아이라 말할 줄을 알지 못한다고 함.

【정답】
51.㉱ 1.힐기야 2.㉮ 3.복중에 짓기 전 4.㉱

5. 예레미야가 본 끓는 가마 환상은 무엇을 뜻하는가? (렘 1:13~15)
( )

6. 예레미야 선지자는 이스라엘 백성이 행한 두 가지 악 중 하나는 생수의 근원인 여호와를 버린 것이고 또 하나는 무엇이라고 했는가? (렘 2:13)
( )

7. 예레미야는 처녀가 패물을 잊을 수 없고 신부가 고운 옷을 잊을 수 없는데, 이스라엘이 잊은 것은 무엇이라고 했는가? (렘 2:32)
㉮ 성전 ㉯ 여호와 하나님 ㉰ 선지자 ㉱ 제사장

8. 예레미야 선지자는 하나님께서 행음함으로 패역한 이스라엘에게 이혼서를 써 주자 이를 목격한 유다는 어떻게 했다고 했나? (렘 3:8)
㉮ 이혼서를 달라고 요구했다. ㉯ 회개했다.
㉰ 두려워 않고 자기도 가서 행음했다. ㉱ 이스라엘을 꾸짖었다.

9. 예레미야 선지자는 아내가 남편을 속이고 떠남같이 이스라엘은 누구를 속였다고 했는가? (렘 3:20)
( )

10. 예레미야 선지자에 의하면, 여호와께서는 유다인과 예루살렘 거민들에게 스스로 할례를 행하고 무엇을 베라고 했는가? (렘 4:4)
㉮ 마음 가죽 ㉯ 죄악된 손 ㉰ 더러운 옷 ㉱ 행음한 여자

11. 하나님은 예레미야 선지자에게 예루살렘 거리에서 외치기를 무엇을 어떻게 하는 자 한 사람이라도 찾으면 이 성을 사하리라고 하셨는

【정답】

5.재앙 6.스스로 웅덩이를 판 것 7.㉯ 8.㉰ 9.여호와 하나님
10.㉮ 11.공의를 행하며 진리를 구하는 자

가? (렘 5:1)

(　　　　　　　)

12. 예레미야 선지자에 의하면 "선지자들은 (　　)을 예언하며, 제사장들은 (　　)으로 다스리며, 내 백성은 그것을 (　　) 여긴다"고 했다. (　　) 안에 들어갈 말은 무엇인가? (렘 5:31)

㉮ 진리, 공의, 선하게　　㉯ 거짓, 자기 권력, 좋게
㉰ 진리, 공의, 악하게　　㉱ 거짓, 죄악, 나쁘게

13. 예레미야는 "너희는 이것이 여호와의 전이라 여호와의 전이라 여호와의 전이라 하는 (　　)을 믿지 말라"고 했다. (　　) 안에 들어갈 말은 무엇인가? (렘 7:4)

(　　　　　　　)

14. 이스라엘이 여호와의 전을 도적의 굴혈로 만들었다고 대언한 선지자는 누구인가? (렘 7:11)

㉮ 이사야　㉯ 느헤미야　㉰ 학개　㉱ 예레미야

15. 여호와께서 예레미야에게 누구를 위해 기도하지 말라고 했는가? (렘 7:16)

㉮ 백성　㉯ 아내　㉰ 아들　㉱ 부모

16. 예레미야에게 "여호와의 이름으로 예언하지 말라 두렵건대 우리 손에 죽을까 하노라"고 위협한 이들은 어디 사람들인가? (렘 11:21)

(　　　　　　　)

17. 예레미야의 고향은 어디인가? (렘 1:1)

㉮ 단　㉯ 하솔　㉰ 아나돗　㉱ 숙곳

【정답】

12.㉯　13.거짓말　14.㉱　15.㉮　16.아나돗　17.㉰

18. 예레미야는 악한 자의 길이 형통하며 패역한 자가 다 안락함은 무슨 연고냐고 누구와 쟁변하였나? (렘 12:1)
㉮ 여호와 ㉯ 제사장 ㉰ 선지자 ㉱ 백성

19. 여호와께서 예레미야에게 베띠를 사서 허리에 띠라고 하셨는데 그것을 어디에 숨기라고 하셨는가? (렘 13:1~4)
㉮ 땅 속 ㉯ 바닷가 ㉰ 집 ㉱ 유프라테스 바위 틈

20. 예레미야가 유프라테스 물가에 숨긴 베띠는 며칠 후 어떻게 되었는가? (렘 13:7)
( )

21. 여호와께서 예레미야에게 유프라테스 물가에 숨긴 썩은 베띠같이 유다와 예루살렘의 무엇을 이같이 썩게 하겠다고 하셨나? (렘 13:9)
㉮ 교만 ㉯ 식량 ㉰ 에봇 ㉱ 우상

22. 예레미야 선지자에 의하면 구스인이 피부를, 표범이 그 반점을 변하게 할 수 없는 것처럼 무엇에 익숙한 너희도 선을 행할 수 없다고 했는가? (렘 13:23)
( )

23. 하나님은 예레미야에게 "( )이 내 앞에 섰다 할지라도 내 마음은 이 백성을 향할 수 없나니 그들을 내 앞에서 쫓아내치라" 하셨다. ( ) 안에 들어갈 사람은 누구인가? (렘 15:1)
㉮ 모세와 사무엘 ㉯ 다윗과 솔로몬
㉰ 여호수아와 갈렙 ㉱ 다윗과 요나단

【정답】

18.㉮ 19.㉱ 20.썩어서 쓸모없게 되었다. 21.㉮ 22.악 23.㉮

24. 하나님은 예레미야에게 누가 예루살렘에 행한 바를 인하여 그들을 세계 열방 중에 흩으리라고 하셨는가? (렘 15:4)
㉮ 므낫세 ㉯ 유다 ㉰ 레위 ㉱ 시므온

25. 하나님께서 누구에게 아내를 취하지 말며 자녀를 두지말라고 하셨는가? (렘 16:2)
㉮ 이사야 ㉯ 예레미야 ㉰ 학개 ㉱ 에스겔

26. 예레미야의 예언을 듣고 그를 때리고 베냐민 윗문에 있는 차꼬에 채운 사람은 누구인가? (렘 20:1~2)
㉮ 바스훌 ㉯ 제사장 ㉰ 왕 ㉱ 종

27. 예레미야는 어떠할 때 "나의 중심이 불붙는 것 같아 골수에 사무쳐 답답하여 견딜 수 없다"고 했는가? (렘 20:9)
㉮ 마음이 아플 때
㉯ 여호와를 선포하지 아니하며 그 이름으로 말하지 않을 때
㉰ 머리가 아플 때
㉱ 생각이 나지 않을 때

28. "내가 태에서 나와서 고생과 슬픔을 보며 나의 날을 수욕으로 보내는고" 라고 탄식한 선지자는 누구인가? (렘 20:18)
㉮ 예레미야 ㉯ 에스라 ㉰ 느헤미야 ㉱ 이사야

29. 예레미야는 예루살렘이 누구에게 항복하면 살리라고 했는가? (렘 21:7~9)
( )

【정답】

24.㉮ 25.㉯ 26.㉮ 27.㉯ 28.㉮ 29.갈대아인(바벨론 왕 느부갓네살)

30. 예레미야는 유다가 몇 년 간 바벨론의 포로가 될 것임을 예언하였는가? (렘 25:11)

㉮ 5년　㉯ 10년　㉰ 50년　㉱ 70년

31. 예레미야가 여호와의 심판을 제사장들과 선지자들과 백성들에게 고하기를 마치자 그들은 예레미야를 붙잡고 무엇이라고 말했나? (렘 26:8)

(　　　　　)

32. 예레미야를 죽이려 한 사람들로부터 생명을 보존해 준 사람은 누구인가? (렘 26:24)

㉮ 바로　㉯ 유다　㉰ 아히감　㉱ 제사장

33. 여호와께서는 예레미야에게 말씀에 따라 멍에와 줄을 만들어 어떻게 하라고 하셨나? (렘 27:2)

(　　　　　)

34. 예레미야가 여호와의 말씀에 따라 멍에와 줄을 만들어 그 목에 얹고 유다와 이웃 왕들에게 전한 예언은 무엇인가? (렘 27:6~12)

㉮ 예레미야를 섬겨라.
㉯ 곧바로 구원하겠다.
㉰ 재물을 돌려주겠다.
㉱ 열방을 느부갓네살에게 주었으니 그를 섬기면 살리라.

35. 예레미야를 대적하여 예레미야 선지자의 목에 있는 멍에를 꺾은 거짓 선지자는 누구인가? (렘 28:10)

(　　　　　)

【정답】

30.㉱　31.네가 반드시 죽으리라.　32.㉰　33.목에 얹으라.　34.㉱
35.하나냐

36. 예레미야 목에서 멍에를 꺾은 하나냐에게 하나님께서 말씀하시기를 이스라엘에게 무엇을 메게 하여 바벨론을 섬기게 하겠다고 했는가? (렘 28:13~14)

( )

37. 예레미야가 바벨론 포로로 잡혀간 이들에게 보낸 편지에 집을 짓고 무엇을 만들라 했는가? (렘 29:5)

( )

38. 유다가 바벨론에 멸망당하고 시드기야왕은 바벨론으로 끌려갈 것이라고 예언한 예레미야는 어떻게 되었나? (렘 32:2~5)

㉮ 유다 왕의 궁중 시위대 뜰에 갇혔다. ㉯ 왕에게 맞았다.
㉰ 환영받았다. ㉱ 도망갔다.

39. 예레미야가 하나님의 명령으로 알고 고향 아나돗에서 은 십칠 세겔을 주고 산 것은 무엇인가? (렘 32:8~9)

㉮ 산 ㉯ 우물 ㉰ 밭 ㉱ 논

40. 하나님께서 예레미야에게 고향 아나돗의 밭을 사게 될 것이라고 하신 말씀의 의미는 무엇인가? (렘 32:7, 15)

㉮ 예레미야가 아나돗을 다스릴 것임
㉯ 예레미야가 부유해질 것임
㉰ 이스라엘이 바벨론의 포로가 될 것임
㉱ 이스라엘이 바벨론의 포로에서 해방될 것임

41. 예레미야가 산 밭의 매매증서를 누가 보관했는가? (렘 32:12)

㉮ 느헤미야 ㉯ 바룩 ㉰ 하나멜 ㉱ 네리야

42. 하나님께서 예레미야에게 말한 바, 예레미야가 부르짖으면 보게 될

【정답】

36.쇠멍에 37.전원 38.㉮ 39.㉰ 40.㉱
41.㉯ 42.다윗의 후손에게서 메시아가 오실 것이다.

크고 비밀한 일은 무엇을 말하는가? (렘 33:3, 15)

(　　　　　　　)

43. 예레미야의 사역을 도와 말씀을 기록한 사람은 누구인가? (렘 36:4)

㉮ 왕　㉯ 바룩　㉰ 제사장　㉱ 종

44. 예레미야가 전한 하나님의 말씀이 적힌 두루마리를 칼로 찢어 불태운 유다 왕은 누구인가? (렘 36:27~28)

(　　　　　　　)

45. 예레미야가 여호와의 말씀을 전하자 스바댜, 그다랴, 유갈, 바스훌은 예레미야를 어떻게 했나? (렘 38:1~6)

㉮ 때렸다.　㉯ 나무에 매달았다.
㉰ 감금했다.　㉱ 진흙 구덩이에 던져 넣었다.

46. 시드기야왕의 명을 따라 진흙 구덩이에 갇힌 예레미야를 구해준 구스 사람은 누구인가? (렘 38:9~13)

(　　　　　　　)

47. 예레미야가 진흙 구덩이에서 구출된 후부터 예루살렘이 함락되는 날까지 머물렀던 곳은 어디인가? (렘 38:13, 28)

㉮ 궁궐　㉯ 감옥　㉰ 집　㉱ 시위대 뜰

48. 예레미야가 바벨론으로 끌려갈 때 해방시켜 준 사람은 누구인가? (렘 40:1~5)

(　　　　　　　)

49. 예레미야는 예루살렘 멸망 후 어디로 갔나? (렘 43:5~7)

㉮ 애굽　㉯ 바벨론　㉰ 아나돗　㉱ 앗수르

【정답】

43.㉯　44.여호야김　45.㉱　46.에벳멜렉　47.㉱　48.느부사라단　49.㉮

에스겔

1. 에스겔은 어디에서 소명을 받았는가? (겔 1:3)
   (　　　　　　　)

2. 에스겔이 하나님의 이상을 본 그발 강은 어디에 있었나? (겔 1:3)
   ㉮ 갈대아　㉯ 가나안　㉰ 유다　㉱ 블레셋

3. 부시의 아들인 에스겔이 예언자로 부름받기 전의 직분은 무엇인가? (겔 1:3)
   (　　　　　　　)

4. 갈대아 땅 그발 강가에서 사람, 사자, 소, 독수리 형상을 가진 네 생물의 환상을 본 사람은 누구인가? (겔 1:3~10)
   ㉮ 에스라　㉯ 느헤미야　㉰ 에스겔　㉱ 예레미야

5. 에스겔이 본 두루마리에 기록된 내용은 무엇인가? (겔 2:9~10)
   ㉮ 기쁜 소리　㉯ 먹으라는 말
   ㉰ 애가와 애곡과 재앙의 말　㉱ 훈계의 말

6. 여호와께서 누구에게 두루마리 책을 먹으라고 했는가? (겔 3:1)
   (　　　　　　　)

【정답】

1.그발 강가　2.㉮　3.제사장　4.㉰　5.㉰　6.에스겔

7. 에스겔이 두루마리 책을 먹으니 그 맛이 무엇과 같다고 하였는가? (겔 3:3)

㉮ 씀바귀 ㉯ 포도 ㉰ 만나 ㉱ 꿀

8. 에스겔을 이스라엘 족속의 파수꾼으로 누가 세웠는가? (겔 3:17)

( )

9. 에스겔은 이스라엘과 유다의 죄를 일 년을 하루로 담당하되 어떤 방법으로 담당하였나? (겔 4:4~6)

㉮ 좌로 누워 390일, 우로 누워 40일 ㉯ 엎드리어 100일
㉰ 일어서서 100일 ㉱ 물구나무로 100일

10. 에스겔은 열국으로 흩어진 이스라엘 자손이 거기서 부정한 떡을 먹을 것에 대한 상징으로 그들의 목전에서 무엇으로 불을 피우라는 명령을 받았나? (겔 4:12~13)

( )

11. 여호와께서는 에스겔에게 이스라엘이 모든 악을 행하므로 칼과 기근과 온역에 망할 것을 어떻게 말하라고 하셨나? (겔 6:11)

( )

12. 에스겔이 이상 중에 본 성전 제단 문 어귀 북편에 있던 것은 무엇인가? (겔 8:5)

㉮ 투기의 우상 ㉯ 송아지 ㉰ 비둘기 ㉱ 어린 양

13. 에스겔이 이상 중에 본 각양 곤충과 가증한 짐승과 이스라엘 족속의 모든 우상이 어디에 그려졌나? (겔 8:10)

㉮ 궁궐 ㉯ 제단 ㉰ 성전 사면 벽 ㉱ 천막

【정답】

7.㉱ 8.여호와 9.㉮ 10.인분 11.손뼉을 치고 발을 구르며 말하라.
12.㉮ 13.㉰

14. 에스겔이 이상 중에 본 우상숭배하는 자들을 살육하는 기계로 다 죽일 때 살아남은 자들은 누구인가? (겔 9:1~6)

( )

15. 에스겔이 활동하던 때에 이스라엘 땅에서 사람들이 선지자가 예언을 하지만 날이 더디고 무엇이 응험이 없다고 비웃었는가? (겔 12:22)

㉮ 날 ㉯ 칼 ㉰ 우상 ㉱ 묵시

16. 에스겔이 멸망을 외치던 때에 거짓 선지자들은 무엇을 외쳤는가? (겔 13:10)

( )

17. 에스겔이 멸망을 외치던 때에 두어 움큼 보리와 두어 조각 떡을 위해 거짓말을 하고 하나님 백성들의 영혼을 사냥한 이들은 누구인가? (겔 13:17~19)

㉮ 마음대로 예언하는 아이들
㉯ 마음대로 예언하는 남자들
㉰ 제사장
㉱ 자기 마음에서 나는 대로 예언하는 부녀들

18. 여호와께서 에스겔을 통해 백성들에게 죽은 자들을 위해 슬퍼하지 말라고 말하게 한 그날 저녁에 누가 죽었는가? (겔 24:15~18)

( )

19. 여호와께서 에스겔에게 뼈들이 살겠느냐고 물으실 때 어떻게 대답하였는가? (겔 37:3)

㉮ 주께서 아신다 ㉯ 살아난다 ㉰ 모른다 ㉱ 침묵

【정답】

14.이마에 표 있는 자 15.㉱ 16.평강이 없는데 평강이 있다고 함. 17.㉱
18.에스겔의 아내 19.㉮

20. 에스겔이 여호와의 명령대로 대언하였을 때 마른 뼈들에 생기가 들어가니 살아 일어나서 무엇을 이루었는가? (겔 37:7~10)
( )

다니엘

1. 다니엘은 바벨론 어느 왕 때의 유다 포로인가? (단 1:1)
( )

2. 느부갓네살 왕 때에 다니엘과 같이 왕을 모시게 하려고 교육을 시키기 위해 뽑은 유다 소년들 중에 들지 않는 자는 누구인가? (단 1:5~6)
㉮ 하나냐 ㉯ 미사엘 ㉰ 아사랴 ㉱ 삼손

3. 다니엘의 이름을 환관장은 무엇이라 고쳤는가? (단 1:7)
㉮ 벨드사살 ㉯ 사드락 ㉰ 메삭 ㉱ 아벳느고

4. 다니엘의 세 친구 하나냐, 미사엘, 아사랴의 이름을 환관장은 무엇이라 고쳤는가? (단 1:7)
( )

【정답】

20.극히 큰 군대　1.느부갓네살　2.㉱　3.㉮　4.사드락, 메삭, 아벳느고

5. 다니엘이 느부갓네살왕의 음식 먹기를 왜 거절했는가? (단 1:8)

㉮ 음식이 입에 맞지 않아서 ㉯ 자기를 더럽히지 않으려고
㉰ 기름진 음식을 싫어해서 ㉱ 친구들과 같이 먹으려고

6. 다니엘은 누구의 잊어버린 꿈을 기억해 내고 그 꿈을 해석하여 주었는가? (단 2:26~45)

( )

7. 느부갓네살왕이 무엇을 만들어 두라 평지에 세웠는가? (단 3:1)

㉮ 금신상 ㉯ 은신상 ㉰ 동신상 ㉱ 놋신상

8. 느부갓네살왕은 그가 세운 금신상에 절하지 아니하는 자들을 어떻게 하겠다고 했는가? (단 3:6)

㉮ 사형시키겠다. ㉯ 극렬히 타는 풀무에 넣겠다.
㉰ 사자굴에 넣겠다. ㉱ 나라 밖으로 추방시키겠다.

9. 느부갓네살왕이 세워 놓은 금신상에 경배하라는 왕의 명령을 어긴 사람들은 누구인가? (단 3:12)

( )

10. 다니엘의 친구들이 금신상에 경배하기를 거절한 결과는 무엇인가? (단 3:23)

㉮ 직위를 박탈당했다. ㉯ 맹렬히 타는 풀무불 속에 던져졌다.
㉰ 감금되었다. ㉱ 유배당했다.

11. 풀무불 속에 던져진 다니엘의 친구들은 어떻게 되었는가? (단 3:24~27)

( )

【정답】

5.㉯ 6.느부갓네살왕 7.㉮ 8.㉯ 9.다니엘의 세 친구 사드락, 메삭, 아벳느고
10.㉯ 11.하나님께서 그들을 보호하셔서 상하지 않았다.

12. 다니엘이 꿈을 해석할 때 사람에게서 쫓겨나 들짐승과 함께 거하며 소처럼 풀을 먹을 왕은 누구라고 하였나? (단 4:25)

㉮ 벨사살　　㉯ 다리오
㉰ 느부갓네살　　㉱ 솔로몬

13. 느부갓네살이 유다에서 가지고 온 성전 기물로 술잔치를 연 왕은 누구인가? (단 5:2~3)

(　　　　)

14. 벨사살왕이 유다에서 갖고 온 성전 기물로 술잔치를 열고 있을 때 무엇이 나타나서 벽에 글자를 썼는가? (단 5:5)

㉮ 연필　　㉯ 붓
㉰ 손가락　　㉱ 발가락

15. 유다 성전에서 갖고 온 성물로 술잔치를 연 그날 밤에 죽임을 당한 갈대아 왕은 누구인가? (단 5:30)

㉮ 벨사살　㉯ 느부갓네살　㉰ 고레스　㉱ 다리오

16. 벨사살이 죽은 후 그 나라를 누가 취하였는가? (단 5:30~31)

(　　　　)

17. 다리오왕이 다니엘에게 준 지위는 무엇인가? (단 6:1~3)

(　　　　)

18. 다니엘이 다리오 왕궁에서 하루 몇 번씩 예루살렘을 향해 기도했는가? (단 6:10)

㉮ 한 번　　㉯ 두 번
㉰ 세 번　　㉱ 다섯 번

【정답】

12.㉰　13.벨사살　14.㉰　15.㉮　16.메대의 다리오
17.방백을 감독하는 총리　18.㉰

19. 다니엘에게서 허물을 찾지 못한 방백들이 다리오왕으로 하여금 30일 동안 왕 이외에 어느 신에게나 사람에게 무엇을 구하면 사자굴에 던져 넣기로 금령을 세우게 했다. 누구를 해하려고 세운 계획인가? (단 6:4~9)

( )

20. 다니엘은 30일 동안 다리오왕 외에 어느 신에게나 사람에게 기도하지 말라는 금령이 내린 후 어떻게 했는가? (단 6:10)

㉮ 잠시 기도를 멈추었다. ㉯ 몰래 기도하였다.
㉰ 하나님께 기도하기를 멈추지 않았다. ㉱ 금식기도하였다.

21. 왕의 금령에도 불구하고 기도를 멈추지 아니한 다니엘은 어떻게 되었는가? (단 6:16)

( )

22. 사자굴에 던져진 다니엘은 어떻게 되었는가? (단 6:19~23)

㉮ 해를 당하지 않았다. ㉯ 죽었다.
㉰ 도망갔다. ㉱ 큰 상처를 입었다.

23. 다니엘을 사자굴에 넣은 다니엘의 적들은 다리오왕에게 어떤 벌을 받았는가? (단 6:24)

㉮ 사자굴에 넣어져 사자의 먹이가 되었다. ㉯ 파면되었다.
㉰ 감봉되었다. ㉱ 유배되었다.

24. 다니엘 선지자가 환상 중에 본 네 짐승은 무엇을 의미하는가? (단 7:1~17)

( )

【정답】

19.다니엘 20.㉰ 21.사자굴에 던져졌다. 22.㉮ 23.㉮ 24.네 왕(네 나라)

25. 다니엘이 환상 중에 본 넷째 짐승의 머리에 뿔이 몇 개 있었는가? (단 7:19~20)
㉮ 5개 ㉯ 7개 ㉰ 9개 ㉱ 10개

26. 다니엘이 환상 중에 본 넷째 짐승의 머리에 난 열 뿔의 의미는 무엇인가? (단 7:24)
( )

호세아

1. 호세아는 북 왕국의 어느 왕 시대에 부름을 받았는가? (호 1:1)
( )

2. 호세아의 아비는 누구인가? (호 1:1)
( )

3. 여호와께서는 누구에게 음란한 아내를 취하여 음란한 자식들을 낳으라고 하셨나? (호 1:2)
㉮ 브에리 ㉯ 호세아 ㉰ 유다 ㉱ 요담

4. 호세아가 하나님의 명을 따라 아내로 삼은 여인은 누구인가? (호 1:3)
㉮ 마르다 ㉯ 고멜 ㉰ 미갈 ㉱ 로루하마

【정답】
25.㉱ 26.열 왕(열 나라) 1.여로보암 2.브에리 3.㉯ 4.㉯

5. 호세아가 음란한 여인 고멜에게서 낳은 딸은 누구인가? (호 1:6)
( )

6. 호세아의 딸 로루하마의 이름의 뜻은 무엇인가? (호 1:6)
㉮ 음란한 자 ㉯ 꺾으리라.
㉰ 긍휼히 여김을 받지 못한다. ㉱ 폐하리라.

7. 호세아의 자녀 가운데 '내 백성이 아니다' 라는 뜻을 가진 이름은 무엇인가? (호 1:9)
( )

8. 호세아는 하나님과 이스라엘의 관계를 어떻게 묘사하였는가? (호 2:19~20)
㉮ 백성 ㉯ 자녀 ㉰ 혈연 ㉱ 부부

9. 여호와께서 타인에게 사랑을 받아 음부 된 여인을 누구에게 사랑하라고 명하셨는가? (호 3:1)
( )

10. 호세아는 그를 떠난 아내를 무엇을 주고 되찾아왔는가? (호 3:2)
㉮ 은 15개와 보리 1호멜 반 ㉯ 금 20개
㉰ 은 25개 ㉱ 밭

11. 호세아는 많은 날 동안 나와 함께 지내고 행음하지 말며 다른 남자를 좇지 말라고 누구에게 부탁했나? (호 3:3)
( )

【정답】

5.로루하마 6.㉰ 7.로암미 8.㉱ 9.호세아 10.㉮ 11.아내 고멜

요엘

1. 요엘의 아비는 누구인가? (욜 1:1)
   (   )

2. 요엘이 이스라엘에게 예고한 재앙은 어떤 것인가? (욜 1:4)
   ㉮ 메뚜기   ㉯ 뱀   ㉰ 전쟁   ㉱ 가뭄

3. 요엘 선지자는 이스라엘 백성들에게 무엇을 정하고 성회를 선포하여 장로들과 모든 거민을 모아서 여호와께 부르짖으라고 호소하였나? (욜 1:14)
   (   )

4. 요엘이 "시온에서 나팔을 불며 나의 성산에서 호각을 불어 이 땅 거민으로 떨게 할지니 이는 (   )이 이르게 됨이니라"고 하였다. (   ) 안에 들어갈 말은 무엇인가? (욜 2:1)
   ㉮ 노는 날   ㉯ 여호와의 날   ㉰ 마지막 날   ㉱ 부르는 날

5. 여호와께서 이스라엘 백성에게 옷이 아닌 무엇을 찢고 회개하라고 했는가? (욜 2:13)
   (   )

6. 요엘서에서 큰 군대를 의미하는 것은 무엇인가? (욜 2:25)
   ㉮ 비   ㉯ 뱀   ㉰ 메뚜기, 늣, 황충, 팟종이   ㉱ 유황

【정답】

1.브두엘   2.㉮   3.금식일   4.㉯   5.마음   6.㉰

7. 하나님께서 요엘 선지자에게 "내 신을 (　)에게 부어주리니 너희 자녀들이 장래 일을 말할 것이며 늙은이는 꿈을 꾸며 젊은이들이 이상을 볼 것이라"고 했다. (　) 안에 들어갈 말은? (욜 2:28)
㉮ 만민　㉯ 선지자　㉰ 제사장　㉱ 왕

8. 하나님께서 요엘 선지자에게 여호와의 신을 만민에게 부어주시겠다는 예언은 언제 성취되었는가? (행 2:1~21)
(　　　　　　)

9. 요엘은 누구든지 여호와의 이름을 부르는 자가 얻을 것은 무엇이라고 하였는가? (욜 2:32)
(　　　　　　)

아모스

1. 아모스가 소명받을 때에 하고 있던 일은 무엇인가? (암 1:1)
㉮ 양치는 일　㉯ 농사일　㉰ 물고기 잡는 일　㉱ 사냥

2. 아모스는 여호와께서 어디에서부터 부르짖으시며 예루살렘에서부터 음성을 발하신다고 하였나? (암 1:2)
㉮ 시온　㉯ 애굽　㉰ 바벨론　㉱ 암몬

【정답】
7.㉮　8.오순절 날 성령이 임함으로　9.구원　1.㉮　2.㉮

3. 아모스에게 임한 여호와의 말씀에 길르앗을 철 타작기로 타작하듯 압박한 까닭으로 벌 받게 될 나라는 어디인가? (암 1:3)
( )

4. 아모스에게 여호와께서 가사를 벌 주시려는 이유가 무엇이라 했는가? (암 1:6)
㉮ 말을 안 들어서 ㉯ 모든 사로잡은 자를 끌어 에돔에 붙여서
㉰ 애통하며 힘들어서 ㉱ 거민을 힘들게 해서

5. 아모스에게 여호와께서 형제의 계약을 기억하지 아니하고 모든 사로잡은 자를 에돔에 붙였으므로 벌 받게 될 나라는 어디라고 하셨는가? (암 1:9)
㉮ 두로 ㉯ 앗수르 ㉰ 욥바 ㉱ 아스돗

6. 아모스에게 여호와께서 칼로 그 형제를 쫓아가며 긍휼을 버리며 노가 항상 맹렬하며 분을 끝없이 품어 벌 받을 나라는 어디라고 하셨나? (암 1:11)
㉮ 두로 ㉯ 블레셋 ㉰ 에돔 ㉱ 애굽

7. 아모스에게 여호와께서 자기 지경을 넓히고자 길르앗의 아이 밴 여인의 배를 가른 일로 벌 받을 나라는 어디라고 하셨나? (암 1:13)
( )

8. 아모스에게 여호와께서 에돔 왕의 뼈를 불살라 회를 만들었으므로 벌 받을 나라는 어디라고 하셨나? (암 2:1)
㉮ 애굽 ㉯ 블레셋 ㉰ 다메섹 ㉱ 모압

【정답】

3.다메섹 4.㉯ 5.㉮ 6.㉰ 7.암몬 8.㉱

9. 아모스에게 여호와께서 율법을 멸시하며 그 율례를 지키지 아니하고 그 열조의 따라가던 거짓 것에 미혹되었으므로 벌 받을 나라는 어디라고 하셨나? (암 2:4)
( )

10. 아모스 선지자는 여호와의 날(심판의 날)을 피하려면 어떻게 해야 한다고 예언했는가? (암 5:18~24)
㉮ 번제와 소제를 많이 드리라.
㉯ 안식일을 기억하여 거룩하게 지키라.
㉰ 공법을 물같이 정의를 하수같이 흘릴지라.
㉱ 회개하라.

11. 아모스가 본 환상 중 땅의 풀을 다 먹은 재앙은 주께서 지으신 무엇으로 말미암았나? (암 7:1~2)
㉮ 개구리 ㉯ 불 ㉰ 황충 ㉱ 거미

12. 아모스가 본 환상 중 큰 바다를 삼키고 육지까지 먹으려 한 것은 무엇인가? (암 7:4)
( )

13. 아모스가 세 번째 본 환상은 무엇인가? (암 7:7)
㉮ 여름 실과 ㉯ 다림줄 ㉰ 불 ㉱ 광주리

14. 아모스에게 벧엘에서 예언하지 말고 유다 땅으로 돌아가라고 하다가 오히려 여호와께 심판 선언을 들은 벧엘의 제사장은 누구인가? (암 7:12~17)
( )

15. 아모스는 아마샤에게 나는 선지자가 아니며 선지자의 아들도 아니

【정답】

9.유다 10.㉰ 11.㉰ 12.불 13.㉯ 14.아마샤

며 누구라고 하였나? (암 7:14)

㉮ 목자, 뽕나무 배양자　㉯ 제사장　㉰ 왕자　㉱ 종

16. 아모스가 본 네 번째 환상은 무엇인가? (암 8:1)

(　　　　　　)

17. 아모스에게 여호와께서 "보라 날이 이를지라 내가 기근을 땅에 보내리니 양식이 없어 주림이 아니며 물이 없어 갈함이 아니요 (　　　　)을 듣지 못한 기갈이라"고 하셨다. (　　) 안에 들어갈 말은 무엇인가? (암 8:11)

(　　　　　　)

18. 아모스가 본 다섯 번째 성전 문지방 환상에서 누구를 보았는가? (암 9:1)

(　　　　　　)

19. 아모스에게 여호와께서 내가 범죄한 나라를 주목하여 지면에서 멸할 것이지만 누구의 집은 온전히 멸하지는 아니하리라고 하셨나? (암 9:8)

㉮ 아모스　㉯ 아마샤　㉰ 요셉　㉱ 야곱

오바댜

1. 에돔이 형제 야곱에게 포학을 행한 일로 인해 심판받을 것이라고 예언한 선지자는 누구인가? (옵 1:1, 10)

㉮ 예레미야　㉯ 호세아　㉰ 요엘　㉱ 오바댜

【정답】

15.㉮　16.여름 실과 한 광주리　17.여호와의 말씀　18.주　19.㉱　1.㉱

2. 오바댜 선지자가 예언한 바 에돔은 누구에게 포학을 행했기에 멸절될 것이라 했는가? (옵 1:10)

(   )

요나

1. 요나 선지자에게 여호와께서 어디로 가서 여호와의 말씀을 외치라고 명령하셨나? (욘 1:2)

㉮ 고센　㉯ 헤브론　㉰ 니느웨　㉱ 라암셋

2. 요나에게 여호와께서 니느웨 성으로 가서 그들의 악독이 내 앞에 상달되었음을 외치라고 하신 말씀은 무엇을 의미하는가? (욘 1:2)

(   )

3. 니느웨로 가라는 명령을 받은 요나가 여호와의 낯을 피하려고 일어나 어디로 도망하려 했나? (욘 1:3)

(   )

4. 요나가 여호와의 낯을 피해 다시스로 도망갈 때 하나님은 어떻게 하셨는가? (욘 1:4)

【정답】

2.형제 야곱

1.㉰　2.니느웨의 멸망　3.다시스　4.㉱

㉮ 요나가 돌아오기를 기다리셨다.
㉯ 파도를 잔잔하게 하셨다.
㉰ 도망가는 것을 보고만 계셨다.
㉱ 대풍을 바다 위에 내리시므로 배가 거의 깨어지게 되었다.

5. 요나의 탄 배가 폭풍을 만났을 때 사공들은 두려워하여 누구를 불렀는가? (욘 1:5)
( )

6. 요나는 선장과 무리들에게 자신의 신분을 밝히면서 누구의 낯을 피하고 있다고 말했나? (욘 1:9~10)
㉮ 부모 ㉯ 여호와 ㉰ 왕 ㉱ 선장

7. 요나가 무리들에 의해 바다에 던져졌을 때 바다의 뛰노는 것이 어떻게 되었는가? (욘 1:15)
( )

8. 요나가 바다에 던져졌을 때 여호와께서 예비하신 것은? (욘 1:17)
㉮ 배 ㉯ 큰 물고기 ㉰ 구명정 ㉱ 작은 물고기

9. 요나는 여호와께서 예비하신 물고기 뱃속에서 얼마 동안 있었는가? (욘 1:17)
( )

10. 요나는 물고기 뱃속에서 여호와께 무엇을 하였는가? (욘 2:1)
㉮ 기도했다. ㉯ 원망했다. ㉰ 울었다. ㉱ 잤다.

11. 요나는 물고기 뱃속에서 기도하기를, 주의 목전에서 쫓겨났지만 다시 무엇을 바라보겠다고 했는가? (욘 2:4)
( )

【정답】
5.각자의 신 6.㉯ 7.그쳤다. 8.㉯ 9.삼일 삼야 10.㉮ 11.주의 성전

12. 물고기 뱃속에 있던 요나는 어떻게 되었는가? (욘 2:10)
( )

13. 여호와의 첫 번째 명을 어긴 요나에게 여호와는 두 번째로 어디에 가라고 하셨는가? (욘 3:1~2)
㉮ 유다 ㉯ 니느웨 ㉰ 육지 ㉱ 배

14. 요나는 물고기 뱃속에서 나온 후 어디로 갔나? (욘 3:3)
㉮ 니느웨 ㉯ 다시스 ㉰ 욥바 ㉱ 브엘세바

15. 요나는 여호와의 말씀대로 니느웨 성으로 들어가서 며칠이 지나면 니느웨가 무너진다고 외쳤나? (욘 3:3~4)
㉮ 20일 ㉯ 30일 ㉰ 40일 ㉱ 50일

16. 요나의 니느웨 전도 결과 누가 하나님을 믿고 회개했나? (욘 3:4~6)
㉮ 여자들 ㉯ 남자들 ㉰ 백성과 왕 ㉱ 종

17. 니느웨가 무너진다는 요나의 외침에 백성과 왕은 회개하면서 무슨 옷을 입었나? (욘 3:5~6)
( )

18. 요나는 니느웨 백성이 회개하므로 여호와께서 재앙을 내리지 않는 것을 보고 어떻게 하였나? (욘 4:1)
( )

19. 요나가 니느웨 성이 어떻게 되는지 보려고 초막을 짓고 앉아 있을 때 여호와께서 요나를 위해 무엇을 준비하셨나? (욘 4:5~6)
㉮ 박넝쿨 ㉯ 구름 ㉰ 베옷 ㉱ 시원한 바람

【정답】

12.육지에 토해졌다. 13.㉯ 14.㉮ 15.㉰ 16.㉰ 17.굵은 베옷
18.심히 싫어하고 노함. 19.㉮

20. 요나는 하나님께서 준비한 벌레로 박 넝쿨을 씹게 하시니 시들어 해가 그의 머리에 쬐자 죽기를 구하며 어떻게 하였나? (욘 4:7~9)
( )

미가, 나훔

1. 미가가 예언할 당시의 유다 왕들 중에 포함되지 않는 왕은 누구인가? (미 1:1)
㉮ 요담 ㉯ 아하스 ㉰ 히스기야 ㉱ 아합

2. 미가의 고향은 어디인가? (미 1:1)
( )

3. 벗은 몸으로 행하며 들개같이 애곡하고 타조같이 애통한 예언자는 누구인가? (미 1:8)
㉮ 미가 ㉯ 요나 ㉰ 이사야 ㉱ 호세아

4. 미가가 벗은 몸으로 행하며 들개같이 애곡하고 타조같이 애통해한 이유는 무엇인가? (미 1:8~9)
㉮ 앗수르의 멸망 ㉯ 예루살렘의 멸망
㉰ 바벨론의 멸망 ㉱ 바사의 멸망

【정답】

20.성냄 1.㉱ 2.모레셋 3.㉮ 4.㉯

5. 미가 선지자의 경고 가운데 돈을 위하여 점을 쳤던 사람들은 누구인가? (미 3:11, 민 22장)
㉮ 아나니아와 삽비라 ㉯ 가인와 니므롯
㉰ 데메드리오와 디오드레베 ㉱ 발락과 발람

6. 미가 5:2에 예언된 이스라엘을 다스릴 자는 누구를 가리키는가?
㉮ 세례 요한 ㉯ 예수 그리스도
㉰ 히스기야 ㉱ 예레미야

7. 미가는 예수께서 어디에서 태어나신다고 하였는가? (미 5:2)
㉮ 애굽 ㉯ 블레셋 ㉰ 사마리아 ㉱ 베들레헴

8. 나훔 선지자가 예언한 멸망당할 곳은 어디인가? (나 1:1)
( )

9. 나훔 선지자는 어디 사람인가? (나 1:1)
( )

하박국, 스바냐, 학개

1. "의인은 그 믿음으로 말미암아 살리라"고 말한 선지자는 누구인가? (합 2:4)
( )

【정답】

5.㉱ 6.㉯ 7.㉱ 8.니느웨 9.엘고스 1.하박국

2. 하박국이 갈대아인들에 관하여 어떤 예언을 하였는가? (합 2장)
㉮ 갈대아를 멸하실 것이다. ㉯ 갈대아를 복 주실 것이다.
㉰ 갈대아에 전쟁이 있을 것이다. ㉱ 갈대아에 가뭄이 임할 것이다.

3. 하박국이 강조한 말씀으로 신약성경에 3번 인용한(롬 1:17, 갈 3:11, 히 10:38) 성경 구절을 암송해 보라.(합 2:4)
( )

4. "비록 무화과나무가 무성치 못하며……외양간에 소가 없을지라도 나는 여호와를 인하여 즐거워하며 나의 구원의 하나님을 인하여 기뻐하리로다"라고 했던 선지자는 누구인가? (합 3:17~18)
㉮ 호세아 ㉯ 하박국 ㉰ 미가 ㉱ 아모스

5. 히스기야의 현손이요 구시의 아들인 예언자는 누구인가? (습 1:1)
㉮ 스바냐 ㉯ 스가랴 ㉰ 하박국 ㉱ 미가

6. 스바냐 선지자가 활동하던 시대의 유다 왕은 누구인가? (습 1:1)
㉮ 느헤미야 ㉯ 여로보암 ㉰ 요시야 ㉱ 아사

7. 스바냐가 예언하기를 "너의 하나님 여호와가 너의 가운데 계시니 그는 ( ) 그가 너로 인하여 기쁨을 이기지 못하여 하시며 너를 잠잠히 사랑하시며 너로 인하여 즐거이 부르며 기뻐하시리라"(습 3:17)고 했다. ( ) 안에 들어갈 말은 무엇인가?
( )

8. 학개가 예언한 시대의 바사 왕은 누구인가? (학 1:1)
㉮ 느부갓네살 ㉯ 다리오 ㉰ 아닥사스다 ㉱ 아모스

【정답】

2.㉮ 3.의인은 그 믿음으로 말미암아 살리라 4.㉯ 5.㉮ 6.㉰
7.구원을 베푸실 전능자시라 8.㉯

9. 성전 재건을 시작한 때는 다리오왕 몇 년인가? (학 1:14~15)
㉮ 1년 ㉯ 2년 ㉰ 3년 ㉱ 4년

10. 학개의 독려를 받고 성전 재건에 힘쓴 유다 총독은 누구인가? (학 1:13~14)
( )

11. "은도 내 것이요 금도 내 것이니라 만군의 여호와의 말이니라"고 말한 선지자는 누구인가? (학 2:8)
( )

12. 성전 재건에 힘쓴 유다 총독 스룹바벨의 부친은 누구인가? (학 1:14)
㉮ 여호사닥 ㉯ 예수아 ㉰ 스알디엘 ㉱ 스바냐

스가랴, 말라기

1. 스가랴의 부친은 누구인가? (슥 1:1)
㉮ 잇도 ㉯ 베레갸 ㉰ 학개 ㉱ 다리오

2. 스가랴가 예언한 시대의 바사 왕은 누구인가? (슥 1:1)
㉮ 요시아 ㉯ 아합 ㉰ 다리오 ㉱ 아하수에로

【정답】

9.㉯ 10.스룹바벨 11.학개 12.㉰ 1.㉯ 2.㉰

3. 학개와 같이 백성들로 하여금 성전 건축을 일으키도록 예언한 선지자는 누구인가? (슥 1:1~6)
㉮ 이사야 ㉯ 예레미야 ㉰ 느헤미야 ㉱ 스가랴

4. 스가랴의 환상 가운데 여호와 앞에 서 있던 여호수아의 직책은 무엇인가? (슥 3:1)
㉮ 대제사장 ㉯ 선지자 ㉰ 왕 ㉱ 군대장관

5. 순금 등대와 그 등대 곁에 두 감람나무 환상을 본 선지자는 누구인가? (슥 4:1~3)
(　　　　　)

6. "이는 힘으로 되지 아니하며 능으로 되지 아니하고 오직 나의 신으로 되느니라"고 여호와의 말씀을 대언한 선지자는 누구인가? (슥 4:6)
㉮ 나훔 ㉯ 호세아 ㉰ 미가 ㉱ 스가랴

7. 스가랴가 환상으로 본 날아가는 두루마리는 무엇인가? (슥 5:1~3)
㉮ 온 지면에 두루 행하는 저주 ㉯ 구약 성경
㉰ 하나님의 약속하신 축복 ㉱ 신약 성경

8. "시온의 딸아 크게 기뻐할지어다 예루살렘의 딸아 즐거이 부를지어다 보라 네 왕이 네게 임하나니 그는 공의로우며 구원을 베풀며 겸손하여서 나귀를 타나니 나귀의 작은 것 곧 나귀새끼니라"(슥 9:9). 이 말씀은 누구에 대한 예언인가?
(　　　　　)

9. 스가랴 9:9의 예언은 언제 성취되었는가? (요 12:12~15)
(　　　　　)

【정답】

3.㉱ 4.㉮ 5.스가랴 6.㉱ 7.㉮ 8.예수 그리스도
9.예수께서 예루살렘에 나귀 타고 입성하실 때

10. 예수께서 십자가에서 창에 찔리실 것을 예언한 성경 말씀은 어디인가?

㉮ 스가랴 12:10　　㉯ 스가랴 11:10
㉰ 스가랴 9:10　　㉱ 스가랴 8:10

11. 하나님께 드리는 제물과 희생이 인색하고 볼품이 없는 것이라고 이스라엘의 악행을 기록한 선지자는 누구인가? (말 1:6~13)

㉮ 학개　㉯ 스가랴　㉰ 말라기　㉱ 스바냐

12. 말라기 선지자가 말한 메시아의 사자로 그의 길을 예비하는 자는 누구를 가리키는가? (말 3:1)

㉮ 세례 요한　　㉯ 사도 바울
㉰ 베드로　　㉱ 야고보

13. "너희의 온전한 십일조를 창고에 들여 나의 집에 양식이 있게 하고 그것으로 나를 시험하여 내가 하늘 문을 열고 너희에게 복을 쌓을 곳이 없도록 붓지 아니하나 보라"고 말한 선지자는 누구인가? (말 3:10)

(　　　　　　)

14. 말라기 선지자가 "내 이름을 경외하는 너희에게는 의로운 해가 떠올라서 (　　　)하는 광선을 발하리니 너희가 나가서 외양간에서 나온 송아지같이 뛰리라"(말 4:2)고 했다. (　　) 안에 들어갈 말은 무엇인가?

(　　　　　　)

【정답】

10.㉮　11.㉰　12.㉮　13.말라기　14.치료

신약인물

신약 성경의 인물과 주제는 주로 성경의 주인공이신 예수 그리스도와 관련이 있습니다. 그래서 신약 성경의 인물과 주제에 관한 문답은 개별적으로가 아니라 예수 그리스도를 중심으로 구성됩니다. 인물과 주제에 대한 흐름을 이어가기 위해 불가피하게 문답이 중복되는 경우도 있습니다. 인물과 주제 중심으로 문답을 해나가다 보면 책별 공부를 통해서 이해하기 어려웠던 인물들의 특성과 주제들이 쉽게 다가올 것입니다.

예수님 탄생에 대한 예언들

1. 성경의 주인공은 누구인가? (마 1:1)
   ㉮ 아브라함 ㉯ 사도 바울 ㉰ 예수 그리스도 ㉱ 아담
2. 구약 성경이 일치하게 예언한 한 분은 누구인가? (눅 24:44, 요 1:45)
   ㉮ 아브라함 ㉯ 모세 ㉰ 바울 ㉱ 예수 그리스도

【정답】
1.㉰ 2.㉱

3. 예수 그리스도의 탄생을 처음으로 예언한 성경 말씀은?
㉮ 창 3:15 ㉯ 창 3:16 ㉰ 창 3:17 ㉱ 창 3:18

4. 예수 그리스도의 탄생을 처음으로 예언한 분은 누구신가? (창 3:15)
( )

5. 창세기 3:15의 '여자의 후손'은 누구에게서 태어날 것이라 예언되었는가? (사 7:14)
㉮ 아주머니 ㉯ 할머니 ㉰ 처녀 ㉱ 새댁

6. 창세기 3:15의 '여자의 후손'은 누구를 말하는가? (마 1:16)
㉮ 예수 그리스도 ㉯ 아담 ㉰ 다윗 ㉱ 아브라함

7. 예수님께서 남자의 씨를 받지 않고 동정녀에게서 탄생하셨기 때문에 성경은 예수님을 무엇이라고 지칭하는가?
( )

8. 예수님은 어디에서 태어날 것이라고 예언되었는가? (미 5:2)
㉮ 베들레헴 ㉯ 예루살렘 ㉰ 사마리아 ㉱ 애굽

9. 태어나실 예수님은 어떤 분이신가? 이사야 9:6의 ( )를 채워 보자.
"이는 한 아기가 우리에게 났고 한 아들을 우리에게 주신 바 되었는데 그 어깨에는 정사를 메었고 그 이름은 기묘자라, 모사라, 전능하신 ( )이라, 영존하시는 아버지라, ( )이라 할 것임이라"
( )

【정답】

3.㉮ 4.여호와 하나님 5.㉰
6.㉮ 7.여자의 후손 8.㉮ 9.하나님, 평강의 왕

예수님 탄생과 어린시절

1. 예수님의 모친은 누구인가? (마 1:16)
㉮ 마리아 ㉯ 한나 ㉰ 미리암 ㉱ 라헬

2. 예수님의 모친 마리아의 남편은 누구인가? (마 1:16)
㉮ 아브라함 ㉯ 다윗 ㉰ 요셉 ㉱ 모세

3. 예수 그리스도의 탄생을 마리아에게 알린 천사의 이름은 무엇인가? (눅 1:26~31)
( )

4. 예수 그리스도는 어떻게 잉태되었는가? (마 1:18)
( )

5. 주의 사자가 요셉에게 지어준 아들 이름은 무엇인가? (마 1:21)
㉮ 예수 ㉯ 그리스도 ㉰ 메시아 ㉱ 구주

6. '자기 백성을 저희 죄에서 구원할 자'라는 의미를 가진 이름은 무엇인가? (마 1:21)
㉮ 마리아 ㉯ 예수 ㉰ 바울 ㉱ 모세

7. '예수'의 히브리어식 발음은?
( )

【정답】

1.㉮ 2.㉰ 3.가브리엘 4.성령으로 5.㉮ 6.㉯ 7.여호수아, 예수아

8. 예수님이 태어난 장소는 어디인가? (눅 2:7)
㉮ 침실 ㉯ 마구간 ㉰ 산실 ㉱ 병원

9. 예수님이 태어난 고을은 어디인가? (마 2:1)
㉮ 헤브론 ㉯ 엠마오 ㉰ 베들레헴 ㉱ 나사렛

10. 예수님이 태어나시던 때 유대 왕은 누구였는가? (마 2:1)
㉮ 헤롯 ㉯ 율리오 ㉰ 가이사 아구스도 ㉱ 빌라도

11. 예수님이 태어나시던 때 로마 황제는 누구인가? (눅 2:1~7)
㉮ 가이사 아구스도 ㉯ 글라우디오 ㉰ 네로 ㉱ 알렉산더

12. 예수님의 부모가 나사렛에서 베들레헴으로 간 까닭은 무엇인가? (눅 2:1~5)
(   )

13. 예수님이 태어나던 시기에 천하(로마 식민지)로 호적을 하라고 명한 왕은 누구인가? (눅 2:1)
㉮ 가이사 아구스도 ㉯ 헤롯 ㉰ 알렉산더 ㉱ 네로

14. 천사에게서 예수님의 탄생 소식을 전해들은 사람들은 누구인가? (눅 2:8~11)
(   )

15. 예수께서 태어나신 것을 누가 찬송했는가? (눅 2:13)
㉮ 이스라엘 백성 ㉯ 천군 ㉰ 성가대 ㉱ 로마 백성

16. 예수께서 탄생하실 때 천군들이 부른 찬송의 내용은? (눅 2:14)
(   )

【정답】

8.㉯ 9.㉰ 10.㉮ 11.㉮ 12.호적하려고 함 13.㉮ 14.목자들 15.㉯ 16.지극히 높은 곳에서는 하나님께 영광이요 땅에서는 기뻐하심을 입은 사람들 중에 평화로다.

17. 예수님은 태어난 지 며칠 만에 할례를 받으셨는가? (눅 2:21)
㉮ 5일　㉯ 6일　㉰ 7일　㉱ 8일

18. 예수께서 할례받으실 때 모세의 율법을 따라 희생예물로 드린 것은 무엇인가? (눅 2:24)
㉮ 참새 한 마리　㉯ 비둘기 한 쌍　㉰ 양 한 마리　㉱ 어린 소

19. 주를 보기 전에 죽지 아니하리라는 약속을 받고 어린 아기 예수를 예루살렘 성전에서 뵌 사람은 누구인가? (눅 2:25~26)
㉮ 한나　㉯ 시므온　㉰ 베드로　㉱ 세례 요한

20. 주의 부모가 아기 예수와 율례에 따라 제사 지내려고 예루살렘 성전에 왔을 때, 예루살렘의 구속됨을 바라는 이들에게 아기 예수를 소개한 사람은 누구인가? (눅 2:36~38)
㉮ 한나　㉯ 예수의 어머니 마리아　㉰ 안나　㉱ 마르다

21. 주께서 어린시절 사셨던 동네는 어디인가? (눅 2:39~40)
㉮ 베다니　㉯ 베들레헴　㉰ 예루살렘　㉱ 나사렛

22. 예수께서 탄생하시던 시기에 먼 나라에서 주님을 찾아온 사람들은 누구인가? (마 2:1)
(　　　　　)

23. 동방으로부터 온 박사들에게 길을 안내한 것은 무엇인가? (마 2:2)
㉮ 별　㉯ 달　㉰ 해　㉱ 구름

24. 예루살렘에 온 동방박사들이 예루살렘 사람들에게 물은 것은 무엇인가? (마 2:1~2)
(　　　　　)

【정답】

17.㉱　18.㉯　19.㉯　20.㉰　21.㉱　22.동방박사들　23.㉮
24.유대인의 왕으로 나신 이가 어디 계시뇨?

25. 아기 예수를 찾아온 동방박사들이 떠난 후 주의 사자가 요셉에게 나타나 헤롯이 예수를 죽이려 하니 어디로 피하라고 했나? (마 2:13)
㉮ 로마　㉯ 애굽　㉰ 나사렛　㉱ 갈릴리

26. 애굽으로 피난갔던 예수님 가족은 언제 다시 이스라엘로 돌아왔는가? (마 2:19~21)
(　　　　　)

27. 이스라엘로 돌아온 예수님 가족은 어디로 가서 정착을 했는가? (마 2:23)
㉮ 베들레헴　㉯ 나사렛　㉰ 빌립보　㉱ 고린도

28. 왕권을 빼앗길까 두려워 두 살 이하의 아이들을 다 죽이라고 명한 왕은 누구인가? (마 2:16)
(　　　　　)

29. 동방에서 아기 예수를 경배하러 온 박사들이 가지고 온 선물이 아닌 것은 무엇인가? (마 2:11)
㉮ 황금　㉯ 석청
㉰ 유향　㉱ 몰약

30. 예수님께서 열두 살 되셨을 때 일어난 사건이 아닌 것은 무엇인가? (눅 2:41~52)
㉮ 유월절에 예루살렘에 올라가셨다.
㉯ 성전에서 선생들과 문답하셨다.
㉰ 세례를 받으셨다.
㉱ 예수님의 부모가 예수님을 잠시 잃어버렸다.

【정답】

25.㉯　26.헤롯이 죽은 후　27.㉯　28.헤롯
29.㉯　30.㉰

예수님의 세례와 시험

1. 예수님께 세례를 베푼 사람은 누구인가? (마 3:13~17)
   ㉮ 베드로　㉯ 세례 요한　㉰ 야고보　㉱ 모세

2. 예수님께서 세례받으신 곳은 어디인가? (마 3:13)
   ㉮ 요단강　㉯ 갈릴리 호숫가　㉰ 실로암 못가　㉱ 베데스다

3. 예수님께서 세례받으실 때 열린 곳은 어디인가? (마 3:16)
   (　　　　　　)

4. 예수님께서 세례받으실 때 예수님 위에 임한 것은 무엇인가? (마 3:16)
   ㉮ 하나님의 성령　㉯ 무지개
   ㉰ 구름　㉱ 태양빛

5. 예수님께서 세례받으실 때 임한 성령의 형상은 무엇인가? (마 3:16)
   ㉮ 천사　㉯ 마리아　㉰ 독수리　㉱ 비둘기

6. 예수님께서 세례받으실 때 하늘에서 들린 음성은 무엇인가? (마 3:17)
   (　　　　　　)

【정답】

1.㉯　2.㉮　3.하늘　4.㉮　5.㉱
6.이는 내 사랑하는 아들이요 내 기뻐하는 자라

7. 세례받으신 예수님께서 시험받으신 곳은 어디인가? (마 4:1)
( )

8. 예수께서 광야에서 얼마 동안 시험받으셨는가? (마 4:2)
㉮ 40주야 ㉯ 43주야 ㉰ 45주야 ㉱ 47주야

9. 예수님을 광야에서 시험한 자는 누구인가? (마 4:1)
㉮ 바리새인 ㉯ 마귀 ㉰ 서기관 ㉱ 사두개인

10. 마귀가 예수님을 시험할 때 예수님께 돌들로 무엇이 되게 하라고 했는가? (마 4:3)
㉮ 떡덩이 ㉯ 만나 ㉰ 밥 ㉱ 메추라기

11. 예수께서 돌들로 떡덩이를 만들라는 마귀의 시험을 어떤 말씀으로 물리치셨는가? (마 4:3~4)
( )

12. 예수님은 성전꼭대기에서 뛰어내리라는 마귀의 시험을 어떤 말씀으로 물리치셨는가? (마 4:5~7)
( )

13. 마귀가 예수님께 천하만국과 영광을 보여 주며 자기에게 어떻게 하면 그것들을 예수님께 주겠다고 했는가? (마 4:8~9)
㉮ 기도 ㉯ 경배 ㉰ 전도 ㉱ 회개

【정답】

7.광야 8.㉮ 9.㉯ 10.㉮
11.사람이 떡으로만 살 것이 아니요 하나님의 입으로 나오는 모든 말씀으로 살 것이라
12.주 너의 하나님을 시험치 말라 13.㉯

14. 예수님께서 사탄에게 경배하라는 시험을 이기신 방법이 아닌 것은 무엇인가? (마 4:10)
㉮ 사탄아 물러가라. ㉯ 경배하겠다.
㉰ 주 너의 하나님께만 경배하라. ㉱ 하나님만 섬기라.

예수님의 교훈들

1. 예수께서 온 갈릴리에 다니시며 회당에서 가르치시고 전파하신 것은 무엇인가? (마 4:23)
㉮ 율법 ㉯ 신약성경 ㉰ 천국 복음 ㉱ 구약성경

2. 예수께서 심령이 가난한 자가 받을 복은 무엇이라 하셨나? (마 5:3)
㉮ 천국 ㉯ 땅 ㉰ 재물 ㉱ 명예

3. 예수께서 애통하는 자가 받을 복은 무엇이라 하셨나? (마 5:4)
㉮ 천국 ㉯ 땅 ㉰ 재물 ㉱ 위로

4. 예수께서 온유한 자는 무슨 복이 있다고 하셨는가? (마 5:5)
( )

5. 예수께서 의에 주리고 목마른 자는 무슨 복이 있다고 하셨는가? (마 5:6)
( )

【정답】
14.㉯ 1.㉰ 2.㉮ 3.㉱ 4.땅을 기업으로 받을 것이다. 5.배부를 것이다.

6. 예수께서 누가 하나님을 볼 것이라 하셨는가? (마 5:8)
   ㉮ 마음이 청결한 자　　　㉯ 믿음이 좋은 자
   ㉰ 화평케 하는 자　　　㉱ 의로운 자

7. 예수께서 어떤 사람이 하나님의 아들이라 일컬음을 받을 것이라 하셨는가? (마 5:9)
   ㉮ 마음이 청결한 자　　　㉯ 형제를 사랑하는 자
   ㉰ 의로운 자　　　㉱ 화평케 하는 자

8. 예수께서 의를 위하여 핍박을 받은 자가 받을 복은 무엇이라 하셨는가? (마 5:10)
   ㉮ 위로　㉯ 땅　㉰ 천국　㉱ 재물

9. 예수님께서는 율법이나 선지자를 폐하러 온 것이 아니라 어떻게 하려고 오셨는가? (마 5:17)
   (　　　　　　)

10. 예수님께서 형제에게 노하는 자는 어찌된다고 하셨나? (마 5:22)
   ㉮ 감옥　㉯ 금고　㉰ 사형　㉱ 심판

11. 예수님은 만일 네 오른 눈이 너로 실족케 하거든 어떻게 하라고 하셨는가? (마 5:29)
   (　　　　　　)

12. 예수님은 네 오른 눈이 너로 실족케 하거든 빼어 내버리라 하셨는데, 이는 백체 중 하나가 없어지고 온몸이 어디에 던져지지 않는 것이 유익하기 때문인가? (마 5:29)
   (　　　　　　)

【정답】

6.㉮　7.㉱　8.㉰　9.완전케 하려고 함.　10.㉱
11.빼어 내버리라.　12.지옥

13. 예수님께서 누구든지 음행한 연고 없이 아내를 버리지 말라고 하신 이유는 무엇인가? (마 5:32)

㉮ 아내가 불쌍하기 때문 ㉯ 아내가 원망하기 때문
㉰ 아내가 간음하게 하기 때문 ㉱ 아내가 고소하기 때문

14. 예수께서 하늘로 맹세하지 말라 하신 까닭은 무엇인가? (마 5:34)
( )

15. 예수께서 땅으로 맹세치 말라 하신 까닭은 무엇인가? (마 5:35)
( )

16. 예수께서 네 머리로 맹세치 말라 하신 이유는 무엇인가? (마 5:36)
( )

17. 율법에는 눈은 눈으로 이는 이로 갚으라 하였고, 예수님은 악한 자를 어떻게 하라고 하셨는가? (마 5:38~39)

㉮ 대적하라 ㉯ 대적하지 말라 ㉰ 사귀라 ㉱ 고소하라

18. 예수님은 오른편 뺨을 치는 자에게 어떻게 하라고 말씀하셨는가? (마 5:39)

㉮ 돌을 던지라 ㉯ 똑같이 오른편 뺨을 치라
㉰ 왼편도 돌려 대라 ㉱ 그를 위해 기도하라

19. 예수님은 너를 송사하여 속옷을 가지고자 하는 자에게 무엇까지 주라고 하셨는가? (마 5:40)

㉮ 겉옷 ㉯ 바지 ㉰ 양말 ㉱ 장갑

【정답】

13.㉰ 14.하늘은 하나님의 보좌이기 때문에
15.땅은 하나님의 발등상이기 때문에 16.스스로 한 터럭도 희고 검게 할 수 없기 때문에 17.㉯ 18.㉰ 19.㉮

20. 예수님은 너에게 억지로 오리를 가게 하거든 그 사람과 얼마만큼 동행하라 하셨는가? (마 5:41)

㉮ 오 리 ㉯ 십 리 ㉰ 백 리 ㉱ 무한정

21. 예수님은 네게 구하는 자에게 주며 네게 꾸고자 하는 자에게 어떻게 하라고 하셨는가? (마 5:42)

( )

22. 예수님은 너희를 핍박하는 자를 위하여 어떻게 하라고 하셨는가? (마 5:44)

㉮ 대적하라 ㉯ 송사하라 ㉰ 훈계하라 ㉱ 기도하라

23. 예수님은 누구의 온전하심과 같이 너희도 온전하라고 하셨는가? (마 5:48)

( )

24. 예수님은 무엇을 할 때에 오른손이 한 것을 왼손이 모르게 하라고 하셨는가? (마 6:3)

( )

25. 예수님은 보물을 어디에 쌓아 두라고 하셨는가? (마 6:20)

㉮ 하늘 ㉯ 땅 ㉰ 바다 ㉱ 산

26. 예수님은 네 보물이 있는 그 곳에는 무엇도 있다고 하셨는가? (마 6:21)

㉮ 마음 ㉯ 믿음 ㉰ 사랑 ㉱ 소망

【정답】

20.㉯ 21.거절하지 말라 22.㉱ 23.하늘에 계신 너희 아버지
24.구제 25.㉮ 26.㉮

27. 예수님께서 사람이 겸하여 주인으로 섬길 수 없는 것은 무엇과 무엇이라 하셨는가? (마 6:24)
( )

28. 예수님께서 몸의 등불이라고 하신 것은 무엇인가? (마 6:22)
㉮ 머리 ㉯ 눈 ㉰ 얼굴 ㉱ 손

29. 예수님은 어떤 사람들이 무엇을 먹을까, 무엇을 마실까, 무엇을 입을까를 구한다고 하셨는가? (마 6:31~32)
㉮ 성도들 ㉯ 이방인들 ㉰ 바리새인들 ㉱ 가난한 사람들

30. 예수님은 무엇을 먹을까, 무엇을 마실까, 무엇을 입을까를 구하는 대신 먼저 구하라고 하신 것은 무엇인가? (마 6:31~33)
( )

31. 예수님은 먼저 하나님나라와 그 의를 구하는 사람에게 무엇을 더하여 주신다고 했는가? (마 6:25~33)
( )

32. 예수님은 한 날 괴로움은 그 날에 족하므로 내일 일은 언제 염려하라고 하셨는가? (마 6:34)
( )

33. 예수님은 비판을 받지 아니하려거든 어떻게 하라고 말씀하셨는가? (마 7:1)
㉮ 비판하지 말라 ㉯ 칭찬하라
㉰ 친해지라 ㉱ 싸우지 말라

【정답】

27.하나님과 재물 28.㉯ 29.㉯ 30.하나님의 나라와 그의 의
31.이 모든 것:의식주 32.내일 33.㉮

34. 예수님은 구하라 그러면 주실 것이요 찾으라 그러면 찾을 것이요, 그리고 어떻게 하면 열릴 것이라고 하셨는가? (마 7:7)
( )

35. 예수님은 남에게 대접을 받고자 하면 어떻게 하라고 말씀하셨는가? (마 7:12)
( )

36. 예수님은 주여주여 하는 자마다 천국에 다 들어갈 것이 아니라 누가 천국에 들어간다고 하셨는가? (마 7:21)
( )

37. 예수님은 말씀을 듣고 행하는 자는 그 집을 어디에 지은 지혜로운 사람 같다고 하셨는가? (마 7:24)
㉮ 반석 위 ㉯ 해변 ㉰ 높은 산 ㉱ 평지

38. 예수님은 말씀을 듣고 행치 아니하는 자는 그 집을 어디에 지은 어리석은 사람 같다고 하셨는가? (마 7:26)
㉮ 언덕 위에 ㉯ 모래 위에
㉰ 평지에 ㉱ 산 위에

39. 예루살렘에서 온 바리새인과 서기관들이 예수의 제자들이 떡 먹을 때에 손을 씻지 않으므로 무엇을 범한다고 비난하였는가? (마 15:1~2)
㉮ 율법 ㉯ 탈무드
㉰ 성경 말씀 ㉱ 장로들의 유전

【정답】

34.문을 두드리라 35.남을 대접하라
36.하늘에 계신 내 아버지의 뜻대로 행하는 자 37.㉮ 38.㉯ 39.㉱

40. 예수님은 사람의 입에 들어가는 것이 사람을 더럽게 하는 것이 아니라 무엇이 사람을 더럽게 한다고 하셨는가? (마 15:11)

( )

41. 예수님께서 말씀하신 사람을 더럽게 하는 것들 중에 해당되지 않는 것은 무엇인가? (마 15:19)

㉮ 마음에서 나오는 악한 생각들 ㉯ 살인, 간음, 음란
㉰ 도적질, 거짓 증거, 훼방 ㉱ 씻지 않은 손으로 먹는 것

42. 예수님께서는 어떤 세대가 표적을 구한다고 말씀하셨나? (마 16:4)

㉮ 암울한 시대 ㉯ 노아의 세대
㉰ 악하고 음란한 세대 ㉱ 이사야의 세대

43. 예수님께서 말씀하신 바리새인과 사두개인들의 누룩이란 무엇인가? (마 16:11~12)

㉮ 바리새인과 사두개인의 교훈 ㉯ 떡의 누룩 ㉰ 교만 ㉱ 재물

44. 예수님께서 음부의 권세가 이기지 못하는 것은 무엇이라고 하셨는가? (마 16:18)

( )

45. 예수님께서 베드로의 신앙고백 위에 세워지는 교회에 무엇을 주신다고 하셨나? (마 16:18~19)

( )

46. 예수님께서 예루살렘에 올라가 장로들과 대제사장들과 서기관들에게 많은 고난을 받고 죽임을 당하고 제 삼일에 살아나야 할 것을

【정답】

40.입에서 나오는 것 41.㉱ 42.㉰ 43.㉮
44.반석 위에 세운 교회 45.천국 열쇠

제자들에게 비로소 가르치신 시기는 언제인가? (마 16:21)

㉮ 오병이어의 사건 후　　㉯ 베드로의 신앙고백이 있은 후
㉰ 세례받으신 후　　㉱ 변화산 사건 후

47. 예수님께서 아무든지 나를 따라오려거든 자기를 부인하고 무엇을 지고 좇아야 한다고 하셨는가? (마 16:24)

(　　　　　)

48. 예수님께서 사람이 온 천하를 얻고도 무엇을 잃으면 유익하지 못하다고 하셨는가? (마 16:26)

㉮ 지식　　㉯ 명예
㉯ 세 목숨　　㉱ 재물

49. 예수님께서 사람이 어떻게 하면 자기 목숨을 얻을 수 있다고 하셨는가? (마 16:25)

㉮ 예수를 위하여 제 목숨을 잃으면　　㉯ 열심히 노력하면
㉰ 기도를 많이 하면　　㉱ 건강을 잘 유지하면

50. 예수님께서는 "천국에서 누가 크냐"는 제자들의 질문에 대해 어떤 자가 천국에서 크다고 답변하셨나? (마 18:1~4)

(　　　　　)

51. 예수님께서 내 이름으로 누구를 영접하면 곧 예수를 영접함이라고 하셨는가? (마 18:5)

㉮ 어린아이　㉯ 어른　㉰ 부모　㉱ 임금

52. 예수님께서 나를 믿는 소자 중 하나를 실족케 하면 차라리 무엇을 그 목에 달아 깊은 바다에 빠뜨리는 것이 낫다고 하셨나? (마 18:6)

(　　　　　)

【정답】

46.㉯　47.자기 십자가　48.㉰　49.㉮　50.어린아이와 같이 자기를 낮추는 자
51.㉮　52.연자맷돌

53. 예수님께서 나를 믿는 소자를 실족케 하는 일이 없을 수는 없으나 실족케 하는 그 사람에게는 무엇이 있다고 하셨는가? (마 18:7)

㉮ 책임 ㉯ 미안함
㉰ 화 ㉱ 심판

54. 예수님께서 불구자나 절뚝발이로 영생에 들어가는 것이 두 손과 두 발을 가지고 어디에 던져지는 것보다 낫다고 하셨는가? (마 18:8)

( )

55. 예수님은 형제가 죄를 범하면 가서 그 사람과만 상대하여 어떻게 하라고 하셨는가? (마 18:15)

㉮ 권고하라 ㉯ 책망하라 ㉰ 저주하라 ㉱ 기도하라

56. 예수님은 범죄한 형제를 혼자 가서 권고했을 때 듣지 않으면 한두 사람을 데리고 가서 두세 사람으로 어떻게 하라고 하셨나? (마 18:16)

( )

57. 예수님은 범죄한 형제가 두세 증인의 입으로 말마다 증참케 해도 듣지 않으면 어떻게 하라고 하셨는가? (마 18:16~17)

㉮ 법정으로 가라. ㉯ 돌로 치라.
㉰ 기도하라. ㉱ 교회에 말하라.

58. 예수님은 형제가 죄를 범했을 때 교회에 말해도 듣지 않으면 어떻게 하라고 하셨는가? (마 18:17)

( )

【정답】

53.㉰ 54.영원한 불 55.㉮
56.증인을 세우라. 57.㉱ 58.이방인과 세리같이 여기라.

59. 베드로가 "주여 형제가 내게 죄를 범하면 몇 번이나 용서하여 주리이까" 하고 묻자 예수님은 몇 번 용서하라고 하셨나? (마 18:21~22)
㉮ 일흔 번 ㉯ 일흔 번씩 일곱 번 ㉰ 백 번 ㉱ 한 번

60. 예수님께서는 결혼 상대자를 누가 짝지워 주신 것으로 가르치셨는가? (마 19:6)
㉮ 하나님 ㉯ 부모님 ㉰ 선생님 ㉱ 목자

61. 예수님은 이혼에 대해 뭐라고 하셨는가? (마 19:6)
㉮ 하나님이 짝지웠으니 나눌 수 없다. ㉯ 부모의 허락 후에 해라.
㉰ 당사자가 합의해서 해라. ㉱ 기도한 후에 해라.

62. 예수님은 왜 모세가 이혼을 허락했다고 하셨는가? (마 19:8)
(　　　　　)

63. 예수님께서 인정한 이혼의 유일한 조건은 무엇인가? (마 19:9)
㉮ 성격 차가 많이 남 ㉯ 음식을 잘 못함
㉰ 음행 ㉱ 혼수 물품을 조금 가지고 옴

64. 예수님께서 무슨 선한 일을 하여야 영생을 얻느냐고 묻는 청년에게 계명을 지키라고 하시며, 온전하려면 네 소유를 팔아 가난한 자들에게 주고 어떻게 하라고 하셨나? (마 19:16~21)
(　　　　　)

65. 예수님은 약대가 바늘귀로 들어가는 것이 부자가 어디에 들어가는 것보다 쉽다고 하셨는가? (마 19:24)
(　　　　　)

【정답】

59.㉯ 60.㉮ 61.㉮ 62.마음의 완악함을 인하여 63.㉰
64.와서 나를 좇으라. 65.하나님의 나라

66. 예수님께서는 약대가 바늘귀로 들어가는 것이 누가 하나님의 나라에 들어가는 것보다 쉽다고 하셨나? (마 19:24)

㉮ 부자 ㉯ 가난한 자 ㉰ 죄인 ㉱ 믿음이 적은 자

67. 예수님은 내 이름을 위하여 집이나 형제나 자매나 부모나 자식이나 전토를 버린 자마다 여러 배를 받고 무엇을 상속할 것이라 하셨는가? (마 19:29)

㉮ 믿음 ㉯ 땅 ㉰ 영생 ㉱ 천국

68. 예수님은 자신이 지실 십자가를 모세의 어떤 사건에 비유하셨는가? (요 3:14)

( )

69. 하나님께서 독생자 예수님을 이 땅에 보내신 동기는 무엇인가? (요 3:16)

㉮ 세상을 이처럼 사랑하사 ㉯ 세상이 너무 보고 싶으셔서
㉰ 세상에 살고 싶어서 ㉱ 세상이 아름다워서

70. 예수님을 이 땅에 보내신 하나님의 목적은 무엇인가? (요 3:16~17)

( )

71. 예수님을 믿지 않는 자가 받게 될 것은 무엇인가? (요 3:17~18)

㉮ 형벌 ㉯ 심판 ㉰ 상급 ㉱ 저주

72. 예수님께서는 그의 말씀을 듣고 믿는 자는 어디에서 어디로 옮겨졌다고 했는가? (요 5:24)

( )

【정답】

66.㉮ 67.㉰ 68.모세가 광야에서 뱀을 든 사건 69.㉮
70.예수님을 믿는 자마다 영생을 얻게 하려고 하심 71.㉯ 72.사망에서 생명으로

73. 예수님은 성경이 누구에 대하여 증거하는 것이라고 하셨는가? (요 5:39)
㉮ 하나님의 종 ㉯ 선지자 ㉰ 제사장 ㉱ 예수님 자신

74. 예수님은 나의 참 제자가 되려면 어떻게 하라고 하셨나? (요 8:31)
( )

75. 예수께서는 사람을 참으로 자유케 하는 것은 무엇이라고 가르치셨나? (요 8:32)
㉮ 진리 ㉯ 믿음 ㉰ 사랑 ㉱ 긍휼

76. 예수님은 죄를 범하는 자마다 누구의 종이라 하셨는가? (요 8:34)
㉮ 하나님의 종 ㉯ 사람의 종
㉰ 사단의 종 ㉱ 죄의 종

77. 예수님은 처음부터 살인한 자요 진리가 그 속에 없으며, 거짓말쟁이요 거짓의 아비로 누구를 지목하셨는가? (마 8:44)
( )

78. 예수님께서 아브라함은 누구의 때 볼 것을 보고 즐거워하고 기뻐하였다고 하셨는가? (요 8:56)
㉮ 노아 ㉯ 예수님 ㉰ 다윗 ㉱ 아담

79. 예수님께서 유대인들에게 누가 태어나기 전부터 내가 있었다고 하셨는가? (요 8:58)
㉮ 아브라함 ㉯ 야곱 ㉰ 이삭 ㉱ 모세

【정답】

73.㉱ 74.예수님의 말에 거하라. 75.㉮ 76.㉱ 77.마귀 78.㉯ 79.㉮

80. 유대인들이 예수님께 언제까지 우리 마음을 의혹케 하려 하느냐 그리스도여든 밝히 말해달라고 했던 때의 유대 절기는 무엇인가? (요 10:22~24)

㉮ 유월절 ㉯ 맥추절 ㉰ 수전절 ㉱ 성탄절

81. 예수님께서 죽은 나사로를 살리신 곳은 어디인가? (요 11:1~44)

㉮ 나사렛 ㉯ 베다니 ㉰ 베들레헴 ㉱ 예루살렘

82. 예수님께서 아버지께 구해 영원히 우리와 함께 있게 하실 분은 누구신가? (요 14:16)

㉮ 보혜사 ㉯ 주 예수님 ㉰ 하나님 ㉱ 부모님

83. 예수님은 누가 성령을 받지 못하고, 보지도 못하고, 알지도 못한다고 하셨는가? (요 14:17)

㉮ 거룩하지 못한 성도들 ㉯ 유다 사람들
㉰ 세상 ㉱ 사마리아 사람들

84. 예수님께서는 내가 너희를 누구와 같이 버려두지 아니하고 너희에게로 오리라고 하셨는가? (요 14:18)

( )

85. 예수님은 나의 계명을 잘 지키는 사람은 누구를 사랑하는 사람이라고 하셨는가? (요 14:23~24)

( )

86. 예수께서 가장 큰 계명은 마음과 목숨과 뜻과 힘을 다해 하나님을 사랑하는 것이고, 둘째 계명은 내 몸과 같이 누구를 사랑하는 것이라고 하셨나? (막 12:28~31)

( )

【정답】

80.㉰ 81.㉯ 82.㉮ 83.㉰ 84.고아 85.예수님 86.이웃

87. 예수님께서 우리에게 말한 모든 것을 생각나게 하시는 분은 누구이신가? (요 14:26)

㉮ 선생님 ㉯ 보혜사 성령 ㉰ 하나님 ㉱ 친구

88. 예수님은 사람이 친구를 위하여 해줄 수 있는 가장 큰 사랑은 무엇이라고 하셨는가? (요 15:13)

( )

89. 예수님은 어떻게 하는 사람이 예수님의 친구라고 하셨는가? (요 15:14)

( )

90. 예수님께서 제자들을 떠나가는 것이 제자들에게 유익하다고 하시면서 주께서 가시면 그가 누구를 보내신다고 하셨나? (요 16:7)

( )

91. 예수님께서 보내실 보혜사 성령이 오셔서 세상을 책망할 세 가지는 무엇인가? (요 16:8)

㉮ 죄, 의, 심판 ㉯ 믿음, 소망, 사랑
㉰ 행위, 말, 기도 ㉱ 죄, 행위, 심판

92. 예수님께서 보내실 성령이 오시면 죄에 대해 세상을 책망하실 것인데 죄에 대하여라 함은 무엇인가? (요 16:9)

㉮ 교만한 것 ㉯ 주를 믿지 않는 것
㉰ 사랑이 부족한 것 ㉱ 욕심이 많은 것

【정답】

87.㉯ 88.친구를 위해 자기 목숨을 버리는 것
89.예수님의 명령대로 행하는 사람 90.보혜사 성령 91.㉮ 92.㉯

93. 예수님께서 성도가 세상에서 환난을 당하나 담대하라고 하신 이유는 무엇인가? (요 16:33)
( )

94. 예수께서 우리를 저주하는 자를 위해 축복하고 모욕하는 자를 위해 어떻게 하라고 하셨는가? (눅 6:28)
( )

95. 예수님은 불의의 재물로 누구를 사귀라고 하셨는가? (눅 16:9)
㉮ 성도 ㉯ 이웃 ㉰ 친구 ㉱ 원수

96. 예수님은 만일 하루 일곱 번이나 우리에게 죄를 짓고 일곱 번 우리에게 돌아와 회개하거든 어떻게 하라고 하셨는가? (눅 17:4)
㉮ 용서하라 ㉯ 기도하라 ㉰ 권면하라 ㉱ 위로하라

예수님의 비유

1. 예수님의 씨 뿌리는 비유에 나타나는 네 종류의 밭이 아닌 것은 무엇인가? (마 13:4~8)
㉮ 돌밭 ㉯ 길가 ㉰ 가시떨기 ㉱ 모래밭

【정답】
93.주님께서 세상을 이기었기 때문에 94.기도하라. 95.㉰ 96.㉮ 1.㉱

2. 예수님의 말씀을 듣고 깨닫지 못할 때 악한 자가 와서 그 마음에 뿌리운 것을 빼앗는 것은 씨가 어디에 뿌려진 까닭인가? (마 13:19)
㉮ 길가 ㉯ 돌밭 ㉰ 옥토 ㉱ 가시떨기

3. 예수님의 말씀을 기쁨으로 받되 그 속에 뿌리가 없어 잠시 견디다가 환난이나 핍박 때에 넘어지는 것은 씨가 어디에 뿌려진 까닭인가? (마 13:20~21)
㉮ 바위 ㉯ 돌밭 ㉰ 바다 ㉱ 산 위

4. 예수님의 말씀을 듣고 세상의 염려와 재리의 유혹에 말씀이 막혀 결실치 못하는 자는 씨가 어디에 뿌려진 까닭인가? (마 13:22)
(   )

5. 예수님의 말씀을 듣고 깨달아 혹 백 배, 육십 배, 삼십 배 결실하는 밭은 어떤 땅인가? (마 13:23)
㉮ 좋은 땅 ㉯ 길가 ㉰ 유기농 땅 ㉱ 황토 밭

6. 예수님의 씨 뿌리는 비유에서 좋은 씨 뿌리는 이는 누구인가? (마 13:37)
(   )

7. 예수님의 씨 뿌리는 비유에서 밭은 무엇인가? (마 13:38)
㉮ 세상 ㉯ 시장 ㉰ 사람의 심령 ㉱ 산

8. 예수님의 씨 뿌리는 비유에서 좋은 씨는 누구인가? (마 13:38)
(   )

9. 예수님의 씨 뿌리는 비유에서 가라지는 누구인가? (마 13:38)
㉮ 악한 자의 아들들 ㉯ 천사들 ㉰ 성도들 ㉱ 제자들

【정답】

2.㉮ 3.㉯ 4.가시떨기 5.㉮ 6.인자=예수 7.㉮ 8.천국의 아들들 9.㉮

10. 예수님의 씨 뿌리는 비유에서 가라지를 심은 원수는? (마 13:39)
( )

11. 예수님의 씨 뿌리는 비유에서 추수 때는 언제인가? (마 13:39)
㉮ 봄 ㉯ 여름 ㉰ 가을 ㉱ 세상 끝

12. 예수님의 씨 뿌리는 비유에서 추수꾼은 누구인가? (마 13:39)
㉮ 농부 ㉯ 천사들 ㉰ 예수님 ㉱ 그리스도인

13. 예수님의 천국 비유에서 원수가 와서 곡식 가운데 덧뿌리고 간 가라지를 당장 뽑지 않고 추수 때까지 남겨두는 이유는 무엇인가? (마 13:24~29)
㉮ 가라지를 뽑다가 곡식까지 뽑을까 염려하여
㉯ 가라지가 커야 뽑기 쉬우므로
㉰ 가라지가 불쌍해서
㉱ 가라지도 나중에는 좋은 열매를 맺음으로

14. 예수께서는 천국을 사람이 자기 밭에 갖다 심은 무엇과 같다고 비유하셨는가? (마 13:31)
( )

15. 예수께서 마치 천국을 여자가 가루 서 말 속에 갖다 넣어 전부 부풀게 한 무엇과 같다고 비유하셨는가? (마 13:33)
( )

16. 예수께서는 사람이 밭에 감추인 보화를 발견한 후 숨겨 두고 기뻐하며 돌아가서 자기의 소유를 다 팔아 그 밭을 샀다고 비유하셨는데 보화는 무엇을 말하는가? (마 13:44)
( )

【정답】

10.마귀 11.㉱ 12.㉯ 13.㉮ 14.겨자씨 한 알 15.누룩 16.천국

17. 예수님께서 천국은 좋은 진주를 구하는 무엇과 같다고 하셨는가? (마 13:45)

㉮ 장사 ㉯ 소년 ㉰ 청년 ㉱ 일꾼

18. 예수님께서 천국은 좋은 진주를 구하는 장사와 같다고 하셨는데 진주는 무엇을 비유한 것인가? (마 13:45)

㉮ 보물 ㉯ 재물 ㉰ 예수 그리스도 ㉱ 천국

19. 예수님께서 천국을 좋은 진주를 구하는 장사와 같다고 하셨는데 극히 값진 진주 하나를 발견하자 어떻게 했다고 했는가? (마 13:46)

㉮ 마음을 다해 진주를 사랑했다. ㉯ 진주를 임대했다.
㉰ 자기의 소유를 다 팔아 그 진주를 샀다. ㉱ 진주를 훔쳤다.

20. 예수님은 천국 비유로 마치 바다에 치고 각종 물고기를 모으는 그물과 같으니 그물에 물고기가 가득하매 물가로 끌어내고 앉아서 좋은 것은 그릇에 담고 못된 것은 어떻게 한다고 했는가? (마 13:47~48)

㉮ 내어 버린다. ㉯ 내어다 판다.
㉰ 이웃에게 나누어 준다. ㉱ 도로 살려 준다.

21. 예수님은 양의 우리에 문으로 들어가지 아니하고 다른 데로 넘어가는 자를 누구라고 비유하셨는가? (요 10:1)

( )

22. 예수님은 양의 목자는 어디로 우리에 들어간다고 하셨는가? (요 10:2)

㉮ 문 ㉯ 담장 넘어 ㉰ 울타리 ㉱ 땅속

【정답】

17.㉮ 18.㉱ 19.㉰ 20.㉮ 21.절도, 강도 22.㉮

23. 예수님께서 목자는 누구의 이름을 각각 불러 인도하여 낸다고 하셨는가? (요 10:3)
( )

24. 자신을 양의 문이라고 주장하신 분은 누구신가? (요 10:7)
㉮ 야곱 ㉯ 다윗 ㉰ 세례 요한 ㉱ 예수 그리스도

25. 자신을 선한 목자라고 주장하신 분은 누구신가? (요 10:11)
( )

26. 예수님은 선한 목자는 누구를 위해 목숨을 버린다고 하셨는가? (요 10:11)
( )

27. 예수님은 삯꾼 목자는 이리가 오는 것을 보면 어떻게 한다고 하셨는가? (요 10:12)
㉮ 상황을 살핀 후 대처한다. ㉯ 지원군을 불러 함께 싸운다.
㉰ 양을 버리고 달아난다. ㉱ 목숨을 다해 양을 지킨다.

28. 예수님을 시험하려고 찾아온 율법사가 무엇을 하여야 영생을 얻느냐고 질문했다. 이에 대한 예수님의 답변은 무엇인가? (눅 10:25~26)
㉮ 너는 어떻게 생각하느냐? ㉯ 율법에 무엇이라 기록되었느냐?
㉰ 그것도 모르느냐? ㉱ 부모로부터 어떻게 배웠느냐?

29. 예수님은 율법사에게 강도 만난 사람에 대한 비유를 하면서 누가 강도 만난 사람을 모른 체하고 지나갔다고 하셨는가? (눅 10:30~32)
( )

【정답】
23.자기 양 24.㉱ 25.예수 그리스도 26.양 27.㉰ 28.㉯
29.제사장과 레위인

30. 예수님은 제사장과 레위인도 지나쳐버린, 길가다 강도 만난 사람을 도와준 사람은 누구라고 하셨는가? (눅 10:33~35)
㉮ 바리새인 ㉯ 서기관 ㉰ 사마리아인 ㉱ 세리

31. 예수님께서 비유하신 양 일백 마리 중에서 잃은 양 한 마리는 누구를 말하는가? (눅 15:4~7)
( )

32. 예수님께서 비유하신 양 일백 마리 중에서 잃은 양 한 마리를 찾으러 가는 목자는 누구를 의미하는가? (눅 15:1~7)
( )

33. 예수님의 열 드라크마에 관한 비유는 무엇에 대한 소중함을 일깨워 주는가? (눅 15:8~10)
㉮ 돈 ㉯ 명예 ㉰ 건강 ㉱ 영혼

34. 예수님의 열 드라크마 비유에서 잃어버린 한 드라크마를 부지런히 찾는 여인은 누구를 의미하는가? (눅 15:8~10)
( )

35. 예수님께서 비유하신 집 나간 둘째 아들은 누구를 말하는가? (눅 15:12~21)
㉮ 죄인 ㉯ 의인 ㉰ 바리새인 ㉱ 레위인

36. 예수님께서 비유하신 집 나간 둘째 아들을 기다리며 영접한 아버지는 누구를 말하는가? (눅 15:11~32)
㉮ 아담 ㉯ 노아 ㉰ 하나님 ㉱ 아브라함

【정답】

30.㉰ 31.죄인 32.하나님 33.㉱ 34.하나님 35.㉮ 36.㉰

37. 예수님의 부자와 나사로의 비유에서 자색 옷과 고운 베옷을 입고 날마다 호화로이 연락하던 부자가 죽어서 간 곳은 어디인가? (눅 16:19~23)

(   )

38. 예수님의 부자와 나사로의 비유에서 부자의 상에서 떨어진 것으로 먹고 살아가던 사람은 누구인가? (눅 16:20~21)

㉮ 에스겔 ㉯ 나사로 ㉰ 바라바 ㉱ 니고데모

39. 예수님의 부자와 나사로의 비유에서 부자의 상에서 떨어진 것을 얻어먹던 나사로가 죽어서 간 곳은 어디인가? (눅 16:20~22)

㉮ 극락 ㉯ 음부 ㉰ 아브라함의 품 ㉱ 연옥

40. 예수님의 부자와 나사로 비유에서 음부에 간 부자가 아브라함에게 구한 것은 누구를 내 아버지의 집에 보내 형제들이 음부에 오지 않게 해 달라고 하였나? (눅 16:27~28)

(   )

41. "내 형제 다섯이 있으니 저희에게 증거하여 저희로 이 고통받는 곳에 오지 않게 하소서"라고 한 부자의 간구에 대해 아브라함은 그들이 누구를 통해 들을 것이라 했는가? (눅 16:28~29)

㉮ 모세와 선지자 ㉯ 나사로 ㉰ 친구 ㉱ 친척

42. 예수님의 므나 비유에서 주인이 열 므나를 남긴 종에게 몇 고을 다스리는 권세를 주었는가? (눅 19:16~17)

㉮ 다섯 고을 ㉯ 아홉 고을 ㉰ 열 고을 ㉱ 열한 고을

【정답】

37.음부=지옥 38.㉯ 39.㉰ 40.나사로 41.㉮ 42.㉰

43. 예수님의 므나 비유에서 주인이 다섯 므나를 남긴 종에게 몇 고을 다스리는 권세를 주었는가? (눅 19:18~19)

(　　　　　　)

44. 예수님의 므나 비유에서 주인은 한 므나를 숨겨 놓았던 종에게 어떻게 말씀하셨는가? (눅 19:20~24)

㉮ 착하고 충성된 종아 잘하였도다.
㉯ 의심이 참 많구나.
㉰ 그 한 므나를 빼앗아 열 므나 있는 자에게 주라.
㉱ 앞으로는 그러지 마라.

45. 예수님께서 "한 알의 밀이 땅에 떨어져 (　　) 아니하면 한 알 그대로 있고 죽으면 많은 열매를 맺느니라"고 하셨다. (　) 안에 들어갈 말은 무엇인가? (요 12:24)

㉮ 썩지　　㉯ 살지　　㉰ 죽지　　㉱ 심지

46. 예수님께서 누구의 방문 소식을 듣고 한 알의 밀이 땅에 떨어져 죽지 아니하면 한 알 그대로 있고 죽으면 많은 열매를 맺는다는 비유를 하셨는가? (요 12:20~24)

(　　　　　　)

47. 예수님께서 천국은 마치 등을 들고 신랑을 맞으러 나간 열 처녀와 같다고 하신 비유에서 슬기로운 다섯 처녀가 미련한 다섯 처녀보다 한 가지 잘한 것은 무엇인가? (마 25:2~4)

㉮ 얼굴이 예쁨　　㉯ 찬송을 잘함
㉰ 기도를 많이 함　　㉱ 기름을 준비함

【정답】

43.다섯 고을 권세　44.㉰　45.㉰　46.헬라인　47.㉱

48. 예수님께서 천국은 마치 등을 들고 신랑을 맞으러 나간 열 처녀와 같다면서 기름을 준비하라 했는데 기름을 준비하라는 의미는 무엇인가? (마 25:1~13)
( )

49. 예수님의 달란트 비유에서 종들에게 달란트를 맡겼다가 돌아와 회계할 때 다섯 달란트 받아 다섯 달란트 남긴 자와 두 달란트 받아 두 달란트 남긴 자에게 주인이 이른 호칭은 무엇인가? (마 25:20~23)
( )

50. 예수님의 달란트 비유에서 달란트를 맡겼다가 돌아와 회계할 때 한 달란트 받아 땅에 감추어 두었다 가져온 종에게 주인이 이른 호칭이 아닌 것은 무엇인가? (마 25:24~30)
㉮ 악한 종 ㉯ 게으른 종 ㉰ 무익한 종 ㉱ 미련한 종

51. 예수님께서 "내가 주릴 때에 너희가 먹을 것을 주었고 목마를 때에 마시게 하였고 나그네 되었을 때에 영접하였고 벗었을 때에 옷을 입혔고 병들었을 때에 돌아보았고 옥에 갇혔을 때에 와서 보았느니라"고 칭찬한 자들은 예수님이 영광으로 모든 천사와 함께 올 때에 예수님 영광의 보좌 어느 편에 있던 자들인가? (마 25:34~36)
( )

52. 의인들이 주를 공궤한 적도, 마시게 한 적도, 영접한 적도, 옷 입힌 적도, 병드신 것이나 옥에 갇히신 것을 보고 가서 뵌 적도 없다고 하자 예수님께서 하신 말씀은 무엇인가? (마 25:37~40)
( )

【정답】
48.깨어 있으라. 49.착하고 충성된 종 50.㉱ 51.오른편 52.내 형제 중에 지극히 작은 자 하나에게 한 것이 곧 내게 한 것이다.

53. 예수님께서 영광으로 모든 천사와 함께 오셔서 영광의 보좌에 앉으실 때에 그 왼편에 있는 자들이 저주받아 갈 곳은? (마 25:31,41)

㉮ 감옥 ㉯ 마귀와 그 사자들을 위해 예비된 영영한 불
㉰ 천국 ㉱ 연옥

54. 예수님께서 오실 때 그 왼편에 있는 자들의 "주여 우리가 어느 때에 주의 주리신 것이나 목마르신 것이나 나그네 되신 것이나 벗으신 것이나 병드신 것이나 옥에 갇히신 것을 보고 공양치 아니하더이까?" 라는 항변에 예수님은 어떤 자에게 아니한 것이 주님께 하지 아니한 것이라고 답변하셨나? (마 25:44~45)

㉮ 지극히 작은 자 ㉯ 선지자
㉰ 제사장 ㉱ 왕

55. 예수님께서 자신은 포도나무이고 성도는 무엇이라고 하셨나? (요 15:5)

( )

56. 예수님께서 과실을 맺는 가지는 과실을 더 맺게 하려고 깨끗하게 하지만 과실을 맺지 아니하는 가지는 어떻게 하시는가? (요 15:2)

( )

57. 예수님께서 포도나무 가지는 어디에 붙어 있어야 열매를 맺는다고 하셨는가? (요 15:4)

㉮ 소나무 ㉯ 세상 ㉰ 주님 ㉱ 포도나무

【정답】

53.㉯ 54.㉮ 55.포도나무의 가지 56.제해 버리신다. 57.㉱

예수님과 성전

1. 예수님의 공생애 사역 중 성전에서 장사하는 자들을 쫓아내신 사건은 어느 절기 때 하신 일인가? (요 2:13~22, 마 21:10~13)
   (　　　　　　　)

2. 예수님은 성전을 헐면 다시 세우신다고 하셨는데 그 성전을 무엇에 비유하신 것인가? (요 2:19~21)
   (　　　　　　　)

3. 예수께서는 성전을 헐면 며칠 만에 다시 세우신다고 하셨나? (요 2:19)
   ㉮ 3일　㉯ 일주일　㉰ 한 달　㉱ 1년

4. 예수께서 성전을 3일 만에 다시 일으킨다는 것의 의미는 무엇인가? (요 2:22)
   ㉮ 예수 부활　㉯ 성령 강림　㉰ 성령 세례　㉱ 새 성전건축

예수님과 기도

1. 예수께서 가르치신 주기도에서 기도의 대상은 누구인가? (마 6:9)
   (　　　　　　　)

【정답】
1.공생애 첫 유월절과 공생애 마지막 유월절 직전 2.예수님의 육체 3.㉮ 4.㉮ 1.하나님

2. 예수께서 가르치신 주기도에서 가장 먼저 기도하라고 하신 것은 무엇인가? (마 6:9)

(　　　　　　)

3. 예수께서 가르치신 주기도에서 이 땅에 임하기를 기도하라고 하신 것은 무엇인가? (마 6:10)

㉮ 하나님의 나라　　㉯ 기쁨
㉰ 하늘의 평화　　㉱ 주님의 사랑

4. 예수께서 가르치신 주기도에서 뜻이 하늘에서 이룬 것 같이 어디서도 이루어지기를 기도하라고 하셨는가? (마 6:10)

㉮ 땅　㉯ 천국　㉰ 심령　㉱ 교회

5. 예수께서 가르치신 주기도에서 얼마 만큼의 양식을 달라고 기도하라 하셨는가? (마 6:11)

㉮ 한 달 양식　　㉯ 두 달 양식
㉰ 하루 양식　　㉱ 일주일 양식

6. 예수께서 가르치신 주기도에서 누가 먹을 양식을 위해 기도하라고 하셨는가? (마 6:11)

(　　　　　　)

7. 예수께서 가르치신 주기도에서 우리의 죄를 사함받기 위해서 어떻게 기도하라고 하셨는가? (마 6:12)

(　　　　　　)

【정답】

2.아버지의 이름이 거룩히 여김을 받으시기를　3.㉮　4.㉮　5.㉰　6.우리
7.우리가 우리에게 죄 지은 자를 사해 준 것같이 사하여 달라고

8. 예수님은 주기도를 통해 우리가 시험에 들지 않기를 위해 어떻게 할 것을 가르치시는가? (마 6:13)

㉮ 봉사 ㉯ 예배 ㉰ 찬양 ㉱ 기도

9. 예수께서 가르치신 주기도에서 나라와 권세와 영광이 누구에게 영원히 있다고 하셨는가? (마 6:13)

㉮ 하나님 아버지 ㉯ 아들 ㉰ 선지자 ㉱ 제사장

10. 예수님은 우리에게 기도할 때에 어디에 들어가 문을 닫고 은밀한 중에 계신 아버지께 기도하라고 하셨는가? (마 6:6)

(　　　　　　)

11. 예수님은 우리에게 기도할 때에 누구와 같이 중언부언하지 말라고 하셨는가? (마 6:7)

㉮ 이방인 ㉯ 믿음 없는 자
㉰ 세리 ㉱ 교만한 자

12. 예수께서는 우리가 원수를 사랑하며, 우리를 미워하는 자에게 어떻게 하기를 원하셨는가? (눅 6:27)

(　　　　　　)

13. 예수님은 어떤 사람이 응답받을 것이라 말씀하셨는가? (눅 11:10)

㉮ 원수를 사랑하는 자 ㉯ 믿음이 많은 자
㉰ 겸손한 자 ㉱ 구하는 자

14. 예수님께서는 어떤 사람이 구한 것을 찾을 것이라 말씀하셨는가? (눅 11:10)

㉮ 찾는 이 ㉯ 구하는 이 ㉰ 두드리는 이 ㉱ 선행하는 이

【정답】

8.㉱ 9.㉮ 10.골방 11.㉮ 12.선대 13.㉱ 14.㉮

15. 예수님은 어떤 사람에게 문이 열릴 것이라고 하셨는가? (눅 11:10)

( )

16. 예수님은 누구 이름으로 구하면 받으리라고 하셨는가? (요 16:24)

㉮ 예수의 이름으로 ㉯ 하나님의 이름으로

㉰ 마리아의 이름으로 ㉱ 아브라함의 이름으로

17. 요한복음 17장은 예수님께서 잡히시기 전 마지막으로 누구를 위해 마음을 다해 기도한 내용이 기록되었나?

㉮ 친구 ㉯ 제자들 ㉰ 이웃 ㉱ 성도

18. "내 아버지여 만일 할 만하시거든 이 잔을 내게서 지나가게 하옵소서 그러나 나의 원대로 마옵시고 아버지의 원대로 하옵소서." 이 기도는 예수님께서 마지막 만찬을 마치시고 어디에서 기도하신 내용인가? (마 26:36~39)

( )

19. 예수님께서는 너희 중에 두 사람이 땅에서 합심하여 무엇이든지 구하면 누가 저희를 위하여 이루게 한다고 하셨는가? (마 18:19)

( )

20. 예수님께서는 두세 사람이 주의 이름으로 모인 곳에는 누가 그들 중에 있다고 하였는가? (마 18:20)

( )

【정답】

15.두드리는 이 16.㉮ 17.㉯ 18.겟세마네

19.하늘에 계신 내 아버지 20.예수님

21. 예수님의 기도에 대한 교훈 중 어떤 도시에 하나님을 두려워 아니하고 사람을 무시한 자는 누구인가? (눅 18:2)

㉮ 왕 ㉯ 제사장 ㉰ 바리새인 ㉱ 재판관

22. 하나님을 두려워 아니하고 사람을 무시한 재판관에게 자주 가서 자기 원수에 대한 원한을 풀어달라고 요청한 사람은 누구인가? (눅 18:3)

( )

23. 재판관이 자기 원수에 대한 원한을 풀어달라고 요청한 과부의 간청을 들어 주리라고 생각한 것은 무엇 때문인가? (눅 18:5)

㉮ 과부가 불쌍해서 ㉯ 늘 와서 괴롭게 하였기 때문에
㉰ 과부가 기도해서 ㉱ 누군가 봐주라고 압력을 넣어서

24. 예수님은 재판관과 과부의 비유를 통해 하나님께서는 그 밤낮 부르짖는 택하신 자들의 원한을 어떻게 하여 주신다고 하셨는가? (눅 18:7~8)

( )

25. 예수님께서는 재판관과 과부의 비유를 통해 기도 응답에 필요한 것은 무엇이라고 말씀하셨는가? (눅 18:8)

㉮ 믿음 ㉯ 소망 ㉰ 사랑 ㉱ 열심

26. 예수님께서는 재판관과 과부의 비유를 통해 항상 기도하고 어떻게 할 것을 말씀하셨는가? (눅 18:1)

( )

【정답】

21.㉱ 22.과부 23.㉯ 24.속히 풀어 주신다. 25.㉮ 26.낙망치 말 것

27. 예수님께서는 우리에게 재판관과 과부의 비유를 통해 언제까지 기도하라고 교훈해 주시는가? (눅 18:7)

㉮ 기간을 정해놓고　　㉯ 100일 동안
㉰ 응답받을 때까지　　㉱ 1년 동안

28. 예수님께서 자기를 의롭다고 믿고 다른 사람을 멸시하는 자들에게 비유로 말씀하신 것은? (눅 18:9~10)

㉮ 세리와 바리새인의 기도　　㉯ 열 처녀 비유
㉰ 여리고에서 강도를 만난 사람　　㉱ 씨 뿌리는 비유

29. "하나님이여 나는 다른 사람들과 같지 아니하고 이 세리와도 같지 아니하고 소득의 십일조를 드립니다"라고 기도한 사람은 누구인가? (눅 18:11~12)

(　　　　　　)

30. 멀리 서서 감히 눈을 들어 하늘을 우러러보지도 못하고 다만 가슴을 치며 "하나님이여 불쌍히 여기옵소서 나는 죄인이로소이다" 라고 기도한 사람은 누구인가? (눅 18:13)

(　　　　　　)

31. 예수님은 바리새인과 세리의 기도를 비유로 말씀하시면서 우리에게 누구의 기도와 같이 기도할 것을 교훈하시는가? (눅 18:14)

(　　　　　　)

【정답】

27.㉰　28.㉮　29.바리새인　30.세리　31.세리

예수님과 안식일

1. 예수께서 가버나움 회당에서 가르치심을 시작할 때 귀신들린 자가 언제 주님을 하나님의 아들로 알아보았는가? (막 1:21~24, 눅 4:31~34)
   ㉮ 성탄절　㉯ 안식일　㉰ 주일　㉱ 유월절

2. 예수님에 대한 소문이 갈릴리 사방에 퍼지게 된 주요한 동기는 무엇인가? (막 1:21~28, 눅 4:31~37)
   (　　　　　　)

3. 예수님과 제자들이 밀밭 사이를 지나다가 제자들이 시장하여 밀 이삭을 잘라먹은 날은 언제인가? (마 12:1)
   (　　　　　　)

4. 예수님의 제자들이 밀 이삭을 먹었다고 바리새인들이 시비한 까닭은 무엇인가? (마 12:1~2)
   (　　　　　　)

5. 예수님께서 안식일에 일을 해서는 안 된다는 바리새인들에게 안식일이라도 성전에서 하는 일은 죄가 되지 않는다며 든 예가 아닌 것은

【정답】

1.㉯　2.안식일에 회당에서 귀신들린 자를 고쳐 주심　3.안식일
4.안식일에 하지 말아야 할 일을 했다고

무엇인가? (마 12:4~8)

㉮ 다윗도 안식일 날 진설병을 먹었다.
㉯ 안식일 날 제사장들도 성전에서 일한다.
㉰ 안식일 오전에는 일을 해도 된다.
㉱ 인자는 안식일의 주인이다.

6. 예수님과 함께 다닌 제자들이 안식일에 한 일이 죄가 되지 않는 이유는 예수님이 무엇보다 크시기 때문인가? (마 12:5~6)
( )

7. 안식일의 주인은 누구신가? (마 12:8)
㉮ 예수 그리스도 ㉯ 성도 ㉰ 제사장 ㉱ 왕

8. 바리새인들이 예수님을 죽이려고 한 중요한 까닭은 무엇인가? (마 12:9~14)
㉮ 안식일에 일한다고 ㉯ 자신들을 책망하므로
㉰ 왕의 신임을 얻으려고 ㉱ 예수님이 병을 잘 고치므로

9. 예수님은 안식일에 일한다고 핍박하는 바리새인들에게 "내 ( )께서 이제까지 일하시니 나도 일한다"라고 말씀하셨다. ( ) 안에 들어갈 말은 무엇인가? (요 5:16~17)
( )

10. 예수님께서 핍박을 받으시면서도 안식일에 기적을 행하신 이유에 해당되지 않는 것은 무엇인가? (마 12:8~13, 요 5:16~17)
㉮ 바리새인들과 싸우시려고
㉯ 안식일의 주인이시기에
㉰ 하나님께서 안식일에도 일하셔서
㉱ 죄인들을 불쌍히 여기셔서

【정답】

5.㉰ 6.성전 7.㉮ 8.㉮ 9.아버지 10.㉮

예수님의 기적·치유·축귀

1. 가버나움에서 예수님께 나아와 자신의 중풍병 들린 하인을 고쳐달라고 했던 사람은 누구인가? (마 8:5~6)
   ㉮ 왕의 신하　㉯ 제사장　㉰ 나아만 장군　㉱ 백부장

2. 예수님께 나아온 백부장은 자신의 중풍병 들린 하인을 어떻게 고쳐 주시기를 청했는가? (마 8:8)
   ㉮ 약을 주옵소서.　㉯ 집에 오시지 말고 말씀만 하옵소서.
   ㉰ 제자들을 보내 주소서.　㉱ 집에 와서 안수하여 주옵소서.

3. 예수님께서 "이스라엘 중에서도 이만한 믿음은 만나 보지 못하였노라"고 하신 말씀은 누구의 믿음을 칭찬하신 말씀인가? (눅 7:2~9)
   (　　　　　)

4. 열병으로 고생하는 베드로의 장모를 누가 고쳤는가? (마 8:14~15)
   (　　　　　)

5. 예수님께서 귀신들을 쫓아내시고 병든 자를 다 고치심은 선지자 중 누가 예언한 "우리 연약한 것을 친히 담당하시고 병을 짊어지셨도다"라고 한 말씀을 이루려 하심인가? (마 8:16~17)
   ㉮ 이사야　㉯ 예레미야　㉰ 에스겔　㉱ 아모스

【정답】

1.㉱　2.㉯　3.백부장　4.예수님　5.㉮

6. 예수님과 제자들이 갈릴리 호수를 건너다 바다에 큰 놀이 일어나 물결이 배에 덮이게 되었을 때 제자들이 주께 구원을 요청하자 예수님께서 바다와 바람을 잠잠케 하신 방법은 무엇인가? (마 8:24~26)
㉮ 기도하심 ㉯ 손을 내미심
㉰ 찬송하심 ㉱ 바람과 바다를 꾸짖으심

7. 예수님과 제자들이 갈릴리 호수를 건너다 물결이 배에 덮이게 되었을 때 제자들이 주무시는 예수님을 깨우자, 제자들에게 무엇이 적다고 하셨나? (마 8:26)
㉮ 기도 ㉯ 믿음
㉰ 능력 ㉱ 지혜

8. 예수님께서 가다라 지방에서 만난 귀신 들린 사람이 거주한 곳은 어디인가? (마 8:28)
( )

9. 예수님께서 가다라 지방에서 만난 귀신 들린 사람에게 있던 귀신이 예수님을 부른 호칭은 무엇인가? (마 8:28~29)
( )

10. 예수님께서 가다라 지방에서 만난 귀신 들린 사람에게 들어간 귀신의 정체는 무엇인가? (막 5:2~9)
( )

11. 예수님께서 가다라 지방에서 만난 귀신 들린 사람 속에 들어간 귀신은 예수께 어디로 가기를 청했는가? (마 8:28~31)
㉮ 바다 ㉯ 땅 속
㉰ 지옥 ㉱ 돼지 떼

【정답】
6.㉱ 7.㉯ 8.무덤 사이 9.하나님의 아들 10.군대귀신 11.㉱

12. 예수님께 고침받은 거라사(가다라)인의 땅에 군대귀신들렸던 사람은 예수께서 자기에게 큰 일 행하신 것에 대해 어떤 반응을 보였는가? (눅 8:26~39)

( )

13. 예수님께서 친구들에 의해 침상에 매여 나온 중풍병자에게 이르신 말씀은 무엇인가? (마 9:2)

㉮ 네 죄사함을 받았느니라. ㉯ 네 죄의 값이다.
㉰ 다시는 범죄하지 말라. ㉱ 중풍병은 고치기 어렵다.

14. 예수님께서 중풍병자에게 "소자야 안심하라 네 죄사함을 받았느니라"고 하시자, 서기관들은 어떻게 생각했는가? (마 9:2~3)

( )

15. 예수님께서 침상의 중풍병자에게 "일어나 네 침상을 가지고 집으로 가라" 하시자, 중풍병자는 어떻게 했는가? (마 9:6~7)

㉮ 일어나 집으로 돌아갔다. ㉯ 주님을 따랐다.
㉰ 침상을 부수어버렸다. ㉱ 어리둥절하고 있었다.

16. 예수님께 고침받은 중풍병자가 일어나 집으로 돌아가자 무리들이 누구에게 영광을 돌렸는가? (마 9:6~8)

㉮ 친구들 ㉯ 부모 ㉰ 형제 ㉱ 하나님

17. 예수께서 열두 해 혈루증을 앓는 여자를 만난 시점은 언제인가? (마 9:18~20)

( )

【정답】

12. 온 성에 전파하였다. 13.㉮ 14.이 사람이 참람하도다. 15.㉮ 16.㉱
17.한 직원으로부터 딸을 살려 달라는 청을 받고 가시던 길

18. 열두 해 혈루증을 앓는 여자를 괴롭게 하고 재산을 다 허비하게 한 사람들은 누구인가? (막 5:25~26)

㉮ 의원들 ㉯ 동네 사람들
㉰ 가족들 ㉱ 바리새인들

19. 열두 해 혈루증을 앓는 여자가 예수님을 만났을 때 어떻게 하여 고침을 받았는가? (마 9:20~22)

( )

20. 열두 해 혈루증을 앓는 여자가 예수님의 옷을 만졌을 때 예수께서 하신 말씀은 무엇인가? (마 9:20~22)

㉮ 누구냐? ㉯ 딸아 안심하라 네 믿음이 너를 구원하였다.
㉰ 나를 따르라. ㉱ 네 죄사함을 받았다.

21. 예수께서 야이로의 딸인 죽은 소녀에게 하신 말씀은 무엇인가? (막 5:22,41)

㉮ 달리다굼 ㉯ 에바다 ㉰ 샬롬 ㉱ 할렐루야

22. 예수께서 야이로의 딸을 살리신 후 길가다 만난 두 소경이 주님을 부른 호칭은 무엇인가? (마 9:23~27)

㉮ 다윗의 자손 ㉯ 하나님 ㉰ 주님 ㉱ 메시아

23. 예수께서 야이로의 딸을 살리신 후 길가다 만난 두 소경의 눈을 만지시며 하신 말씀은 무엇인가? (마 9:27~29)

( )

24. 예수께서 귀신들려 벙어리 된 자를 고치자 바리새인들은 저가 누

【정답】

18.㉮ 19.예수님의 겉옷 가를 만짐. 20.㉯ 21.㉮ 22.㉮
23.너희 믿음대로 되라

구를 빙자하여 귀신을 쫓아낸다고 했는가? (마 9:32~34)
㉮ 아브라함 ㉯ 귀신의 왕 ㉰ 하나님 ㉱ 성령님

25. 예수께서 가장 많은 능력을 행하신 세 고을에 들지 않는 곳은 어디인가? (마 11:20~24)
㉮ 고라신 ㉯ 벳새다 ㉰ 베다니 ㉱ 가버나움

26. 예수께서 많은 능력을 보고도 믿지 않으므로 어느 고을을 향해 심판 날에 소돔 땅이 너보다 견디기 쉬우리라고 하셨나? (마 11:23~24)
㉮ 가버나움 ㉯ 나사렛 ㉰ 예루살렘 ㉱ 베들레헴

27. 예수님께서 공생애 동안 사셨던 고을은 어디인가? (마 4:13)
(   )

28. 예수님께서 공생애 이전에 사셨던 곳은 어디인가? (마 2:23)
㉮ 빌립보 ㉯ 나사렛 ㉰ 갈릴리 ㉱ 가버나움

29. 예수님께서 태어나신 곳은 어디인가? (마 2:1~8)
㉮ 애굽 ㉯ 나사렛 ㉰ 베들레헴 ㉱ 고린도

30. 예수께서 귀신들려 눈 멀고 벙어리 된 자를 고쳐 주시자 무리가 다 놀라 이는 다윗의 자손이 아니냐고 하자, 바리새인들은 누구의 힘을 입지 않고는 귀신을 쫓아내지 못한다고 했는가? (마 12:22~24)
(   )

31. 예수께서 바리새인들에게 내가 하나님의 성령을 힘입어 귀신을 쫓아내는 것이면 무엇이 이미 너희에게 임하였다고 하셨나? (마 12:28)
㉮ 귀신 ㉯ 성령 ㉰ 기쁨 ㉱ 하나님의 나라

【정답】

24.㉯ 25.㉰ 26.㉮ 27.가버나움 28.㉯ 29.㉰
30.귀신의 왕 바알세불 31.㉱

32. 예수께서 사람의 모든 죄와 훼방은 사하심을 얻되 무엇을 훼방하는 죄는 사하심을 얻지 못한다고 하셨는가? (마 12:31)

㉮ 믿음 ㉯ 성령 ㉰ 하나님 ㉱ 율법

33. 빈들에서 예수님의 말씀을 듣다 저녁 때가 되자 무리를 보내어 먹을 것을 사먹게 하자는 제자들의 요청에 예수님께서 하신 말씀은 무엇인가? (마 14:15~16)

㉮ 사오너라. ㉯ 만들어라.
㉰ 금식하자. ㉱ 너희가 먹을 것을 주어라.

34. 예수께서 제자들에게 빈들에서 말씀을 듣던 무리에게 저녁이 되어 먹을 것을 주라고 하자 제자들이 가지고 온 양식은 무엇인가? (마 14:15~17)

( )

35. 예수께서 빈들에서 축사하심으로 떡 다섯 개와 물고기 두 마리로 배불리 먹은 사람은 여자와 아이 외에 몇 명인가? (마 14:19~21)

( )

36. 예수께서 베푸신 오병이어의 표적에 대한 백성들의 반응은 어떠하였는가? (요 6:11~14)

㉮ 주님의 제자가 됨 ㉯ 주님을 하나님의 아들로 믿음
㉰ 하나님께 영광을 돌림 ㉱ 세상에 오실 선지자라고 말함

37. 예수께서 그가 베푸신 오병이어의 기적을 본 사람들이 다시 예수님을 찾아온 근본 이유는 무엇이라고 말씀하셨는가? (요 6:26)

( )

【정답】

32.㉯ 33.㉱ 34.떡 다섯 개와 물고기 두 마리 35.오천 명
36.㉱ 37.떡을 먹고 배불렀기 때문에

38. 오병이어의 기적을 통해 육체적으로 배부른 떡만 찾는 사람들에게 예수님은 자신을 어떤 떡으로 소개하시는가? (요 6:51)

㉮ 하늘에서 내려온 산 떡이다.
㉯ 광야에서 먹은 만나다.
㉰ 한 번 먹으면 영원히 배고프지 않은 떡이다.
㉱ 성만찬에 사용하는 떡이다.

39. 오병이어의 기적을 통해 예수님은 자신의 살과 피를 무엇으로 소개하시는가? (요 6:55)

(　　　　　　　)

40. 예수께서 오병이어의 기적을 본 사람들에게 주의 살을 먹고 피를 마시는 자가 살리라고 하자 주님을 찾았던 사람들은 어떻게 했는가? (요 6:54~66)

(　　　　　　　)

41. 내 살과 피를 먹어야 산다는 주의 말씀에 많은 이들이 떠났으며 주께서 제자들에게 너희도 가려느냐고 하자 "영생의 말씀이 계시매 우리가 뉘게로 가오리이까"라고 대답한 제자는 누구인가? (요 6:66~68)

㉮ 베드로　㉯ 안드레　㉰ 빌립　㉱ 사도 요한

42. 예수께서 축사하신 떡 다섯 개와 물고기 두 마리로 여자와 아이 외에 오천 명이 먹고 얼마만큼 남았는가? (마 14:20~21)

㉮ 열 바구니　㉯ 열두 바구니　㉰ 열세 바구니　㉱ 열네 바구니

43. 예수께서 물 위로 걸어오실 때 베드로가 한 말은? (마 14:25~28)

(　　　　　　　)

【정답】

38.㉮　39.참된 양식, 참된 음료　40.많은 사람들이 떠나고 다시 예수님과 함께 다니지 아니함.　41.㉮　42.㉯　43.나를 명하사 물 위로 오라 하소서.

44. 물 위로 걸어오신 주님을 향해 제자들이 고백한 말은 무엇인가? (마 14:25~33)
( )

45. 두로와 시돈 지방에서 예수를 만난 가나안 여자가 귀신들린 자기 딸을 구해 달라면서 예수님을 향해 부른 호칭은 무엇인가? (마 15:22)
㉮ 주 다윗의 자손 ㉯ 메시아 ㉰ 선지자 ㉱ 랍비

46. 예수님께 가나안 여인이 귀신들린 딸을 고쳐 달라고 하자 예수님은 "나는 ( )의 잃어버린 양 외에는 다른 데로 보내심을 받지 아니하였노라"고 말씀하셨다. ( ) 안에 들어갈 말은? (마 15:22~24)
( )

47. 귀신들린 딸을 둔 가나안 여인이 예수님께 개들도 제 주인의 상에서 떨어지는 부스러기를 먹는다고 하자 주님께서 하신 말씀은 무엇인가? (마 15:27~28)
㉮ 네 죄사함을 받았다.
㉯ 생각해보자.
㉰ 여자야 네 믿음이 크도다. 네 소원대로 되리라.
㉱ 귀찮게 하지 말라.

48. 예수께서 광야의 배고픈 4천 명을 먹이실 때 사용한 양식은 무엇인가? (마 15:32~34)
( )

49. 예수께서 축사하신 후 떡 일곱 개와 작은 생선 두어 마리로 여자와 아이 외에 4천 명이 먹고 얼마만큼 남았는가? (마 15:36~38)
㉮ 다섯 광주리 ㉯ 일곱 광주리 ㉰ 열 광주리 ㉱ 열두 광주리

【정답】

44.하나님의 아들이로소이다. 45.㉮ 46.이스라엘 집 47.㉰
48.떡 일곱 개와 작은 생선 두어 마리 49.㉯

50. 예수께서는 악하고 음란한 세대가 무엇을 구한다고 말씀하셨는가? (마 16:4)

( )

51. 예수님은 하늘로부터 오는 표적을 구하는 자들에게 어떤 표적을 보여 주신다고 말씀하셨는가? (마 16:4)

㉮ 하늘의 표적 ㉯ 크고 놀라운 표적
㉰ 요나의 표적 ㉱ 가나의 표적

52. 예수께서 변화산에 동행시킨 제자들은 누구인가? (마 17:1)

( )

53. 변화산에서 예수님의 얼굴이 해 같이 빛나며 옷이 빛과 같이 희어질 때 예수님과 더불어 말한 사람들은 누구인가? (마 17:2~3)

㉮ 아브라함과 사라 ㉯ 이사야와 세례 요한
㉰ 모세와 엘리야 ㉱ 아담과 하와

54. 예수께서 변화하시자 "주여 우리가 여기 있는 것이 좋사오니 주께서 만일 원하시면 내가 여기서 초막 셋을 짓되 하나는 주를 위하여, 하나는 모세를 위하여, 하나는 엘리야를 위하여 하리이다"라고 말한 제자는 누구인가? (마 17:4~5)

( )

55. 예수께서 간질로 심히 고생하여 자주 불에도 넘어지며 물에도 넘어지는 아이를 제자들은 왜 고치지 못했다고 하셨나? (마 17:15~20)

㉮ 믿음이 적은 연고라. ㉯ 너희 능력으로는 할 수 없단다.
㉰ 더 기도하라. ㉱ 내일 고칠 것이다.

【정답】

50.표적 51.㉰ 52.베드로와 야고보와 그 형제 요한
53.㉰ 54.베드로 55.㉮

56. 예수께서 가나 혼인잔치에 참석하셨을 때 가장 큰 문제는 무엇이었는가? (요 2:3)
㉮ 사람이 없음 ㉯ 떡이 모자람
㉰ 포도주가 모자람 ㉱ 신부가 사라짐

57. 가나 혼인잔칫집에서 포도주가 떨어졌다고 예수님께 알린 사람은 누구인가? (요 2:3)
( )

58. 가나 혼인잔칫집에서 포도주가 떨어진 사실을 예수님의 모친이 예수님께 고하자, 예수께서 하신 말씀은 무엇인가? (요 2:3~4)
㉮ 알았습니다. ㉯ 여자여 나와 무슨 상관이 있나이까?
㉰ 어쩌란 말입니까? ㉱ 포도주를 사오세요.

59. 가나 혼인잔치에 참석하신 예수께서 어떤 방법으로 포도주를 공급해 주셨는가? (요 2:7~9)
㉮ 물로 포도주를 만들어서 ㉯ 포도주를 사오셔서
㉰ 숨겨둔 포도주를 찾아내셔서 ㉱ 포도즙을 사용하셔서

60. 예수께서 가나에서 병들어 죽어가는 왕의 신하의 아들을 살리신 방법은 무엇인가? (요 4:46~51)
( )

61. 예수님께서 왕의 신하의 아들을 살리신 일은 갈릴리로 오신 후 행하신 몇 번째 표적인가? (요 4:46~54)
㉮ 첫 번째 ㉯ 두 번째 ㉰ 세 번째 ㉱ 네 번째

【정답】

56.㉰ 57.예수의 어머니 마리아 58.㉯ 59.㉮
60.아들이 살았다고 말씀하심으로 61.㉯

62. 예수께서 베데스다 못가에서 고쳐 주신 병자는 몇 년 동안 병으로 누워 있었는가? (요 5:2~8)

㉮ 42년 ㉯ 38년 ㉰ 15년 ㉱ 12년

63. 예수께서 베데스다 못가의 38년 된 병자에게 하신 질문은 무엇인가? (요 5:6)

㉮ 네가 낫고자 하느냐? ㉯ 돌봐 주는 이가 아무도 없느냐?
㉰ 몇 살이냐? ㉱ 이 곳에 몇 년 동안 있었느냐?

64. 예수께서 베데스다 못가의 38년 된 병자를 고치심에 대해 유대인들이 옳지 않다고 한 이유는 무엇인가? (요 5:10)

( )

65. 예수께서 길 가실 때에 보았던 날 때부터 소경 된 사람은 누구의 죄 때문이냐고 묻는 제자들에게 어떻게 대답하셨는가? (요 9:1~3)

( )

66. 예수께서 날 때부터 소경된 사람에게 진흙을 이겨 눈을 뜨게 하신 날은 언제인가? (요 9:14)

㉮ 유월절 ㉯ 수장절 ㉰ 안식일 ㉱ 맥추절

67. 한 소경이 고침받아 눈을 뜨게 된 것은 예수께서 침을 뱉아 진흙을 이겨 소경의 눈에 바르시고 어디에 가서 씻게 하심으로 된 일인가? (요 9:16~34)

( )

68. 예수께서 눈에 진흙을 바르시고 실로암 못에서 씻게 하심으로 소경되었다가 나음받은 사람은 예수를 어떤 분으로 알았는가? (요 9:17)

㉮ 다윗의 자손 ㉯ 선지자 ㉰ 의사 ㉱ 사도

【정답】

62.㉯ 63.㉮ 64.안식일을 범했기 때문
65.하나님의 하시는 일을 나타내고자 하심이니라 66.㉰ 67.실로암 못 68.㉯

69. 바리새인들이 소경되었다 나은 자의 부모에게 나은 자가 진짜 당신 아들이냐, 어떻게 나았느냐고 묻자, 대답을 아들에게 미룬 이유는 무엇인가? (요 9:18~22)

( )

70. 예수께서 갈릴리 가버나움 동네에 내려오사 안식일에 가르치셨는데 듣는 이들이 그 가르치심에 왜 놀랐는가? (눅 4:31~32)

㉮ 말씀에 권세가 있으므로　㉯ 얼굴에서 광채가 나므로
㉰ 병을 잘 고치므로　㉱ 예언을 잘하므로

71. 예수께서 사람들이 메고 나오는 한 과부의 죽은 아들을 살려준 곳은 어디인가? (눅 7:11~15)

㉮ 예루살렘　㉯ 베들레헴　㉰ 가버나움　㉱ 나인성

72. 예수님은 칠십 인을 전도대로 세워 친히 가시려는 곳에 몇 명씩 짝지워 앞서 보내셨는가? (눅 10:1)

( )

73. 예수께서 보내신 칠십 인이 기쁨으로 돌아와 주의 이름으로 누가 우리에게 항복하더라고 말하였나? (눅 10:17)

㉮ 바리새인들　㉯ 사마리아인들　㉰ 귀신들　㉱ 이방인들

74. 예수님께서는 돌아온 칠십 인이 주의 이름으로 귀신이 항복하더라고 하자 귀신이 항복하는 것으로 기뻐하지 말고 무엇으로 기뻐하라고 하셨는가? (눅 10:17~20)

( )

【정답】

69.출교를 두려워하여　70.㉮　71.㉱　72.두 명　73.㉰
74.너희 이름이 하늘에 기록된 것으로 기뻐하라

75. 예수께서 사마리아와 갈릴리 사이를 지나 예루살렘으로 가시다가 한 촌에서 만난 사람들은 누구인가? (눅 17:11~12)

㉮ 문둥병자 열 명 ㉯ 사마리아 여인들
㉰ 귀신들린 자들 ㉱ 소경들

76. 예수님을 만난 열 명의 문둥병자들은 예수님께 무엇을 요청했는가? (눅 17:11~13)

㉮ 우리와 함께하여 주소서. ㉯ 기도해 주소서.
㉰ 죽여 주소서. ㉱ 긍휼히 여기소서.

77. 문둥병자 열 명이 예수님께 우리를 긍휼히 여겨달라고 말하자 예수님은 누구에게 가서 너희 몸을 보이라고 하셨는가? (눅 17:12~14)

( )

78. 고침받은 열 명의 문둥병자들 가운데 예수님께 찾아와 감사한 사람은 몇 명인가? (눅 17:12~15)

㉮ 열 명 모두 ㉯ 두 명
㉰ 아홉 명 ㉱ 한 명

79. 고침받은 열 명의 문둥병자들 가운데 예수님께 찾아와 감사한 사마리아인에게 예수님께서 하신 말씀은 무엇인가? (눅 17:12~19)

( )

【정답】

75.㉮ 76.㉱ 77.제사장들 78.㉱
79.일어나 가라 네 믿음이 너를 구원하였다.

예수님의 고난
(십자가 지시기 6일 전부터 무덤까지)

1. 예수님께서 벳바게에 오셨을 때 두 제자에게 맞은편 마을로 가서 매인 나귀와 함께 있는 나귀 새끼를 풀어오라면서 누가 묻거든 어떻게 답하라고 하셨나? (마 21:1~3)
   ㉮ 값을 지불하겠다고 하라. ㉯ 나중에 돌려준다고 하라.
   ㉰ 주가 쓰시겠다 하라. ㉱ 하나님께 바치라고 하라.

2. 예수께서 나귀를 타시고 예루살렘으로 들어가심은 누구로 하신 말씀을 이루려 하심인가? (마 21:2~5, 슥 9:9)
   (   )

3. 선지자가 예언한 나귀 새끼를 타고 임하시는 분의 신분은 무엇인가? (마 21:5)
   ㉮ 선지자 ㉯ 제사장 ㉰ 천사 ㉱ 왕

4. 예수께서 나귀 타고 예루살렘으로 가시는 길에 나온 무리가 예수님

【정답】

1.㉰ 2.스가랴 선지자 3.㉱

을 부른 호칭은 무엇인가? (마 21:9)

(　　　　　　)

5. 예수께서 나귀 타고 예루살렘 성전에 들어와 어떤 자들을 쫓아냈는가? (마 21:12)

㉮ 성전 안에서 매매하는 모든 자들　　㉯ 바리새인과 서기관들
㉰ 성전에 있는 모든 사람들　　㉱ 제사장들

6. 예수께서 성전에서 매매하는 자들을 내쫓으시고 돈 바꾸는 자들의 상과 비둘기 파는 자들의 의자를 둘러엎으시며 하신 말씀은 무엇인가? (마 21:12~13, 눅 19:46)

㉮ 내 집은 기도하는 집이라.　　㉯ 성전을 더럽게 말라.
㉰ 내 집은 찬양하는 집이라.　　㉱ 내 집은 예배하는 집이라.

7. 예수께서 날마다 성전에서 가르치시니 대제사장들과 서기관들과 백성의 두목들이 예수님을 죽이려고 꾀하되 어찌할 방침을 찾지 못한 까닭은 무엇인가? (눅 19:47~48)

(　　　　　　)

8. 예수님께서 가난한 과부에게 다른 사람보다 헌금을 많이 했다고 칭찬하신 이유는 무엇인가? (눅 21:4)

㉮ 생활비의 일부를 헌금했다.　　㉯ 생활비 전부를 헌금했다.
㉰ 한 달란트를 헌금했다.　　㉱ 한 데나리온을 헌금했다.

9. 예수께서 예루살렘에 나귀 타고 입성하셨다가 나와서 주무신 곳은 어디인가? (마 21:17)

(　　　　　　)

【정답】

4.호산나 다윗의 자손이여　5.㉮　6.㉮
7.백성이 다 그에게 귀를 귀울여 들으므로　8.㉯　9.베다니

10. 예수께서 나귀 타고 예루살렘에 입성하셨다가 저녁에 베다니에서 주무시고 아침에 성으로 들어오시는 길에서 열매 없는 무화과나무를 보시고 하신 말씀은 무엇인가? (마 21:18~19)
㉮ 불량한 나무로구나.
㉯ 찍어 버리라.
㉰ 이제부터 영원토록 네게 열매가 맺지 못하리라.
㉱ 내년에는 꼭 열매를 맺거라.

11. 예수께서 예루살렘에 나귀 타고 오셨다가 베다니에서 주무시고 다음날 성전에서 가르칠 때 "네가 무슨 권세로 이런 일을 하느뇨 또 누가 이 권세를 주었느뇨"라고 누가 주께 질문했는가? (마 21:23)
(　　　　　　)

12. 예루살렘 성전에서 가르치시던 예수님께 대제사장들과 백성의 장로들이 무슨 권세로 이런 일을 하느냐고 묻자 예수님은 "(　　)가 어디로서 왔느냐 하늘로서냐 사람에게로서냐"고 그들에게 되물으셨다. (　) 안에 들어갈 말은 무엇인가? (마 21:23~25)
(　　　　　　)

13. 성전에서 가르치시던 예수께서 대제사장과 장로들에게 "요한의 세례가 어디로서 왔느냐 하늘로서냐 사람에게로서냐"고 묻자 그들이 무엇이라고 대답했는가? (마 21:23~27)
㉮ 가르쳐 줄 수 없다.　　㉯ 당신이 아시나이다.
㉰ 하늘로서 입니다.　　㉱ 우리가 알지 못하노라.

14. 예수께서 천국은 마치 자기 아들을 위하여 혼인잔치를 베푼 어떤 임금과 같다고 하신 비유에서 청함을 받은 자는 많되 어떤 사람은 적다고 하셨는가? (마 22:2~14)
(　　　　　　)

【정답】

10.㉰　11.대제사장들과 장로들　12.요한의 세례　13.㉱　14.택함을 입은 자

15. 예수님을 책잡으려는 바리새인들이 가이사에게 세를 바치는 것이 옳은가, 옳지 아니한가를 묻는 말에 대한 예수님의 답변은 무엇인가? (마 22:17~21)

㉮ 가이사의 것은 가이사에게, 하나님의 것은 하나님께 바치라.
㉯ 필요한 때만 바쳐라.
㉰ 바칠 필요 없다.
㉱ 너희들이 원하는 대로 하라.

16. 세금 문제로 예수님을 시험한 바리새인들이 실패한 일 후에 예수님께 와서 일곱 형제에게 차례로 시집간 여자는 부활 때에 누구의 아내가 되느냐고 물은 사람들은 누구인가? (마 22:23~28)

(　　　　　　)

17. 세금 문제로 예수님을 시험하다 실패한 바리새인들이 사두개인들도 예수를 시험하려다 실패했다는 소식을 듣고, 그 중 한 사람이 예수님께 율법 중에 어느 계명이 크냐고 물었다. 예수님이 답변하신 첫째 계명과 둘째 계명은 무엇인가? (마 22:34~40)

(　　　　　　)

18. 예수께서 바리새인들에게 그리스도에 대해 어떻게 생각하느냐, 누구의 자손이냐고 묻자 그들은 누구의 자손이라고 하였는가? (마 22:41~42)

(　　　　　　)

19. 예수님께서 서기관들과 바리새인들의 말하는 바는 행하고 지키되 저희의 행위는 본받지 말라고 하신 이유는 무엇인가? (마 23:2~3)

【정답】

15.㉮　16.사두개인들　17.하나님을 사랑하라, 네 이웃을 네 몸과 같이 사랑하라.
18.다윗의 자손

㉮ 높은 자리에 있기에 ㉯ 장로의 자리에 있기에
㉰ 섬기는 자리에 있기에 ㉱ 모세의 자리에서 말만 하고 행치 않기에

20. 예수님은 너희 중에 큰 자는 너희를 섬기는 자가 되어야 하며, 자기를 높이는 자는 낮아지고 자기를 낮추는 자는 어떻게 된다고 하셨는가? (마 23:11~12)

㉮ 낮아진다. ㉯ 왕이 된다. ㉰ 높아진다. ㉱ 죽게 된다.

21. 예수님은 누구에게 교인 하나를 얻기 위하여 바다와 육지를 두루 다니다가 찾으면 지옥 자식이 되게 한다고 하셨는가? (마 23:15)

( )

22. 예수님은 서기관들과 바리새인들이 박하와 회향과 근채의 십일조를 드리되 율법 가운데 더 중한 무엇을 버렸다고 하셨는가? (마 23:23)

( )

23. 예수께서 무엇을 가리켜 돌 하나도 돌 위에 남지 않고 다 무너질 것이라고 하셨는가? (마 24:1~2)

㉮ 감람산 ㉯ 예루살렘 수비대 ㉰ 성전 건물 ㉱ 헐몬산

24. 예수께서는 민족이 민족을, 나라가 나라를 대적하여 일어나고 처처에 기근과 지진이 있으면 무엇의 시작이라고 하셨는가? (마 24:7~8)

( )

25. 예수님께서는 세상 끝날에 불법이 성하면 사람들에게서 무엇이 식어질 것이라고 하셨나? (마 24:12)

㉮ 사랑 ㉯ 미움 ㉰ 열심 ㉱ 은혜

【정답】

19.㉱ 20.㉰ 21.외식하는 서기관들과 바리새인들 22.의, 인, 신 23.㉰
24.재난 25.㉮

26. 예수님께서 그가 재림하실 때에는 징조가 하늘에서 보이겠고, 그 때에 땅의 모든 족속들이 통곡하며 무엇을 타고 오시는 예수님을 볼 수 있다고 하셨나? (마 24:30)
( )

27. 예수님께서 주의 재림 때 주께서 큰 나팔소리와 함께 천사들을 보내어 누구를 하늘 이 끝에서 저 끝까지 사방에서 모으신다고 하셨는가? (마 24:31)
㉮ 택하신 자들 ㉯ 잠자는 자들
㉰ 우는 자들 ㉱ 기뻐하는 자들

28. 예수님은 천지는 없어지나 무엇은 없어지지 아니한다고 하셨나? (마 24:35)
㉮ 우주 ㉯ 권세 ㉰ 생명 ㉱ 말씀

29. 예수님은 주의 임하실 날과 그 때는 아무도 모르나니 하늘의 천사들도, 아들도 모르고 오직 누구만 아신다고 하셨는가? (마 24:36)
( )

30. 예수님은 주의 임하실 날과 그 때는 누구의 때처럼 먹고 마시고 장가들고 시집가면서 다 멸하기까지 깨닫지 못한다고 하셨나? (마 24:37~39)
㉮ 아담의 때 ㉯ 노아의 때
㉰ 롯의 때 ㉱ 아브라함의 때

31. 예수님은 성도가 왜 깨어 있어야 한다고 하셨는가? (마 24:42~43)
( )

【정답】
26.구름 27.㉮ 28.㉱ 29.아버지 하나님 30.㉯
31.어느 날에 주가 임하실지 알지 못하기에

32. 예수님께서 베다니 문둥이 시몬의 집에 계실 때에 한 여자가 식사하시는 주님의 머리에 부은 것은 무엇인가? (마 26:6~7)

㉮ 향유 한 옥합 ㉯ 금가루 한 대접
㉰ 몰약 ㉱ 꽃 한 바구니

33. 예수님께서는 베다니 문둥이 시몬의 집에서 그의 몸에 여자가 향유를 부은 것은 무엇을 위함이라고 말씀하셨는가? (마 26:12)

( )

34. 대제사장들에게 예수를 넘겨주기로 작정하고 값을 흥정한 사람은 누구인가? (마 26:14~16)

㉮ 베드로 ㉯ 가룟 유다 ㉰ 빌립 ㉱ 안나스

35. 가룟 유다가 대제사장들에게 예수를 판 값은 얼마인가? (마 26:15)

㉮ 한 데나리온 ㉯ 열 므나 ㉯ 은 삼십 ㉱ 금 한 달란트

36. 예수님께서 제자들의 발을 씻기시고 그 두르신 수건으로 닦아 주실 때 자신의 발을 씻기지 못하게 한 제자는 누구인가? (요 13:5~8)

( )

37. 예수님께서 제자들의 발을 씻기실 때 베드로가 "내 발을 절대로 씻기지 못하시리이다"라고 하자 주께서 하신 말씀은 무엇인가? (요 13:5~8)

㉮ 내가 너를 씻기지 아니하면 네가 나와 상관이 없느니라.
㉯ 내가 너를 씻기지 아니하면 네가 더러우리라.
㉰ 내가 너를 씻기지 아니하면 네가 영생을 얻지 못하리라.
㉱ 내가 너를 씻기지 아니하면 네가 사람들을 섬기지 못하리라.

【정답】

32.㉮ 33.예수 그리스도의 장사 34.㉯ 35.㉰ 36.베드로 37.㉮

38. 주님께서 제자들의 발을 씻겨 주실 때 발뿐 아니라 손과 머리도 씻겨 달라고 한 제자는 누구인가? (요 13:9)

㉮ 베드로 ㉯ 요한 ㉰ 마태 ㉱ 안드레

39. 예수께서 마지막 만찬에서 떡을 가지사 축복하시고 떼어 제자들에게 주시며 받아 먹으라 이것이 무엇이라고 하셨는가? (마 26:26)

㉮ 생명의 떡 ㉯ 저녁 식사 ㉰ 맛있는 떡 ㉱ 내 몸

40. 예수께서 마지막 만찬에서 잔을 가지사 사례하시고 저희에게 주시며 너희가 다 이것을 마시라 이것은 죄사함을 얻게 하려고 많은 사람을 위하여 흘리는 바 무엇이라고 하셨는가? (마 26:27~28)

(   )

41. 예수께서 무엇을 마치시고 제자들과 함께 겟세마네로 기도하러 가셨는가? (마 26:36~39)

㉮ 마지막 만찬 ㉯ 찬양 ㉰ 산책 ㉱ 말씀 공부

42. 예수께서 마지막 만찬을 마치시고 제자들과 함께 겟세마네로 가신 이유는 무엇인가? (마 26:36~37)

(   )

43. 예수님께서 마지막 만찬 후 "내 아버지여 만일 할 만하시거든 이 잔을 내게서 지나가게 하옵소서 그러나 나의 원대로 마옵시고 아버지의 원대로 하옵소서"라고 기도하신 곳은 어디인가? (마 26:36~39)

(   )

【정답】

38.㉮ 39.㉱ 40.나의 피 곧 언약의 피 41.㉮
42.기도하시기 위해 43.겟세마네

44. 주를 팔기 위해 무리와 함께 온 가룟 유다가 무리들에게 예수임을 알려 주는 군호는 무엇이었는가? (마 26:48)

㉮ 유다가 포옹하는 자　　㉯ 유다가 입 맞추는 자
㉰ 유다가 악수하는 자　　㉱ 유다가 손가락으로 가리키는 자

45. 예수를 잡으려는 군인의 귀를 베어버린 제자는 누구인가? (요 18:10)

㉮ 베드로　㉯ 안드레　㉰ 세베대의 아들 야고보　㉱ 요한

46. 예수를 잡으려는 군인의 귀를 베어버린 제자에게 주님께서 "네 (　) 을 도로 집에 꽂으라 (　)을 가지는 자는 다 (　)으로 망하느니라"고 하셨다. (　) 안에 공통으로 들어갈 말은 무엇인가? (마 26:51~52)

(　　　　　　)

47. 예수께서 잡히시자 제자들은 어떻게 하였는가? (마 26:56)

㉮ 예수님을 다시 빼앗음.　　㉯ 예수를 버리고 도망함.
㉰ 군인들과 싸움.　　㉱ 군인들에게 돈을 요구함.

48. 예수를 잡은 군대와 천부장과 유대인의 하속들이 예수를 끌고 먼저 누구에게 갔는가? (요 18:12~24)

㉮ 안나스　㉯ 빌라도　㉰ 헤롯　㉱ 가이사

49. 안나스는 대제사장 누구의 장인인가? (요 18:13)

(　　　　　　)

50. 안나스가 예수를 결박한 그대로 누구에게 보냈는가? (요 18:24)

(　　　　　　)

【정답】

44.㉯　45.㉮　46.검　47.㉯　48.㉮　49.가야바　50.대제사장 가야바

51. 대제사장 가야바에게 끌려가는 예수를 멀찍이서 뒤따라간 사람은 누구인가? (마 26:58)
㉮ 요한 ㉯ 바울 ㉰ 마리아 ㉱ 베드로

52. 예수께서 잡혀 있는 대제사장의 뜰에 예수와 함께 들어간 다른 제자가 문 지키는 여자에게 말하여 데리고 들어온 제자는? (요 18:16)
( )

53. 예수께서 가야바의 집에서 심문받으실 때에 세 번이나 예수를 모른다고 했던 제자는 누구인가? (마 26:69~75)
㉮ 안드레 ㉯ 베드로 ㉰ 빌립 ㉱ 바돌로매

54. 예수를 심문하던 유대인들이 예수께 "네가 하나님의 아들 그리스도인지 우리에게 말하라"는 요구에 대한 주님의 답변이 아닌 것은 무엇인가? (마 26:63~64)
㉮ 나중에 알려 주마.
㉯ 네가 말하였느니라.
㉰ 인자가 권능의 우편에 앉은 것을 너희가 보리라.
㉱ 인자가 구름을 타고 오는 것을 너희가 보리라.

55. 예수께서 자신을 심문하던 유대인들에게 스스로를 하나님의 아들 그리스도라고 하자 사람들은 어떤 반응을 보였는가? (마 26:66)
( )

56. 사로잡힌 예수께서는 가야바의 집에서 누구에게로 옮겨졌는가? (요 18:28~29)
㉮ 안나스 ㉯ 가이사 ㉰ 빌라도 ㉱ 베드로

57. 예수를 판 유다가 그의 정죄됨을 보고 양심의 가책을 받아 은 삼십을 대제사장들과 장로들에게 도로 갖다 주며 한 말은? (마 27:3~4)
( )

【정답】

51.㉱ 52.베드로 53.㉯ 54.㉮ 55.저는 사형에 해당한다. 56.㉰
57.내가 무죄한 피를 팔고 죄를 범하였도다.

58. 예수님을 판 유다가 돈을 대제사장들과 장로들에게 도로 갖다 주며 내가 죄를 범하였다고 하자 그들은 어떻게 했는가? (마 27:3~4)
㉮ 보관할 것이니 언제든지 와서 찾아가라.
㉯ 받을 수 없다.
㉰ 잘 가져왔다.
㉱ 그것이 우리에게 무슨 상관이 있느냐 네가 당하라.

59. 가룟 유다가 예수님 판 돈을 다시 가져가 무르려 했으나 산 자들이 물러 주기를 거절하자 어떻게 했는가? (마 27:5)
(   )

60. 가룟 유다가 예수님 판 돈을 성소에 던져 넣고 죽자 그 돈은 어떻게 처리되었는가? (마 27:3~7)
㉮ 토기장이의 밭을 사서 나그네의 묘지로 삼았다.
㉯ 길가에 버렸다.
㉰ 가난한 자들에게 나누어 주었다.
㉱ 땅에 묻었다.

61. 예수께서 빌라도 앞에 섰을 때 빌라도가 "네가 유대인의 왕이냐"고 묻자 예수께서 하신 대답은 무엇인가? (마 27:11)
(   )

62. 예수의 무죄함을 안 빌라도가 유월절 전례에 의해 예수 놓아 주기를 원하느냐고 묻자 유대인들은 누구를 놓아 주자고 했나? (요 18:38~40)
㉮ 예수 ㉯ 바라바 ㉰ 군병 ㉱ 제자들

63. 바라바는 어떤 죄를 지어 잡혔는가? (요 18:40)
(   )

【정답】
58.㉱ 59.은을 성소에 던져 넣고 스스로 목매어 죽었다. 60.㉮
61.네 말이 옳도다. 62.㉯ 63.강도

64. 유대인들이 빌라도에게 예수를 십자가에 못 박으라고 했을 때, 빌라도가 내가 너희 왕을 십자가에 못 박으랴고 하자 "가이사 외에는 우리에게 왕이 없다"고 한 사람들은 누구인가? (요 19:15)

㉮ 유대인들 ㉯ 사마리아 사람들 ㉰ 대제사장들 ㉱ 로마인들

65. 바라바를 놓아 달라는 유대인들의 요구에 그러면 예수는 어떻게 하느냐고 묻는 총독의 말에 그들은 어떤 대답을 했는가? (마 27:21~22)

㉮ 용서합시다. ㉯ 놓아 줍시다.
㉰ 감옥에 넣읍시다. ㉱ 십자가에 못 박혀야 하겠나이다.

66. 예수를 십자가에 못 박으라는 유대인들에게 그 사람이 무슨 죄가 있다고 그러느냐고 총독이 말하자 유대인들의 반응은 어떠했는가? (마 27:23)

( )

67. 예수의 무죄함을 알고도 유대인들에게 굴복한 빌라도의 책임 전가성 발언은 무엇인가? (마 27:24)

㉮ 이 사람의 피에 대하여 나는 무죄하니 너희가 당하라.
㉯ 죄를 나누어지자. 어쩔 수 없다.
㉰ 법대로 처리했다.
㉱ 예수가 죄인임을 너희가 말하라.

68. 예수의 피에 대해 책임을 지라는 빌라도의 말에 유대인들의 답변은 무엇인가? (마 27:24~25)

㉮ 너무 심하다. ㉯ 우린 책임질 수 없다.
㉰ 당신도 공범이다. ㉱ 그 피를 우리와 우리 자손에게 돌리라.

【정답】

64.㉰ 65.㉱ 66.더욱 소리질러 십자가에 못 박으라고 함 67.㉮ 68.㉱

69. 예수의 피를 우리와 우리 자손에게 돌리라는 유대인들의 말에 예수를 채찍질하고 십자가에 못 박히게 넘겨 준 사람은 누구인가? (마 27:24~26)

( )

70. 예수님이 십자가를 지고 가다가 쓰러지자 대신 십자가를 억지로 지고 갔던 사람은 누구인가? (마 27:32)

㉮ 베드로 ㉯ 마리아 ㉰ 구레네 사람 시몬 ㉱ 빌라도

71. 예수님과 함께 십자가에 달렸던 강도가 주님의 나라에 임하실 때에 자신을 생각해 달라는 요청에 예수님은 뭐라고 하셨나? (눅 23:42~43)

㉮ 오늘 네가 나와 함께 낙원에 있으리라.
㉯ 네 죄사함 받았노라.
㉰ 생각해 주마.
㉱ 구원받기에는 죄가 너무 많구나.

72. 십자가에 못 박힌 예수님 머리 위의 패에 쓰여진 글은 무엇인가? (마 27:37)

㉮ 유대인의 왕 예수 ㉯ 로마인의 왕 예수
㉰ 헬라인의 왕 예수 ㉱ 만왕의 왕 예수

73. 예수님께서 달리신 십자가 위에 '나사렛 예수 유대인의 왕'이라는 글은 어떤 언어로 기록되었나? (요 19:19~20)

㉮ 히브리어, 로마어, 헬라어 ㉯ 영어, 라틴어
㉰ 중국어, 스페인어 ㉱ 아람어

74. 예수께서 십자가에 못 박히시던 날 제육시로부터 제구시까지 온 땅에 임한 현상은 무엇인가? (마 27:45)

( )

【정답】

69.빌라도 70.㉰ 71.㉮ 72.㉮ 73.㉮ 74.어두움이 임함.

75. 예수께서 십자가에서 죽으시자 나타난 현상이 아닌 것은 무엇인가? (마 27:50~51)

㉮ 성소 휘장이 위로부터 아래까지 찢어져 둘이 됨.
㉯ 땅이 진동함.
㉰ 바위가 터짐.
㉱ 바다에 태풍이 일어남.

76. 예수께서 십자가에서 돌아가실 때 무덤들이 열리고 잠자던 성도의 몸은 어떻게 되었나? (마 27:50~52)

(   )

77. 예수께서 십자가에 달리셨을 때부터 죽으실 때까지를 지켜보았던 백부장과 함께 예수를 지키던 자들의 고백은 무엇인가? (마 27:54)

㉮ 제자들이 비겁하구나.
㉯ 그는 진실로 하나님의 아들이었도다.
㉰ 제사장들 나쁜 사람이구나.
㉱ 예수님이 불쌍하다.

78. 예수께서 십자가에서 죽으실 때 현장에 있던 여인들 중에 포함되지 않는 사람은 누구인가? (마 27:56)

㉮ 베드로의 장모　　㉯ 야고보와 요셉의 어머니 마리아
㉰ 막달라 마리아　　㉱ 세베대의 아들들의 어머니

79. 십자가에 달리신 예수께서 곁에 선 요한을 가리키며 모친에게 하신 말씀은 무엇인가? (요 19:26)

㉮ 어머니 먼저 갑니다.　　㉯ 불효자는 웁니다.
㉰ 여자여 보소서 아들이니이다.　　㉱ 너무 걱정하지 마세요.

【정답】

75.㉱　76.성도의 몸이 많이 일어났다. 즉 살아났다.　77.㉯　78.㉮　79.㉰

80. 십자가에 달리신 예수께서 모친과 요한이 곁에 서 있는 것을 보시고 요한에게 하신 말씀은 무엇인가? (요 19:26~27)
㉮ 믿음으로 살아라. ㉯ 성령을 기다리라.
㉰ 보라 네 어머니라. ㉱ 제자들을 잘 돌보라.

81. 예수님께서 십자가에서 마지막으로 하신 말씀은 무엇인가? (요 19:30)
㉮ 다 이루었다. ㉯ 참 힘들었다.
㉰ 십자가는 구원이다. ㉱ 아버지여, 감사합니다.

82. 십자가에서 죽으신 예수님의 옆구리를 한 군병이 창으로 찔렀을 때 흘러나온 것은 무엇인가? (요 19:34)
(   )

83. 예수님의 시체를 가져다가 장례를 치른 두 사람은 누구인가? (요 19:38~39)
(   )

84. 니고데모가 예수의 장례를 위해 가져온 것은 무엇인가? (요 19:39)
㉮ 황금 ㉯ 유향 ㉰ 몰약과 침향 섞은 것 ㉱ 향유

85. 예수께서 죽으신 지 사흘 만에 살아나리라 하신 말씀을 알고 있던 대제사장들과 바리새인들이 빌라도에게 청원한 것은 무엇인가? (마 27:62~64)
(   )

86. 대제사장들과 바리새인들이 빌라도에게 예수가 다시 살아날 것에 대비해 무덤을 잘 지켜 달라고 청하자 빌라도가 이른 말은 무엇인가? (마 27:62~65)

【정답】

80.㉰ 81.㉮ 82.피와 물 83.아리마대 사람 요셉, 니고데모
84.㉰ 85.그 무덤을 사흘까지 굳게 지키게 해달라

㉮ 무덤을 지킬 필요 없다.
㉯ 싫다, 다 끝난 일이다.
㉰ 생각해 보자.
㉱ 너희에게 파수꾼이 있으니 가서 힘대로 굳게 하라.

87. 예수님께서 무덤에 계신 기간은 며칠인가? (고전 15:4)
(　　　　　　)

예수 그리스도의 부활·승천·재림

1. 예수님께서 무덤에 계신 지 사흘째 되는 안식 후 첫날 새벽에 무덤에 온 사람들 중에 속하지 않는 사람은 누구인가? (막 16:1)
㉮ 살로메　　㉯ 야고보의 어머니 마리아
㉰ 마르다　　㉱ 막달라 마리아

2. 안식 후 첫날 이른 아침 아직 어두울 때에 막달라 마리아가 예수님의 무덤에 와서 목격한 것이 아닌 것은 무엇인가? (요 20:1~18)
㉮ 돌이 무덤에서 옮겨진 것　　㉯ 주의 천사
㉰ 부활하신 예수님　　㉱ 세마포에 싸인 예수의 시체

3. 안식 후 첫날이 되려는 미명에 막달라 마리아와 다른 마리아가 무덤을 보려고 왔을 때 무덤에서 굴려나온 돌 위에 누가 앉아 있었는가? (마 28:1~2)
㉮ 하얀 광채　㉯ 주님　㉰ 베드로　㉱ 주의 천사

【정답】

86.㉱　87.3일　1.㉰　2.㉱　3.㉱

4. 막달라 마리아가 예수의 무덤 속을 바라보면서 운 까닭은 무엇인가? (요 20:11~13)

(　　　　　　)

5. 예수의 무덤 앞에서 울고 있던 막달라 마리아에게 어찌하여 울며 누구를 찾느냐고 물으신 이는 누구인가? (요 20:11,15)

㉮ 부활하신 예수님　㉯ 베드로　㉰ 동산지기　㉱ 천사

6. 예수의 무덤 앞에서 울고 있던 막달라 마리아는 어찌하여 울며 누구를 찾느냐고 물으신 주님을 누구인 줄로 생각했는가? (요 20:11,15)

㉮ 동산지기　㉯ 예수님　㉰ 천사　㉱ 로마 군병

7. 예수님께서 무덤 앞에서 울고 있던 막달라 마리아를 부르시자 그녀는 히브리 말로 어떻게 말하였나? (요 20:11,16)

(　　　　　　)

8. 예수의 무덤 밖에서 울고 있던 막달라 마리아가 그 무덤 속에서 본 것은 무엇인가? (요 20:11~12)

(　　　　　　)

9. 예수의 무덤가에서 만난 천사가 여자들에게 이른 말이 아닌 것은 무엇인가? (마 28:5~6)

㉮ 너희는 무서워 말라.　㉯ 말씀하시던 대로 살아나셨느니라.
㉰ 그는 여기 계시지 않는다.　㉱ 누워계신 예수님을 보아라.

10. 예수님 무덤 앞의 천사는 여자들에게 제자들이 부활하신 주님을 어디서 만날 것이라고 말했는가? (마 28:7)

㉮ 성전　㉯ 나사렛　㉰ 갈릴리　㉱ 감람산

【정답】

4.예수의 시체가 없어졌기 때문　5.㉮　6.㉮　7.랍오니여　8.흰 옷 입은 두 천사
9.㉱　10.㉰

11. 부활하신 주님을 만난 막달라 마리아가 맨 먼저 제자들에게 가서 무엇이라고 했나? (요 20:18)
( )

12. 예수의 무덤을 막은 돌이 옮겨진 것을 본 막달라 마리아가 이 사실을 누구에게 알렸는가? (요 20:1~2)
㉮ 예수님의 모친 마리아 ㉯ 시몬 베드로와 예수의 다른 제자
㉰ 대제사장 ㉱ 빌라도

13. 여자들이 예수의 부활 소식을 제자들에게 전하러 가던 중에 나타나신 예수님께서 하신 말씀은 무엇인가? (마 28:8~9)
( )

14. 예수의 무덤을 막은 돌이 옮겨졌다는 막달라 마리아의 연락을 받은 두 제자가 달려가 무덤 속에서 확인한 것은 무엇인가? (요 20:6~7)
㉮ 로마 군인들 ㉯ 천사
㉰ 세마포와 머리를 쌌던 수건 ㉱ 황금, 유향, 몰약

15. 주께서 십자가에 달려 죽으신 안식 후 첫날 저녁 때에 제자들이 유대인들을 두려워하여 모인 곳의 문들을 닫고 있을 때 거기에 누가 나타났는가? (요 20:19)
㉮ 부활하신 예수 ㉯ 제사장 ㉰ 천사 ㉱ 귀신

16. 주께서 십자가에 달려 죽으신 안식 후 첫날 저녁 때에 제자들이 유대인들을 두려워하여 모인 곳의 문들을 닫고 있을 때 나타나신 주님을 보지 못한 제자는 누구인가? (요 20:19,24)
㉮ 안드레 ㉯ 마태 ㉰ 빌립 ㉱ 도마

【정답】

11.내가 주를 보았다. 12.㉯ 13.평안하뇨 14.㉰ 15.㉮ 16.㉱

17. 다른 제자들이 도마에게 우리가 부활하신 주님을 보았노라고 하자 도마가 한 말이다. "내가 그 손의 ( )을 보며 내 손가락을 그 못 자국에 넣으며 내 손을 그 ( )에 넣어 보지 않고는 믿지 아니하겠노라" ( ) 안에 들어갈 말은 무엇인가? (요 20:25)
( )

18. 도마를 포함한 제자들에게 나타나신 주께서 도마에게 "네 손가락을 이리 내밀어 내 손을 보고 네 손을 내밀어 내 옆구리에 넣어 보라"고 하면서 어떤 사람이 되라고 하셨는가? (요 20:27)
( )

19. 예수께서 도마에게 "네 손가락을 이리 내밀어 내 손을 보고 네 손을 내밀어 내 옆구리에 넣어 보라"고 하시자 도마가 예수님을 향해 무엇이라고 신앙고백을 했는가? (요 20:27~28)
㉮ 주는 그리스도시요 살아계신 하나님의 아들입니다.
㉯ 나의 주시며 나의 하나님이시니이다.
㉰ 이스라엘의 왕이로소이다.
㉱ 다윗의 자손입니다.

20. 주께서 도마에게 "네 손가락을 이리 내밀어 내 손을 보고 네 손을 내밀어 내 옆구리에 넣어 보라"고 하시자, 도마가 주님을 향해 "나의 주시며 나의 하나님이시니이다"라고 했을 때 주께서 어떤 자들이 복되다고 말씀하셨는가? (요 20:27~29)
( )

【정답】

17.못 자국, 옆구리 18.믿음 없는 자가 되지 말고 믿는 자가 되라. 19.㉯
20.보지 못하고 믿는 자들

21. 엠마오로 가는 두 제자에게 예수께서 가까이 이르러 저희와 동행하실 때 그들이 예수님을 알아보지 못한 이유는? (눅 24:13~16)

㉮ 믿음이 없어서 ㉯ 눈이 나빠서
㉰ 저희의 눈이 가리워져서 ㉱ 관심이 없어서

22. 엠마오로 가던 주님의 두 제자 중 성경에 이름이 기록된 사람은 누구인가? (눅 24:13~18)

( )

23. 눈이 가리워져 예수님을 알아보지 못한 엠마오로 가던 글로바가 어떤 이야기를 하자 예수님께서 "미련하고 선지자들의 말한 모든 것을 마음에 더디 믿는 자들이여"라고 하셨는가? (눅 24:18~25)

㉮ 예수님의 탄생 ㉯ 오병이어의 기적
㉰ 가나혼인잔치 ㉱ 안식 후 첫날 예수님 무덤에서 생긴 일

24. 엠마오로 가던 두 제자가 어떻게 눈이 밝아졌는가? (눅 24:30~31)

㉮ 예수께서 떡을 가지사 축사하시고 떼어 저희에게 주시므로
㉯ 점심 먹고 나서
㉰ 세수하고 나서
㉱ 기도하고 나서

25. 엠마오로 가던 두 제자가 "길에서 우리에게 말씀하시고 우리에게 성경을 풀어 주실 때에 우리 속에서 마음이 뜨겁지 아니하더냐"고 예수님에 대해 말하면서 즉시 일어나서 어디로 돌아갔나? (눅 24:32~33)

㉮ 예루살렘 ㉯ 베다니 ㉰ 벳새다 ㉱ 베들레헴

【정답】

21.㉰ 22.글로바 23.㉱ 24.㉮ 25.㉮

26. 부활하신 예수님께서 "내가 내 아버지의 약속하신 것을 너희에게 보내리니"라고 약속하신 것은 무엇인가? (눅 24:49, 행 1:4~5)
㉮ 엘리야 ㉯ 세례 요한 ㉰ 성령 ㉱ 구원

27. 부활하신 주님께서 제자들 가운데 세 번째 나타나셔서 베드로에게 물으신 것은 무엇인가? (요 21:14~15)
( )

28. 부활하신 주님께서 제자들 가운데 세 번째 나타나셔서 베드로에게 부탁하신 것은 무엇인가? (요 21:14~17)
㉮ 제자들을 잘 돌보라. ㉯ 땅끝까지 복음을 전하라.
㉰ 잘 살아라. ㉱ 내 양을 먹이라.

29. 부활하신 주께서 제자들에게 말씀하시기를, 하나님께서는 하늘과 땅의 모든 권세를 누구에게 주셨다고 하셨는가? (마 28:18)
( )

30. 하늘과 땅의 모든 권세를 받으신 부활하신 주께서 제자들에게 너희는 가서 누구를 제자 삼으라고 하시며 세상 끝날까지 함께 있으리라고 하셨는가? (마 28:18~20)
㉮ 모든 족속 ㉯ 유대인들 ㉰ 사람들 ㉱ 사마리아인

31. 부활하신 주께서 제자들에게, 모든 족속으로 제자를 삼아 아버지와 아들과 성령의 이름으로 세례를 주고 무엇을 가르쳐 지키게 하라고 하셨는가? (마 28:19~20)
( )

【정답】

26.㉰ 27.네가 이 사람들보다 나를 더 사랑하느냐 28.㉱ 29.부활하신 예수님
30.㉮ 31.내가 너희에게 분부한 모든 것

32. 세상 끝날까지 우리와 항상 함께 있으리라고 하신 분은 누구신가? (마 28:20)
㉮ 예수님 ㉯ 성령님 ㉰ 하나님 ㉱ 마리아

33. 부활하신 주님을 맨 나중에 본 사람은 누구인가? (고전 15:8)
㉮ 안드레 ㉯ 베드로 ㉰ 도마 ㉱ 바울

34. 부활하신 주님께서는 얼마 동안 지상에 계셨는가? (행 1:3)
㉮ 1년 ㉯ 40일 ㉰ 일주일 ㉱ 영원히

35. 부활하신 주님께서 지상에 계시는 동안 하신 일은 무엇인가? (행 1:3)
(   )

36. 부활하신 주님께서 제자들을 떠나시기 전에 그들에게 예루살렘을 떠나지 말고 무엇을 기다리라고 말씀하셨나? (행 1:4)
(   )

37. 예수께서 제자들에게 성령이 임하시면 권능을 받고 예루살렘과 온 유대와 사마리아와 땅 끝까지 이르러 무엇이 된다고 하셨는가? (행 1:8)
(   )

38. 부활하신 주님께서 40일 후에 제자들을 떠나 어디로 가셨는가? (행 1:9~11)
㉮ 지옥으로 전도하러 가셨다. ㉯ 무덤으로 들어가셨다.
㉰ 하늘로 승천하셨다. ㉱ 홀연히 사라지셨다.

【정답】

32.㉮ 33.㉱ 34.㉯ 35.하나님나라에 대해 말씀하심.
36.아버지의 약속하신 것(성령) 37. 예수의 증인 38.㉰

39. 흰 옷 입은 두 사람이 제자들에게 "너희 가운데서 하늘로 올리우신 이 예수는 하늘로 가심을 본 그대로 오시리라"는 약속의 말씀을 하신 때는 언제인가? (행 1:10~11)
( )

40. "그리스도께서 죽은 자 가운데서 다시 살아 잠자는 자들의 ( )가 되셨다" ( ) 안에 들어갈 말은 무엇인가? (고전 15:20)
㉮ 징표 ㉯ 첫 열매 ㉰ 방주 ㉱ 아버지

41. 호령과 천사장의 소리와 하나님의 나팔소리는 어느 때 나타나는 현상인가? (살전 4:16)
( )

42. 살아서 부활에 참여하는 자들은 어디서 주를 맞이하는가? (살전 4:17)
㉮ 공중에서 ㉯ 지상에서
㉰ 새 예루살렘 성전에서 ㉱ 베들레헴에서

예수님과 세례 요한

1. 세례 요한이 출생한 시기의 유대 왕은 누구인가? (눅 1:5, 57~63)
( )

【정답】
39.예수께서 승천하실 때 40.㉯ 41.예수께서 재림하실 때 42.㉮ 1.헤롯

2. 유대 왕 헤롯 때에 아비야 반열의 제사장으로 세례 요한의 부친은 누구인가? (눅 1:5,59)
   ㉮ 요셉　㉯ 아론　㉰ 사가랴　㉱ 엘리사벳

3. 사가랴의 아내 엘리사벳은 누구의 자손인가? (눅 1:5)
   (　　　　　　)

4. 사가랴의 아들로 모태로부터 성령이 충만하였던 자는 누구인가? (눅 1:13~15)
   ㉮ 아브라함　㉯ 엘리야　㉰ 사도 바울　㉱ 세례 요한

5. 세례 요한이 태어난 지 몇 개월 후에 예수께서 탄생하셨나? (눅 1:26~31)
   ㉮ 6개월　㉯ 1년　㉰ 6년　㉱ 100년

6. 성장한 세례 요한은 이스라엘 백성 앞에 나타나는 날까지 어디에 거했는가? (눅 1:80)
   ㉮ 자기 집　㉯ 빈 들　㉰ 궁전　㉱ 성전

7. 세례 요한은 자신의 신분에 대해 궁금해 하는 유대인들에게 자신을 어떻게 소개하고 있는가? (요 1:23)
   ㉮ 선지자　㉯ 주의 길을 곧게 하라고 광야에서 외치는 자의 소리
   ㉰ 엘리야　㉱ 그리스도

8. 세례 요한이 예수께서 자기에게 나아오심을 보고 무슨 말을 했는가? (요 1:29)
   (　　　　　　)

9. 세례 요한이 자신의 제자들에게 예수님을 어떻게 소개했는가? (요 1:29,36)
   ㉮ 그리스도　㉯ 다윗의 후손　㉰ 하나님의 아들　㉱ 하나님의 어린양

【정답】

2.㉰　3.아론　4.㉱　5.㉮　6.㉯　7.㉯
8.보라 세상 죄를 지고 가는 하나님의 어린양이로다　9.㉱

10. 세례 요한은 회개하라 무엇이 가까웠느니라고 했는가? (마 3:1~2)
㉮ 심판 ㉯ 천국 ㉰ 그리스도 ㉱ 구원

11. 이사야 선지자가 예언한 바 세례 요한은 무엇을 예비하는 자인가? (마 3:3)
( )

12. 약대 털옷을 입고 허리에 가죽띠를 띤 자는 누구인가? (마 3:4)
㉮ 사도 요한 ㉯ 바울 ㉰ 세례 요한 ㉱ 예수님

13. 세례 요한의 주식은 무엇이었는가? (마 3:4)
㉮ 메뚜기와 석청 ㉯ 빵과 포도수
㉰ 만나와 메추라기 ㉱ 풀과 과일

14. 예루살렘과 온 유대와 요단강 사방에서 누구에게 세례를 받기 위해 요단강으로 왔는가? (마 3:4~6)
( )

15. 세례 요한이 세례를 준 곳은 어디인가? (마 3:6)
㉮ 지중해 ㉯ 요단강 ㉰ 갈릴리 호수 ㉱ 겐지스강

16. 세례 요한은 누구에게 "독사의 자식들아 누가 너희를 가르쳐 임박한 진노를 피하라 하더냐"고 했나? (마 3:7)
( )

17. 세례 요한은 자기 뒤에 오실 분은 무엇으로 세례를 줄 것이라고 말했는가? (마 3:11)
㉮ 향유 ㉯ 기름 ㉰ 성령과 불 ㉱ 물

【정답】

10.㉯ 11.주의 길 12.㉰ 13.㉮
14.세례 요한 15.㉯ 16.바리새인과 사두개인 17.㉰

18. 예수께서 세례 요한에게 세례를 받을 때에 들린 하나님의 말씀은 무엇인가? (마 3:17)

( )

19. “그는 흥하여야 하겠고 나는 쇠하여야 하리라” 이 말은 세례 요한이 누구에 관하여 한 말인가? (요 3:22~30)

㉮ 예수님 ㉯ 베드로 ㉰ 바울 ㉱ 야고보

20. 바리새인들이 들은 ‘예수님께서 요한보다 더 많은 사람을 제자로 삼고 세례를 준다’는 소문이 헛소문인 이유는 예수께서 세례를 주신 것이 아니라 누가 세례를 주었기 때문인가? (요 4:1~2)

( )

21. 세례 요한이 옥에서 그리스도의 하신 일을 듣고 제자들을 보내 한 말은 무엇인가? (마 11:2~3)

㉮ 나 좀 구해 주시오. ㉯ 오실 그이가 당신이오니이까?
㉰ 복음을 전해 주시오. ㉱ 나에게 세례를 주시오.

22. 예수님께서 여자가 낳은 자 중에 가장 큰 자라고 칭찬한 사람은 누구인가? (마 11:11)

㉮ 모세 ㉯ 아브라함 ㉰ 엘리야 ㉱ 세례 요한

23. 예수님께서 천국에서는 극히 작은 자라도 누구보다 크다고 하셨는가? (마 11:11)

( )

【정답】

18.이는 내 사랑하는 아들이요 내 기뻐하는 자라. 19.㉮ 20.제자들 21.㉯
22.㉱ 23.세례 요한

24. 분봉왕 헤롯이 예수의 가르치심과 기적 행하시는 소문을 듣고 그 신하들에게 이르되 이런 권능이 그 속에서 역사하는 것을 보니 누가 살아난 것이라 하였는가? (마 14:1~2)
㉮ 엘리야 ㉯ 세례 요한 ㉰ 모세 ㉱ 엘리사

25. 헤롯왕의 부인으로 자기 딸의 춤에 반한 헤롯에게 딸을 시켜 세례 요한의 목을 요구하게 했던 사람은 누구인가? (마 14:3~8)
( )

26. 세례 요한이 헤롯에게 동생의 부인을 아내로 맞이한 것은 옳지 않다고 하자 헤롯은 그를 어찌했는가? (마 14:3~4)
( )

27. 세례 요한을 죽인 자는 누구인가? (마 14:7~11)
㉮ 헤롯 ㉯ 아켈라오 ㉰ 빌라도 ㉱ 가야바

예수님의 가족들

1. 예수님의 어머니는 누구인가? (마 1:16)
( )

2. 예수님의 모친 마리아의 남편 이름은 무엇인가? (마 1:16)
( )

【정답】
24.㉯ 25.헤로디아 26.투옥시킴 27.㉮ 1.마리아 2.요셉

3. 예수님의 모친 마리아의 남편 요셉의 성품은 어떠했는가? (마 1:19)
㉮ 의로운 사람　　㉯ 의심이 많은 사람
㉰ 우직한 사람　　㉱ 차분한 사람

4. 예수의 잉태를 알리려고 마리아를 찾아온 천사는? (눅 1:26~31)
(　　　　　)

5. 예수님의 모친 마리아가 베들레헴에 호적하러 가기 전에 있었던 곳은 어디인가? (눅 2:4~5)
㉮ 가버나움　㉯ 베들레헴　㉰ 나사렛　㉱ 유대

6. 천사가 마리아에게 나타나 성령으로 잉태함을 알린 후 마리아의 어떤 대답을 듣고 떠나갔는가? (눅 1:30~38)
(　　　　　)

7. 예수님의 형제로 야고보서를 기록한 사람은 누구인가? (약 1:1)
㉮ 바울　㉯ 베드로　㉰ 야고보　㉱ 디모데

8. 예수님의 형제로 유다서를 기록한 사람은 누구인가? (유 1:1)
㉮ 유다　㉯ 사도 요한　㉰ 바울　㉱ 세례 요한

9. 예수님의 형제들 중에 들지 않는 사람은 누구인가? (막 6:3)
㉮ 야고보　㉯ 요셉　㉰ 시몬　㉱ 나다나엘

10. 예수님의 공생애 기간 중에 주님의 형제들은 주님을 믿었는가? (요 7:5)
(　　　　　)

11. 기독교 첫 세계대회에서 우상의 더러운 것, 음행, 목매어 죽인 것, 피 등을 이방 그리스도인들이 멀리해야 할 것으로 결의한 것은 누구

【정답】

3.㉮　4.가브리엘　5.㉰　6.주의 계집종이오니 말씀대로 내게 이루어지이다.
7.㉰　8.㉮　9.㉱　10.믿지 않았다.

의 제안으로 이루어진 것인가? (행 15:13~20)
㉮ 주의 형제 야고보 ㉯ 베드로 ㉰ 빌립 ㉱ 나다나엘

12. 초기 예루살렘교회가 기둥같이 여긴 사람들은 누구인가? (갈 2:9)
( )

예수님과 제자들

1. 예수님의 열두 제자 중에 포함되지 않는 사람은? (요 1:35~50)
㉮ 빌립 ㉯ 바울 ㉰ 안드레 ㉱ 나다나엘

2. 예수님께서 안드레, 베드로, 빌립, 나다나엘을 처음 만난 지역은 어디인가? (요 1:28, 35~40)
㉮ 베다니 ㉯ 가버나움 ㉰ 벳새다 ㉱ 나사렛

3. 예수님께서 요한이 세례를 주던 베다니에서 처음 만난 제자들과 함께 처음 방문하신 곳은 어디인가? (요 2:1~2)
( )

4. 예수님께서 제자들과 갈릴리 가나 혼인잔칫집에서 일으킨 기적은 무엇인가? (요 2:1~10)
( )

【정답】
11.㉮ 12.주의 형제 야고보, 게바, 사도 요한
1.㉯ 2.㉮ 3.갈릴리 가나 혼인잔치 4.물로 포도주를 만드심

5. 예수님께서 갈릴리 가나 혼인잔칫집에서 물로 포도주를 만드신 사건을 통해 제자들에게 나타난 반응은 무엇인가? (요 2:1~11)
( )

6. 예수님은 어디서 마태를 만나 부르셨는가? (마 9:9)
㉮ 예루살렘 성전 ㉯ 세관 ㉰ 요단강 ㉱ 베들레헴

7. 예수님은 몇 명의 제자를 세우셨는가? (막 3:14)
( )

8. 주님께서 열두 제자를 세우시기 전날 밤에 하신 일은? (눅 6:12~13)
㉮ 산에서 밤새도록 기도하셨다. ㉯ 세례 요한을 만나셨다.
㉰ 요단강에서 몸을 씻으셨다. ㉱ 중풍병자를 고쳐주셨다.

9. 주님께서 열두 제자를 세우신 목적이 아닌 것은? (막 3:14~15)
㉮ 자기와 함께 있게 하시려고 ㉯ 전도를 하게 하시려고
㉰ 귀신을 내어 쫓는 권세를 주시려고 ㉱ 함께 고기를 잡으시려고

10. 시몬 베드로, 세베대의 아들 야고보, 야고보의 형제 요한, 안드레와 빌립과 바돌로매와 마태와 도마와 알패오의 아들 야고보와 다대오와 가나안인 시몬은 주께서 세우신 열두 제자이다. 열거되지 않은 사람은 누구인가? (막 3:16~19)
( )

11. 예수께서 열두 제자들을 내어 보내시면서 무엇을 전파하라고 하였는가? (마 10:7)
㉮ 천국이 가까웠다. ㉯ 심판이 가까웠다.
㉰ 지구가 멸망한다. ㉱ 나를 따르라.

【정답】

5.예수를 믿었다. 6.㉯ 7.12명 8.㉮ 9.㉱ 10.가룟 유다 11.㉮

12. 예수께서 제자들에게 몸은 죽여도 영혼을 능히 죽이지 못하는 자들을 두려워하지 말고 오직 누구를 두려워하라고 했나? (마 10:28)
( )

13. 예수님께서 제자들에게 말씀하시기를, 제자들을 영접하는 자는 예수를 영접하는 것이요 예수를 영접하는 자는 누구를 영접하는 것이라고 하셨는가? (마 10:40)
( )

14. 예수님께서 제자의 이름으로 소자 중 하나에게 냉수 한 그릇이라도 주는 자는 결단코 무엇을 잃지 아니할 것이라고 하셨나? (마 10:42)
㉮ 상 ㉯ 보물 ㉰ 주님 ㉱ 부모

베드로와 그 형제 안드레

1. 베드로가 기록한 성경은 무엇인가?
( )

2. 안드레의 형제는 누구인가? (마 4:18)
㉮ 유다 ㉯ 베드로 ㉰ 요한 ㉱ 빌립

【정답】
12. 몸과 영혼을 능히 지옥에 멸하시는 자. 13. 예수님을 보내신 이(하나님)
14. ㉮ 1. 베드로전후서 2. ㉯

3. 예수께서 갈릴리 바다 건너편 산에서 수많은 사람들을 먹이고자 할 때에 한 아이가 보리떡 다섯 개와 물고기 두 마리를 가졌다고 말한 사람은 누구인가? (요 6:1~9)

㉮ 안드레 ㉯ 나다나엘 ㉰ 베드로 ㉱ 사도 빌립

4. 베드로를 예수님께 전도한 사람은 누구인가? (요 1:40~42)

㉮ 사도 빌립 ㉯ 주의 형제 야고보 ㉰ 마태 ㉱ 안드레

5. 베드로를 처음 만난 예수님께서 베드로에게 하신 말씀은 무엇인가? (요 1:42)

㉮ 게바라 하리라. ㉯ 사람을 낚아라.
㉰ 천국 복음을 전해라. ㉱ 나를 따르라.

6. 게바를 번역하면 무엇인가? (요 1:42)

(   )

7. 베드로의 본래 이름은 무엇인가? (요 1:42)

(   )

8. 베드로는 어느 지방 사람인가? (요 1:44)

㉮ 예루살렘 ㉯ 사마리아 ㉰ 베다니 ㉱ 벳새다

9. 베드로 형제와 같은 고향 출신의 예수님 제자는 누구인가? (요 1:44)

㉮ 빌립 ㉯ 나다나엘 ㉰ 세배대의 아들 야고보 ㉱ 마태

10. 예수께서 게네사렛 호숫가에 모인 무리들을 가르치시기 위해 호수에 있는 누구의 고깃배에 오르셨는가? (눅 5:1~3)

(   )

【정답】

3.㉮ 4.㉱ 5.㉮ 6.베드로 7.시몬 8.㉱ 9.㉮ 10.시몬 베드로

11. 시몬의 배에서 가르치시기를 마치신 주께서 시몬에게 어디에 그물을 던지라 하셨는가? (눅 5:3~4)

( )

12. 깊은 데 그물을 던져 그물이 찢어질 만큼 고기를 잡은 베드로가 "나는 죄인이로소이다"라고 고백하자 주께서 하신 말씀은? (눅 5:4~10)

㉮ 고기 잡는 방법은 나에게 배워라. ㉯ 그래, 너는 죄인이다.
㉰ 이제 후로는 네가 사람을 취하리라. ㉱ 심판받을 것이다.

13. 게네사렛 호숫가에서 베드로와 더불어 주님을 따라나선 제자들은 누구인가? (막 1:16~20, 눅 5:10~11)

( )

14. 베드로의 장모에 대한 설명으로 틀린 것은? (마 8:14~15)

㉮ 베드로가 모시고 살았다.
㉯ 예수님이 베드로의 집을 방문해서 열병을 고쳐 주셨다.
㉰ 열병이 나은 후 주님께 수종들었다.
㉱ 남편이 다섯 있었다.

15. 베드로가 갈릴리 바다 위를 걸어오시던 주님을 목격하고 한 말은 무엇인가? (마 14:28)

( )

16. 베드로가 주님 명을 따라 물 위로 걸어가다가 물속으로 빠져들어가자 예수께서 손을 내밀어 붙잡으시며 하신 말씀은? (마 14:29~31)

㉮ 무서워서 말라. ㉯ 믿음이 적은 자여 왜 의심하였느냐?
㉰ 의심하지 말고 걸어라. ㉱ 왜 깊은 데로 갔느냐?

【정답】

11.깊은 데 12.㉰ 13.안드레, 세베대의 아들 야고보와 그의 형제 요한 14.㉱
15.만일 주시거든 나를 명하사 물 위로 오라 하소서. 16.㉯

17. 주께서 가이사랴 빌립보 지역에서 제자들에게 "사람들이 인자를 누구라 하느냐"고 질문했다. 이에 대한 제자들의 답변이 아닌 것은? (마 16:13~14)
㉮ 세례 요한 ㉯ 엘리야 ㉰ 예레미야 ㉱ 메시아

18. "너희는 나를 누구라 하느냐"라는 주님의 질문에 대해 "주는 그리스도시요 살아계신 하나님의 아들이시니이다"라고 대답한 제자는 누구인가? (마 16:15~16)
㉮ 요한 ㉯ 안드레 ㉰ 마태 ㉱ 베드로

19. 베드로는 주님께 "주는 그리스도시요 살아계신 ( )이시니이다"라고 신앙고백을 하였다. ( ) 안에 들어갈 말은 무엇인가? (마 16:16)
㉮ 하나님의 아들 ㉯ 메시아 ㉰ 구원자 ㉱ 예수님

20. 베드로의 신앙고백에서 문자적으로 기름부음을 받은 자이며, 의미상으로 구원자란 뜻으로 쓰인 단어는 무엇인가? (마 16:16)
( )

21. 베드로의 신앙고백에서 "하나님의 아들"이란 의미는 무엇인가? (마 16:16)
( )

22. 예수님께서는 베드로가 어떻게 주님이 그리스도이시고 하나님의 아들이심을 알았다고 하셨나? (마 16:17)
㉮ 부모로부터 배워서 ㉯ 지혜로워서
㉰ 하나님께서 가르쳐 주셔서 ㉱ 총명해서

【정답】

17.㉱ 18.㉱ 19.㉮ 20.그리스도 21.하나님 22.㉰

23. 베드로의 신앙고백을 들은 주님은 어디에 교회를 세우신다고 하셨는가? (마 16:16~18)

( )

24. 주께서 고난받아 죽임을 당하고 제삼일에 살아나야 할 것을 제자들에게 가르치실 때에 "주여 그리 마옵소서" 하고 주님께 간한 제자는 누구인가? (마 16:21~22)

㉮ 빌립 ㉯ 안드레 ㉰ 도마 ㉱ 베드로

25. 주님의 죽임 당하심을 만류한 베드로에게 주께서 하신 말씀은 무엇인가? (마 16:22~23)

㉮ 고맙다, 베드로야. ㉯ 걱정마라.
㉰ 사탄아 내 뒤로 물러가라. ㉱ 어쩔 수 없단다.

26. 주께서 변화하신 산에 오르실 때 동행한 제자들은 누구인가? (마 17:1~2)

( )

27. 주님께서 영광 중에 모세와 엘리야와 말씀하신 것을 보고 "주여, 우리가 여기 있는 것이 좋사오니 주께서 원하시면 초막 셋을 짓겠습니다"라고 말한 제자는 누구인가? (마 17:2~4)

( )

28. 가버나움에서 성전세 반 세겔을 받는 자들이 누구에게 주님의 성전세에 대해 물었는가? (마 17:24)

㉮ 주님 ㉯ 안드레 ㉰ 요한 ㉱ 베드로

【정답】

23.반석 위 24.㉱ 25.㉰ 26.베드로, 세베대의 아들 야고보와 그의 형제 요한
27.베드로 28.㉱

29. 가버나움에서 성전세 받는 자들이 베드로에게 주님의 성전세를 요구한 일을 말하자 주께서 바다에 가서 낚시를 던져 먼저 오르는 고기를 가져 입을 열면 돈 한 세겔을 얻을 것이니 가져다가 누구를 위해 주라고 했는가? (마 17:24~27)

(　　　　　　)

30. 베드로가 "주여 형제가 내게 죄를 범하면 몇 번이나 용서하여 주리이까 일곱 번까지 하오리이까" 묻자 주님께서 하신 말씀은 무엇인가? (마 18:21~22)

㉮ 일흔 번씩 일곱 번이라도 용서하라. ㉯ 용서하지 말라.
㉰ 그 정도면 족하다. ㉱ 세 번은 용서해라.

31. "우리가 모든 것을 버리고 주를 좇았사오니 무엇을 얻으리이까"라는 베드로의 물음에 대한 주님의 대답이 아닌 것은 무엇인가? (마 19:27~30)

㉮ 인자가 영광의 보좌에 앉을 때에 너희도 열두 보좌에 앉아 이스라엘 열두 지파를 심판하리라.
㉯ 내 이름을 위하여 집이나 형제나 자매나 부모나 자식이나 전토를 버린 자마다 여러 배를 받고 또 영생을 상속하리라.
㉰ 먼저 된 자로서 나중 되고 나중 된 자로서 먼저 될 자가 많으니라.
㉱ 얻을 것 없다.

32. 마지막 만찬을 드시기 위해 예수께서는 누구를 보내시며 유월절을 예비하여 우리로 먹게 하라고 하셨는가? (눅 22:8)

(　　　　　　)

【정답】

29.주님과 베드로　30.㉮　31.㉱　32.베드로, 사도 요한

33. 예수께서 "오늘 밤에 너희가 다 나를 버리리라"고 하자 "다 주를 버릴지라도 나는 언제든지 버리지 않겠나이다"라고 말한 제자는 누구인가? (마 26:31~33)

( )

34. "다 주를 버릴지라도 나는 언제든지 버리지 않겠다"는 베드로에게 예수께서 하신 말씀은 무엇인가? (마 26:34)

㉮ 맹세하지 말라.
㉯ 오늘밤 닭 울기 전에 네가 세 번 나를 부인하리라.
㉰ 말한 것은 지켜라.
㉱ 베드로야 고맙구나.

35. 예수께서 십자가 지시기 직전에 제자들과 함께 겟세마네 동산에 가셨는데 그들 중 따로 기도하실 때 동행한 제자들은 누구인가? (마 26:36~38)

( )

36. 예수께서 겟세마네에서 기도하시기 전에 베드로와 세배대의 두 아들에게 부탁하신 것은 무엇인가? (마 26:37~38)

( )

37. 예수께서 겟세마네에서 기도하실 때 베드로는 무엇을 했는가? (마 26:40)

㉮ 잠을 잤다. ㉯ 주님을 지켰다. ㉰ 기도했다. ㉱ 찬송했다.

38. 예수께서 대제사장 집으로 끌려가실 때 베드로는 어떻게 했는가? (마 26:57~58)

㉮ 슬피 울었다. ㉯ 멀찍이 예수를 뒤따라갔다.
㉰ 도망갔다. ㉱ 다른 제자들에게 알리러 갔다.

【정답】

33.베드로 34.㉯ 35.베드로, 세베대의 두 아들 36.나와 함께 깨어 있으라.
37.㉮ 38.㉯

39. 예수께서 대제사장 집에 끌려갔을 때 한 비자가 바깥 뜰에 있던 자에게 "너도 갈릴리 사람 예수와 함께 있었도다"고 하자 "나는 네 말하는 것이 무엇인지 알지 못하겠노라"며 부인한 제자는 누구인가? (마 26:69~70)

(　　　　　　)

40. 베드로가 주님을 저주하며 부인할 때 무슨 일이 있었나? (마 26:72~74)

㉮ 천둥 벼락이 쳤다.　　　　　　㉯ 땅이 갈라졌다.
㉰ 사람들이 비웃었다.　　　　　㉱ 닭이 울었다.

41. 주님의 부활을 목격한 여자들이 주님의 부활 사실을 제자들에게 알리자 무덤으로 달려가 확인한 제자들은 누구인가? (요 20:1~4)

(　　　　　　)

42. 오병이어의 이적으로 떡을 얻어 먹은 이들이 다 떠나자 예수께서 열두 제자에게 "너희도 가려느냐"고 물으실 때 "주여, 영생의 말씀이 계시매 우리가 뉘게로 가오리이까?"라고 대답한 제자는 누구인가? (요 6:67~68)

㉮ 사도 요한　㉯ 베드로　㉰ 세베대의 아들 야고보　㉱ 도마

43. 예수께서 발을 씻겨 주시겠다고 할 때 씻기지 못하게 하더니, 씻기지 아니하면 나와 상관이 없다고 하자 "손과 머리도 씻겨 주옵소서"라고 한 사람은 누구인가? (요 13:8~9)

(　　　　　　)

44. 예수님을 잡으러 온 제사장 종의 귀를 자른 제자는? (요 18:10)

㉮ 사도 요한　㉯ 안드레　㉰ 베드로　㉱ 야고보

【정답】

39.베드로　40.㉱　41.베드로, 예수의 사랑하시던 제자　42.㉯　43.베드로　44.㉰

45. 검으로 제사장의 종의 귀를 자른 베드로에게 예수께서 이른 말씀은 무엇인가? (요 18:10~11)

㉮ 검을 집에 꽂으라. ㉯ 잘 하였도다.
㉰ 왼쪽 귀도 자르라. ㉱ 검 이리 내놔라.

46. 예수님의 무덤으로 달려간 베드로는 무덤 속에서 무엇을 보았나? (요 20:6~7)

( )

47. 부활하신 예수께서 갈릴리 제자들에게 가셨을 때 베드로는 무엇을 하고 있었는가? (요 21:1~3)

㉮ 천국 복음을 전하고 있었다. ㉯ 물고기를 잡고 있었다.
㉰ 회개하라고 외치고 있었다. ㉱ 그물을 깁고 있었다.

48. 부활하신 예수께서 갈릴리 제자들에게 가셨을 때 베드로와 제자들은 고기를 얼마나 잡았는가? (요 21:1~3)

( )

49. 부활하신 예수께서 명한 데로 그물을 던져서 잡은 고기를 베드로가 세어 보니 몇 마리가 잡혔는가? (요 21:6,11)

㉮ 150마리 ㉯ 153마리 ㉰ 155마리 ㉱ 160마리

50. 부활하신 주께서 갈릴리에서 고기 잡던 베드로에게 이르신 말씀이 아닌 것은 무엇인가? (요 21:15~17)

㉮ 네가 나를 사랑하느냐. ㉯ 내 어린 양을 먹이라.
㉰ 내 양을 치라. ㉱ 열심히 고기를 잡으라.

【정답】

45.㉮ 46.세마포, 수건 47.㉯ 48.아무것도 잡지 못하였다.
49.㉯ 50.㉱

51. 부활하신 예수께서 승천하신 후 모여서 기도하는 120명의 사람들 앞에서 가룟 유다 대신 일할 사람을 선택하자고 한 사람은 누구인가? (행 1:15~22)

㉮ 베드로 ㉯ 사도 요한 ㉰ 주의 형제 야고보 ㉱ 바울

52. 오순절 성령받은 사람들을 새 술에 취하였다며 조롱하는 사람들에게 술취한 것이 아님을 말한 사람은 누구인가? (행 2:14~15)

( )

53. 베드로의 설교를 듣고 마음이 찔린 사람들이 우리가 어찌할꼬 하자 베드로는 "너희가 회개하여 각각 예수 그리스도의 이름으로 세례를 받고 죄사함을 얻으라" 그리하면 무엇을 선물로 받는다고 하였는가? (행 2:37~38)

㉮ 영생 ㉯ 믿음 ㉰ 성령 ㉱ 천국

54. 오순절 날 베드로가 전한 복음을 듣고 믿기로 작정한 사람은 몇 명인가? (행 2:37~41)

㉮ 2000명 ㉯ 3000명 ㉰ 4000명 ㉱ 5000명

55. 성전 미문에서 구걸하던 앉은뱅이에게 "나사렛 예수 그리스도의 이름으로 걸으라"고 말한 사람은 누구인가? (행 3:2~6)

( )

56. 성전 미문에 앉아 구걸하던 나면서부터 앉은뱅이 된 사람에게 베드로가 한 말이 아닌 것은 무엇인가? (행 3:4~6)

【정답】

51.㉮ 52.베드로 53.㉰ 54.㉯ 55.베드로

㉮ 우리를 보라.
㉯ 은과 금은 내게 없거니와 내게 있는 것으로 네게 준다.
㉰ 나사렛 예수 그리스도의 이름으로 걸으라.
㉱ 거지 노릇 그만 하라.

57. 베드로와 사도 요한이 나면서부터 앉은뱅이 된 사람을 고친 후 베드로의 설교를 듣고 예수님께 돌아온 남자의 수는 얼마인가? (행 4:4)
㉮ 약 2000명 ㉯ 약 3000명 ㉰ 약 4000명 ㉱ 약 5000명

58. 예루살렘교회에서 소유를 판 돈의 일부만 바친 아나니아와 삽비라의 행위를 알고 꾸짖은 사람은 누구인가? (행 5:1~6)
㉮ 베드로 ㉯ 바울 ㉰ 안드레 ㉱ 야고보

59. 예수 이름으로 말하거나 가르치지 말라는 관원들의 명령에 베드로와 사도들은 무엇이라고 대답했는가? (행 5:27~29)
( )

60. 빌립의 사마리아 전도 소식을 듣고 예루살렘에서 파견된 이들은 누구인가? (행 8:5~14)
㉮ 안드레 ㉯ 바울 ㉰ 베드로, 사도 요한 ㉱ 도마

61. 사마리아에서 베드로와 사도 요한이 사람들에게 안수할 때에 성령받게 됨을 보고, 베드로에게 돈을 드려 그러한 권능을 갖기 원한 사람은 누구인가? (행 8:18~19)
( )

62. 죽었다가 성도들과 베드로의 기도로 다시 살아난, 선행과 구제를 많이 한 욥바의 여 제자는 누구인가? (행 9:36~40)
㉮ 도르가 ㉯ 마르다 ㉰ 루디아 ㉱ 삽비라

【정답】

56.㉱ 57.㉱ 58.㉮ 59.사람보다 하나님께 순종하는 것이 마땅하다고 함.
60.㉰ 61.마술사 시몬 62.㉮

63. 천사가 나타나 욥바에 있는 베드로를 청하라는 환상을 본 백부장은 누구인가? (행 10:4~5)

㉮ 이드로　　㉯ 고넬료
㉰ 아나니아　　㉱ 율리오

64. 베드로가 어디에서 기도하며 환상을 보는 중에 고넬료가 보낸 사람들이 그에게 도착했는가? (행 10:6~21)

(　　　　　)

65. 욥바에 있는 피장 시몬의 집에서 기도하던 중에 하늘에서 내려온 그릇 안의 네 발 가진 짐승과 기는 것과 공중에 나는 것들을 잡아먹으라는 환상을 본 사람은 누구인가? (행 10:11~16)

㉮ 베드로　　㉯ 바울
㉰ 사도 요한　　㉱ 디모데

66. 유대인들의 율법은 이방인 방문을 금지했다. 그럼에도 불구하고 고넬료의 가정에 베드로가 방문할 수 있었던 이유는 무엇인가? (행 10:9~48)

(　　　　　)

67. 베드로가 고넬료의 집을 방문하여 복음을 전할 때 일어난 일은 무엇인가? (행 10:44)

㉮ 성령이 말씀 듣는 모든 사람에게 내려오심.
㉯ 사람들이 회개함.
㉰ 유대인들이 방해함.
㉱ 사람들이 하나님의 영광을 봄.

【정답】

63.㉯　64.피장 시몬의 집 지붕　65.㉮
66.피장 시몬의 집 지붕에서 본 환상 때문　67.㉮

68. 헤롯이 요한의 형제 야고보를 죽이고, 베드로를 투옥했을 때 천사의 도움으로 옥에서 풀려난 베드로가 간 곳은 어디인가? (행 12:1~12)

㉮ 예루살렘 성전 ㉯ 마가 어머니의 집
㉰ 로마 ㉱ 베들레헴

69. 베드로는 본도, 갈라디아, 아시아, 비두니아에 있는 성도들에게 첫 번째 편지를 보냈다. 빠진 곳은 어디인가? (벧전 1:1)

㉮ 골로새 ㉯ 빌립보
㉰ 갑바도기아 ㉱ 고린도

70. 베드로가 쓴 첫 번째 편지를 전달한 사람은 누구인가? (벧전 5:12)

㉮ 실루아노 ㉯ 오네시모
㉰ 아리스다고 ㉱ 유스도

71. 베드로가 자신의 아들이라고 한 사람은 누구인가? (벧전 5:13)

㉮ 야고보 ㉯ 디모데
㉰ 디도 ㉱ 마가

72. 베드로 사도에 의하면 성도는 누구의 성품에 참예하는 자가 되게 하려고 부름을 받았다고 하였는가? (벧후 1:3~4)

㉮ 신 ㉯ 부모
㉰ 사도 ㉱ 제사장

73. 베드로 사도가 말한 신의 성품 여덟 가지는 믿음, 덕, 지식, 절제, 인내, 경건, 형제우애이다. 빠진 한 가지는 무엇인가? (벧후 1:5~7)

㉮ 화평 ㉯ 지혜
㉰ 사랑 ㉱ 겸손

【정답】

68.㉯ 69.㉰ 70.㉮ 71.㉱ 72.㉮ 73.㉰

사도 빌립과 나다나엘

1. 빌립의 고향은 어디인가? (요 1:44)
㉮ 벳새다 ㉯ 베다니 ㉰ 가나 ㉱ 예루살렘

2. 빌립을 전도한 사람은 누구인가? (요 1:43)
㉮ 베드로 ㉯ 세례 요한 ㉰ 알패오의 아들 야고보 ㉱ 예수님

3. 예수님을 만난 빌립이 전도한 사람은 누구인가? (요 1:45~46)
㉮ 안드레 ㉯ 다대오 ㉰ 나다나엘 ㉱ 바울

4. 빌립이 누구를 전도할 때 예수님에 대해 "모세가 율법에 기록하였고 여러 선지자가 기록한 그이를 우리가 만났으니 요셉의 아들 나사렛 예수니라"고 했는가? (요 1:45)
( )

5. "나사렛에서 무슨 선한 것이 날 수 있느냐"는 말을 한 사람은 누구인가? (요 1:46)
㉮ 니고데모 ㉯ 아리마대 요셉 ㉰ 나다나엘 ㉱ 세례 요한

6. 예수께서 누가 자기에게 오는 것을 보고 "보라 이는 참 이스라엘 사람이라 그 속에 간사한 것이 없도다"라고 말씀했는가? (요 1:47)
( )

【정답】

1.㉮ 2.㉱ 3.㉰ 4.나다나엘 5.㉰ 6.나다나엘

7. 예수님께 "당신은 하나님의 아들이시요 당신은 이스라엘의 임금이로소이다"라고 신앙고백을 한 사람은 누구인가? (요 1:49)
㉮ 사도 빌립 ㉯ 도마 ㉰ 나다나엘 ㉱ 안드레

8. 예수께서 큰 무리가 자기에게 오는 것을 보시고 누구에게 "우리가 어디서 떡을 사서 이 사람들로 먹게 하겠느냐"고 하셨나? (요 6:5)
( )

9. 예수께서 큰 무리가 자기에게로 오는 것을 보시고 빌립에게 "우리가 어디서 떡을 사서 이 사람들로 먹게 하겠느냐"고 질문하신 이유는 무엇인가? (요 6:5~6)
( )

10. 공생애 마지막 유월절 주께서 십자가 지시기 직전 헬라인들은 누구를 통해 주님을 만나고자 했는가? (요 12:20~21)
㉮ 베드로 ㉯ 주의 형제 야고보 ㉰ 사도 요한 ㉱ 사도 빌립

11. 예수께서 "내가 진실로 진실로 너희에게 이르노니 한 알의 밀이 땅에 떨어져 죽지 아니하면 한 알 그대로 있고 죽으면 많은 열매를 맺느니라"는 말씀은 어느 때 하신 말씀인가? (요 12:20~24)
㉮ 마지막 유월절 때 헬라인들이 빌립에게 주님 만나기를 청할 때
㉯ 겟세마네동산에서 기도하신 후
㉰ 부활하신 직후에
㉱ 승천하시기 직전에

12. 예수께서 "내가 곧 길이요 진리요 생명이니 나로 말미암지 않고는 아버지께로 올 자가 없느니라"고 하시자 아버지를 보여 달라고 했던 제자는 누구인가? (요 14:6~8)
㉮ 사도 빌립 ㉯ 바돌로메 ㉰ 도마 ㉱ 바울

【정답】
7.㉰ 8.빌립 9.빌립을 시험하시려고 10.㉱ 11.㉮ 12.㉮

13. 하나님 아버지를 보여 달라는 빌립에게 주께서 하신 말씀은 무엇인가? (요 14:8~9)
㉮ 마음이 가난한 자가 아버지를 본다.
㉯ 나를 본 자는 아버지를 보았다.
㉰ 다음에 보여 주마.
㉱ 금식 기도하라 그러면 볼 것이다.

마태와 도마

1. 열두 제자 중 알패오의 아들로 세리였던 사람은? (마 9:9, 막 2:14)
( )

2. 마태가 기록한 성경은 무엇인가?
( )

3. 마태는 어디에서 예수님을 만났는가? (마 9:9)
㉮ 회당 ㉯ 세관 ㉰ 예루살렘성전 ㉱ 요단강

4. 마태를 만난 예수님은 마태에게 무엇을 하라고 하셨는가? (마 9:9)
㉮ 죽도록 충성하라. ㉯ 진심으로 회개하라.
㉰ 천국 복음을 믿으라. ㉱ 나를 좇으라.

5. "나를 좇으라"는 주님의 말씀에 마태가 보인 반응은? (마 9:9)
( )

【정답】
13.㉯ 1.마태 2.마태복음 3.㉯ 4.㉱ 5.일어나 좇았다.

6. 예수님께서 마태의 집을 방문했을 때 함께 음식을 먹은 사람들은 누구인가? (마 9:10)

㉮ 세리와 죄인들과 예수의 제자들 ㉯ 서기관과 바리새인들
㉰ 제사장과 사두개인들 ㉱ 바리새인과 사두개인들

7. 예수님께서 마태의 집에서 많은 세리들과 죄인들과 함께 식사를 할 때 왜 죄인들과 함께 식사를 하느냐고 시비를 한 사람들은 누구인가? (마 9:10~11)

( )

8. 마태의 집에서 세리들과 죄인들과 함께 식사하시던 주께 "왜 죄인들과 식사하느냐"고 시비하던 바리새인들에게 주께서 "건강한 자에게는 의원이 쓸데없고" 누구에게 쓸데 있다고 하셨나? (마 9:10~12)

( )

9. 예수께서 마태의 집에서 세리들과 죄인들과 식사하실 때 누가 "주님의 제자들은 왜 금식하지 않느냐"고 시비하였는가? (마 9:10~14)

㉮ 사두개인과 제사장들 ㉯ 세례 요한의 제자들
㉰ 바리새인과 서기관들 ㉱ 동네 사람들

10. 예수께서 마태의 집에서 많은 세리들, 죄인들과 식사하실 때 "예수님의 제자들은 왜 금식하지 않느냐"고 시비를 한 세례 요한의 제자들에게 이르신 말씀은 무엇인가? (마 9:15~17)

㉮ 낡은 옷에는 생베 조각을 붙여야 한다.
㉯ 새 포도주는 새 부대에 넣어야 한다.
㉰ 너희들이나 잘해라.
㉱ 너희들도 다 같은 죄인이다.

【정답】

6.㉮ 7.바리새인들 8.병든 자 9.㉯ 10.㉯

11. 주께서 죽은 나사로에게 가자고 하셨을 때 "우리도 주와 함께 죽으러 가자"고 한 사람은 누구인가? (요 11:14~16)
㉮ 베드로 ㉯ 도마 ㉰ 사도 요한 ㉱ 마태

12. 주께서 제자들에게 "너희를 위해 처소를 예비하러 간다"고 하자, "어디로 가시는지 우리는 길을 모릅니다"고 한 제자는 누구인가? (요 14:2~5)
( )

13. "너희를 위해 처소를 예비하러 간다"고 하시는 주님께 도마가 "어디로 가시는지 우리는 길을 모릅니다"고 하자, 주께서 하신 말씀은 무엇인가? (요 14:2~6)
㉮ 내가 곧 길이요 진리요 생명이다. ㉯ 하나님나라로 간다.
㉰ 내가 생명의 떡이다. ㉱ 아직도 모르겠느냐?

14. 부활하신 주님을 뵌 제자들이 "우리가 주를 보았노라" 하니, "내가 그 손의 못자국을 보며 내 손가락을 그 못자국에 넣으며 내 손을 그 옆구리에 넣어 보지 않고는 믿지 아니하겠노라"고 했던 제자는 누구인가? (요 20:25)
( )

15. "내가 그 손의 못자국을 보며 내 손가락을 그 못자국에 넣으며 내 손을 그 옆구리에 넣어 보지 않고는 믿지 아니하겠노라"고 했던 도마에게 나타나신 주님께서 하신 말씀이 아닌 것은 무엇인가? (요 20:25~27)
㉮ 믿음 없는 자가 되지 말고 믿는 자가 되라.
㉯ 네 손을 내밀어 내 옆구리에 넣어 보라.
㉰ 너는 나의 사랑하는 제자이다.
㉱ 네 손가락을 이리 내밀어 내 손을 보라.

【정답】

11.㉯ 12.도마 13.㉮ 14.도마 15.㉰

삭개오

1. 삭개오의 직업은 무엇인가? (눅 19:2)
   ㉮ 서기관　㉯ 세리　㉯ 백부장　㉱ 성문지기

2. 예수님께서 여리고 거리를 지나가실 때 키가 작아 뽕나무에 올라가 예수님을 보고자 했던 이는 누구인가? (눅 19:2~4)
   (　　　　　　)

3. 예수님께서 뽕나무 위에 있는 삭개오에게 하신 말씀은? (눅 19:5)
   ㉮ 내가 오늘 네 집에 유하여야 하겠다.
   ㉯ 뽕나무에서 떨어지지 않도록 조심하라.
   ㉰ 복음을 들으라.
   ㉱ 회개하라 천국이 가까이 왔다.

4. 뽕나무 위에 있던 삭개오가 "내가 오늘 네 집에 유하여야 하겠다" 며 빨리 내려오라는 예수님의 말씀에 어떻게 했는가? (눅 19:5~6)
   (　　　　　　)

5. "소유의 절반을 가난한 자들에게 나눠주고 남의 것을 토색한 일이 있으면 사배로 갚겠다"고 예수께 약속한 사람은 누구인가? (눅 19:8)
   (　　　　　　)

【정답】

1.㉯　2.삭개오　3.㉮　4.급히 내려와 즐거워하며 예수님을 영접함.　5.삭개오

6. 예수께서 삭개오의 집에 들어가셔서 이 집에 무엇이 이르렀다고 말씀하셨나? (눅 19:9)
㉮ 복음 ㉯ 제자들 ㉰ 하나님나라 ㉱ 구원

사마리아 여자

1. 예수께서 유대를 떠나 갈릴리로 가실 때 유대인들이 다니지 않는 사마리아를 통과한 이유는 무엇인가? (요 4:3~4)
( )

2. 사마리아 여인이 예수를 만나 말씀을 들은 동네는 어디인가? (요 4:5~7)
㉮ 베들레헴 ㉯ 예루살렘 ㉰ 벳새다 ㉱ 수가

3. 사마리아 여인이 예수님을 만난 곳은 어디인가? (요 4:6~7)
㉮ 요단강 ㉯ 우물가 ㉰ 갈릴리 호수 ㉱ 베데스다 못가

4. 예수님께서 사마리아 여자에게 물을 달라고 하자 여인이 퉁명스럽게 대한 이유가 무엇인가? (요 4:9)
㉮ 물을 주기가 싫어서 ㉯ 무서워서
㉰ 유대인이 사마리아인과 상종치 아니하므로 ㉱ 바빠서

【정답】

6.㉱ 1.사마리아 여인을 만나 전도하시기 위해 2.㉱ 3.㉯ 4.㉰

5. 예수님께서 사마리아 여인에게 근본적으로 주고자 하신 것은 무엇인가? (요 4:10)

(　　　　　　)

6. 사마리아 여인이 예수님께 생수를 달라고 하자 주께서 무슨 말씀을 하셨는가? (요 4:15~16)

㉮ 회개하고 복음을 믿으라.　　㉯ 값 주고 사라.
㉰ 네 남편을 불러오라.　　㉱ 조금만 기다리라.

7. 남편을 불러오라는 예수님의 말씀에 사마리아 여인이 한 말은 무엇인가? (요 4:16~17)

(　　　　　　)

8. 남편을 불러오라는 예수님의 말씀에 사마리아 여인이 남편이 없다고 하자 주께서 "네게 남편 다섯이 있었으나 지금 있는 자는 네 남편이 아니니"라고 하시며 또 무슨 말씀을 하셨나? (요 4:17~18)

㉮ 너는 남편이 너무 많다.　　㉯ 지은 죄를 회개하라.
㉰ 왜 거짓말하느냐?　　㉱ 네 말이 참되도다.

9. 사마리아 여인은 자신의 근본 문제를 꿰뚫은 예수님을 누구로 인정했는가? (요 4:16~19)

(　　　　　　)

10. 수가 성 우물가에서 예수님을 만난 사마리아 여인은 예수님을 선지자로 인정하면서 무엇에 대해 궁금하게 생각하였는가? (요 4:20)

㉮ 예배　㉯ 기도　㉰ 전도　㉱ 축복

【정답】

5.생수(영생)　6.㉰　7.남편이 없나이다.　8.㉱　9.선지자　10.㉮

11. 예수님께서 수가 성 우물가에서 만난 사마리아 여인에게 가르치신 하나님이 원하시는 예배는 어떤 예배인가? (요 4:24)

( )

12. 예수님은 사마리아 여인에게 사람이 신령과 진정으로 예배드려야 할 이유는 무엇이라고 하셨는가? (요 4:24)

㉮ 사람은 신령하게 태어났기 때문
㉯ 진심으로 드리는 예배가 하나님을 기쁘시게 하기 때문
㉰ 하나님은 영이시기 때문
㉱ 예수님이 명령하셨기 때문

13. 사마리아 여인은 예수님 자신이 그리스도라는 말을 듣고 가장 먼저 한 일은 무엇인가? (요 4:25~29)

㉮ 물동이를 버려두고 동네로 가서 예수님이 그리스도일 것이라 말함.
㉯ 주님께 엎드려 경배함.
㉰ 주님께 배우고자 함.
㉱ 할렐루야를 부르면서 찬양함.

14. 예수님이 그리스도일 것이라는 사마리아 여인의 말을 들은 동네 사람들은 예수님을 누구로 믿었는가? (요 4:30~42)

( )

【정답】

11.신령과 진정으로 드리는 예배 12.㉰ 13.㉮ 14.세상의 구주

막달라 마리아

1. 예수님께서 복음을 전하러 다니실 때 자기의 소유로 예수님과 그 제자들을 섬긴 여사들 중에 속하지 않는 이는 누구인가? (눅 8:2~3)

㉮ 막달라 마리아 ㉯ 구사의 아내 요안나
㉰ 수산나 ㉱ 사마리아 여인

2. 예수님을 만나기 전에 일곱 귀신 들렸다가 나은 여인은 누구인가? (눅 8:2)

( )

3. 막달라 마리아가 안식 후 첫날 새벽 어디를 갔는가? (막 16:1~2)

㉮ 예루살렘성전 ㉯ 예수님께서 십자가 지신 곳
㉰ 예수님의 무덤 ㉱ 빌라도 법정

4. 막달라 마리아와 야고보의 어머니 마리아와 살로메가 안식 후 첫날 예수님의 무덤에 가서 예수께 바르기 위해 준비한 것은 무엇인가? (막 16:1~2)

㉮ 향품 ㉯ 포도즙
㉰ 유향 ㉱ 침향

【정답】

1.㉱ 2.막달라 마리아 3.㉰ 4.㉮

5. 주님의 죽음을 끝까지 지켰으며, 안식 후 첫날 주님 무덤에 가장 먼저 온 사람은 누구인가? (마 27:56, 28:1)
㉮ 막달라 마리아 ㉯ 마르다 ㉰ 베드로 ㉱ 아리마대 요셉

6. 부활하신 주님을 가장 먼저 본 사람은 누구인가? (막 16:9)
㉮ 막달라 마리아 ㉯ 베드로와 요한
㉰ 마르다 ㉱ 동산지기

간음 중에 잡혔던 여자

1. 간음 중에 잡힌 여자를 끌고 예수님께 온 사람들은 누구인가? (요 8:3~4)
( )

2. 예수님께 한 여자를 끌고 온 서기관과 바리새인들이 "모세는 율법에 이러한 여자를 돌로 치라 명했는데 선생은 어떻게 말하겠나이까?" 라고 말했다. 이러한 여자는 누구를 말하는가? (요 8:3~5)
( )

【정답】

5.㉮ 6.㉮ 1.서기관과 바리새인들 2.간음 중에 잡힌 여자

3. 모세 율법에 간음 중에 잡힌 자들을 어찌하라고 했는가? (레 20:10)
( )

4. 예수님으로부터 고소할 조건을 찾던 서기관과 바리새인들이 간음 중에 잡힌 여자를 예수님께 끌고 온 이유는 무엇인가? (요 8:3~6)
( )

5. 간음 중에 잡힌 여자를 예수님께 끌고 온 사람들이 "모세는 율법에 이러한 여자를 돌로 치라 명했는데 선생은 어떻게 말하겠나이까?"라고 질문하자 예수님은 어떤 답변을 하셨나? (요 8:3~7)
㉮ 율법의 가르침대로 하라. ㉯ 너희는 죄가 없느냐?
㉰ 남자도 데려오라. ㉱ 죄 없는 자가 먼저 돌로 치라.

6. 간음 중에 잡힌 여자를 어떻게 하느냐는 서기관과 바리새인들의 질문에 주께서 "너희 중에 죄 없는 자가 먼저 돌로 치라"고 하자 그들은 어떻게 하였나? (요 8:3~9)
㉮ 돌로 쳤다. ㉯ 양심의 가책을 받아 모두 나갔다.
㉰ 서기관들만 남았다. ㉱ 바리새인들만 남았다.

7. 간음 중에 잡힌 여자를 예수님께 끌고 온 바리새인들과 서기관들이 양심의 가책을 받아 모두 떠나고 그 곳에 남은 사람들은 누구인가? (요 8:3~9)
㉮ 예수님과 여자 ㉯ 바리새인들과 여자
㉰ 서기관들과 여자 ㉱ 여자와 그 가족들

8. 간음 중에 잡힌 여자를 예수님께 끌고 와 정죄하던 사람들이 모두 떠나자 예수께서 여자에게 나도 너를 정죄하지 아니하노니 어떻게 하라고 말씀하셨나? (요 8:3~11)
( )

【정답】
3.남녀를 함께 죽이라. 4.예수를 시험하려 함. 5.㉱ 6.㉯ 7.㉮
8.다시는 죄를 범치 말라.

마르다, 마리아, 나사로

1. 예수께서 마르다와 마리아의 집에 방문하셨을 때 주의 발 아래서 말씀을 들은 사람은 누구인가? (눅 10:38~39)
   (　　　　　　)

2. 주께서 마르다와 마리아의 집에 방문하셨을 때 준비하는 일이 많아 마음이 분주했던 사람은 누구인가? (눅 10:38~40)
   (　　　　　　)

3. 예수께서 마르다의 집에 방문하셨을 때 분주하게 준비하던 마르다가 주께 부탁한 것은 무엇인가? (눅 10:38~40)
   ㉮ 마리아를 혼내 주소서.　　㉯ 주님 쉬시옵소서.
   ㉰ 마리아에게 나를 도와주라 하소서.　　㉱ 마리아를 잘 가르쳐 주소서.

4. 예수께서 마르다의 집에 방문하셨을 때 분주하게 준비하던 마르다가 "마리아에게 나를 도와주라 하소서"라고 주님께 간청하자 예수께서 어떤 말씀을 하셨는가? (눅 10:40~42)
   ㉮ 마리아에게 마르다를 도우라 함　　㉯ 마르다 혼자 하라고 함
   ㉰ 예수님이 도와주신다고 함　　㉱ 마리아가 좋은 편을 택했다고 함

5. 마리아와 마르다는 오라비가 병들었을 때 누구에게 기별했는가? (요 11:1~3)
   ㉮ 대제사장　　㉯ 예수님　　㉰ 관원　　㉱ 서기관

【정답】

1.마리아　2.마르다　3.㉰　4.㉱　5.㉯

6. 주께서 마르다와 마리아의 기별을 받고 나사로에게 도착했을 때 나사로는 죽은 지 얼마나 되었는가? (요 11:32~39)

㉮ 나흘 ㉯ 사흘 ㉰ 한 달 ㉱ 일 년

7. "주께서 여기 계셨더면 내 오라비가 죽지 아니하였겠나이다"라고 말한 베다니의 여자는 누구인가? (요 11:32)

( )

8. 예수님께서 죽은 나사로의 무덤 앞에서 하나님께 기도하신 내용이 아닌 것은 무엇인가? (요 11:41~42)

㉮ 내 말을 들으신 것을 감사합니다.
㉯ 항상 내 말을 들으시는 줄을 내가 압니다.
㉰ 마리아와 마르다에게 용기를 주고 싶습니다.
㉱ 아버지께서 나를 보내신 것을 저희로 믿게 하려고 합니다.

9. 예수님께서 나사로의 무덤 앞에서 하나님께 감사 기도하신 후에 하신 말씀은 무엇인가? (요 11:41~43)

㉮ 하나님 아버지 나사로를 살려 주소서. ㉯ 나사로야 나오라.
㉰ 나를 믿는 자는 죽어도 살리라. ㉱ 사망아 물러가라.

10. 예수님께서 나사로의 무덤 앞에서 하나님께 감사 기도하신 후에 "나사로야 나오라"고 하자 죽은 나사로는 어떻게 되었는가? (요 11:41~44)

( )

11. 주께서 죽은 나사로를 살리신 일로 많은 유대인들이 예수를 믿게 되었을 때, 바리새인들은 어떤 반응을 했는가? (요 11:43~53)

( )

【정답】

6.㉮ 7.나사로의 동생 마리아 8.㉰ 9.㉯
10.수족을 베로 동인 채로 나왔다. 11.예수를 죽이기로 모의했다.

12. 예수님께서 죽은 나사로를 살려낸 일로 대제사장들과 바리새인들이 의논할 때 그들에게 "민족전체가 죽는 것보다 한 사람이 백성을 위하여 죽는 것이 유익하다"고 말한 이는 누구인가? (요 11:43~50)
㉮ 대제사장 가야바 ㉯ 가룟 유다 ㉰ 가말리엘 ㉱ 바나바

13. 유월절 엿새 전에 예수께서 찾아가 죽은 나사로를 살리신 곳은 어디인가? (요 12:1)
㉮ 벳새다 ㉯ 가다라 ㉰ 베다니 ㉱ 사마리아

14. 마리아는 방문한 예수님께 향유를 발에 붓고 무엇으로 예수님의 발을 씻었는가? (요 12:3)
( )

15. 마리아가 예수님께 부은 향유의 값은 얼마인가? (요 12:5)
( )

16. 마리아가 예수님께 향유 부은 것을 못마땅해 한 사람은 누구인가? (요 12:4~6)
㉮ 마태 ㉯ 도마 ㉰ 다대오 ㉱ 가룟 유다

17. 주님께서는 자기에게 부은 마리아의 향유가 무엇을 위함이라고 하셨는가? (요 12:3,7)
( )

18. 예수를 죽이려는 대제사장들이 왜 나사로까지 죽이려고 모의하였나? (요 12:10~11)
㉮ 나사로를 미워해서
㉯ 나사로가 죽을 죄를 지어서
㉰ 나사로 때문에 많은 유대인들이 예수를 믿으므로
㉱ 나사로를 죽이면 다시 살아나는가 보려고

【정답】

12.㉮ 13.㉰ 14.자기 머리털 15.삼백 데나리온 16.㉱
17.예수님의 장사할 날 18.㉰

초대 예루살렘교회 일곱 집사

1. 초대 예루살렘교회가 세운 일곱 집사 중에 속하지 않는 사람은 누구인가? (행 6:5)
   ㉮ 스데반, 빌립　　　　㉯ 브로고로, 니가노르
   ㉰ 디몬, 바메나, 니골라　　㉱ 베드로, 바울

2. 초대교회 일곱 집사가 세워진 배경은 무엇인가? (행 6:1~2)
   ㉮ 교회의 원활한 공궤를 위해서　　㉯ 전도를 위해서
   ㉰ 기도를 위해서　　㉱ 순교를 위해서

3. 초대교회 일곱 집사를 택한 기준은 무엇인가? (행 6:3)
   (　　　　　　　)

4. 초대교회 집사 선출에 나타난 교회의 역할 분담 중 목회자(사도)가 담당하는 일은 무엇인가? (행 6:1~4)
   (　　　　　　　)

5. 초대교회 집사 선출에 나타난 교회의 역할 분담 중 집사가 담당하는 일은 무엇인가? (행 6:1~4)
   (　　　　　　　)

【정답】

1.㉱　2.㉮　3.성령과 지혜가 충만하여 칭찬 듣는 사람
4.기도와 말씀 전하는 일　5.공궤(구제)

6. 초대교회 일곱 집사 중 말씀을 전하는 일에도 헌신한 사람들은 누구인가? (행 7-8장)

( )

7. 초대교회 일곱 집사 중 은혜와 권능이 충만하여 큰 기사와 표적을 민간에 행한 자는 누구인가? (행 6:8)

㉮ 빌립 ㉯ 디몬 ㉰ 니골라 ㉱ 스데반

8. 스데반을 잡아온 사람들은 어떻게 스데반을 고소하였는가? (행 6:10~13)

( )

9. 스데반의 설교를 들은 사람들은 스데반을 어떻게 했는가? (행 7:54~58)

㉮ 돌로 쳤다. ㉯ 칭찬했다.
㉰ 도망갔다. ㉱ 더 듣고자 했다.

10. 스데반이 죽은 후 뒤따라 일어난 일이 아닌 것은 무엇인가? (행 8:1~4)

㉮ 큰 박해가 일어났다. ㉯ 제자들이 합심해서 기도했다.
㉰ 제자들이 흩어졌다. ㉱ 복음이 멀리 전파되었다.

11. 스데반의 설교를 들은 사람들이 그를 돌로 칠 때 증인들이 옷을 벗어 누구 앞에 두었는가? (행 7:58)

( )

12. 돌에 맞는 스데반의 최후를 성경에 어떻게 기록되었는가? (행 7:60)

㉮ 살아나니라. ㉯ 자니라.
㉰ 도망가니라. ㉱ 큰 부상을 당하더라.

【정답】

6.스데반과 빌립 7.㉱ 8.거짓 증인을 세워 9.㉮ 10.㉯
11.사울(바울)이라는 청년 12.㉯

13. 스데반 순교 이후 사마리아로 가서 큰 권능으로 복음을 전한 집사는 누구인가? (행 8:5)
㉮ 빌립 ㉯ 브로고로 ㉰ 니가노르 ㉱ 바메나

14. 빌립이 에디오피아 여왕 간다게의 내시를 만났을 때 그가 읽고 있던 성경은 무엇인가? (행 8:26~28)
( )

15. 바울 사도가 3차 전도여행을 마치고 예루살렘으로 돌아오는 길에 가이사랴에 들렀을 때 누구 집에서 머물렀는가? (행 21:8~13)
( )

16. 빌립 집사의 딸들은 무엇을 하는 자였나? (행 21:8~9)
㉮ 자주장사 ㉯ 예언 ㉰ 복음 전도 ㉱ 의원

바울, 바나바, 누가, 마가, 디모데, 디도, 빌레몬, 브리스길라와 아굴라, 데마, 루디아

바울과 바나바의 1차 전도여행

1. 자기 소유의 밭을 팔아 사도들의 발 앞에 둔 레위족 구브로 사람은 누구인가? (행 4:36~37)
( )

【정답】
13.㉮ 14.이사야서 15.빌립 16.㉯ 1.요셉이라는 바나바

2. 착한 사람이요 성령과 믿음이 충만한 자로 알려진 구브로인은 누구인가? (행 11:24)

(　　　　　　)

3. 스데반이 돌에 맞아 죽는 것을 당연히 여겨 동참하며 증인들의 옷을 보관한 청년은 누구인가? (행 7:58-8:1)

㉮ 마가　㉯ 가룟 유다　㉰ 사울　㉱ 디모데

4. 교회를 핍박하던 시절 교회를 잔멸하고 각 집에 들어가 남녀를 끌어다가 옥에 넘기는 일을 한 사람은 누구인가? (행 8:3)

㉮ 사울　㉯ 아나니아　㉰ 고넬료　㉱ 바나바

5. 사울이었던 바울은 예수 믿기 전 주의 제자들을 어떠한 태도로 대했는가? (행 9:1)

㉮ 아주 우호적이었다.　㉯ 위협과 살기가 등등하였다.
㉰ 불친절하였다.　㉱ 무시하였다.

6. 사울이 대제사장에게 가서 다메섹 여러 회당에 갈 공문을 청한 까닭은 무엇인가? (행 9:2)

(　　　　　　)

7. 다메섹으로 향하던 사울이 하늘로부터 무슨 음성을 들었는가? (행 9:3~4)

(　　　　　　)

8. 다메섹 도상에서 환상을 보고 눈이 먼 사울을 안수하여 고친 사람은 누구인가? (행 9:17~18)

㉮ 바나바　㉯ 베드로　㉰ 고넬료　㉱ 아나니아

【정답】

2.바나바　3.㉰　4.㉮　5.㉯　6.예수 믿는 자들을 예루살렘으로 잡아오려고 함.
7.사울아 사울아, 네가 어찌하여 나를 핍박하느냐　8.㉱

9. 다메섹 도상에서 예수를 만난 사울이 다메섹 회당에서 예수가 누구라고 전했는가? (행 9:10~20)
( )

10. 그리스도인들을 잡으러 간 사울이 예수를 만나고 그를 전하자 사울을 죽이려 한 사람들은 누구인가? (행 9:20~23)
( )

11. 사울의 회심을 믿지 못하는 사도들에게 사울을 데려가 소개한 사람은 누구인가? (행 9:26~27)
㉮ 바나바 ㉯ 베드로 ㉯ 야고보 ㉱ 요한

12. 유대인들이 회심한 사울을 죽이려 하자 예루살렘교회의 형제들은 사울을 어디로 보냈는가? (행 9:23~30)
㉮ 다소 ㉯ 드로아 ㉰ 비두니아 ㉱ 마게도냐

13. 스데반의 순교로 흩어진 제자들이 안디옥에서 복음을 전하여 많은 이방인들이 주께 돌아오자 이들을 돌보도록 예루살렘교회가 파견한 사람은 누구인가? (행 11:19~22)
㉮ 베드로 ㉯ 바나바 ㉰ 요한 ㉱ 야고보

14. 바나바가 동역을 위해 다소에서 안디옥으로 데려온 사람은 누구인가? (행 11:25~26)
㉮ 디모데 ㉯ 마가 ㉰ 데마 ㉱ 사울

15. 글라우디오 때에 큰 흉년이 들자 안디옥교회가 유대에 사는 형제들에게 누구를 통해 부조금을 보냈는가? (행 11:28~30)
( )

【정답】
9.하나님의 아들 10.유대인들 11.㉮ 12.㉮ 13.㉯ 14.㉱ 15.바나바와 사울

16. 바나바와 사울이 예루살렘교회에 부조를 전하고 안디옥으로 돌아올 때 그 곳에서 누구를 데리고 왔는가? (행 11:28~30, 12:25)

㉮ 마태 ㉯ 실라
㉰ 마가 요한 ㉱ 누가

17. 안디옥교회의 선지자와 교사들 중 바나바와 바울을 따로 세우라고 누가 말씀하셨나? (행 13:1~2)

( )

18. 바나바와 사울은 성령의 보내심을 받아 실루기아로 내려가 다시 어디로 갔는가? (행 13:2~4)

㉮ 안디옥 ㉯ 예루살렘
㉰ 루스드라 ㉱ 구브로

19. 바나바의 고향이며 그의 첫 선교지는 어디인가? (행 4:36, 13:2~5)

( )

20. 바나바와 사울은 선교지 구브로에서 누구를 수종자로 두었는가? (행 12:25, 13:4~5)

㉮ 마가 요한 ㉯ 실라 ㉰ 디모데 ㉱ 누가

21. 바나바의 생질은 누구인가? (골 4:10)

㉮ 마가 ㉯ 바울 ㉰ 실라 ㉱ 마태

22. 구브로 총독 서기오 바울은 누구를 통해 믿음을 갖게 되었는가? (행 13:7~12)

( )

【정답】

16.㉰ 17.성령 18.㉱ 19.구브로 20.㉮ 21.㉮ 22.바울

23. 바울이 구브로에서 복음 전하는 일을 방해하던 이에게 소경이 될 것이라고 말한 즉시 소경이 된 사람은 누구인가? (행 13:8~11)
( )

24. 사울의 유대식 이름이 헬라(이방) 선교를 시작한 시점에 헬라식의 어떤 이름으로 바뀌었는가? (행 13:2~5,9)
( )

25. 바나바와 바울이 구브로의 바보 다음으로 간 선교지는 어디인가? (행 13:13)
( )

26. 바나바와 바울의 선교 중 버가에서 일어난 사건은? (행 13:13)
㉮ 마가 요한이 바나바와 바울을 떠나 예루살렘으로 돌아갔다.
㉯ 바나바와 바울이 심히 다투었다.
㉰ 폭풍으로 배가 파선되었다.
㉱ 사람들이 폭동을 일으켰다.

27. 주께서 승천하신 직후 성령강림을 기다리며 기도했던 다락방 집 주인은 누구인가? (행 1:13~14, 12:12)
㉮ 베다니의 마리아와 마르다 ㉯ 자주 장사 루디아
㉰ 마가 어머니 ㉱ 유니게

28. 1차 선교여행 중 돌아간 마가 때문에 마음이 상했던 바울은 후에 마가를 누구로 생각했는가? (딤후 4:11, 몬 1:24)
㉮ 친구 ㉯ 동역자 ㉰ 후배 ㉱ 스승

29. 바울이 동역자로 생각한 마가의 믿음의 아버지는 누구인가? (벧전 5:13)
㉮ 마태 ㉯ 바울 ㉰ 베드로 ㉱ 아브라함

【정답】

23.박수 엘루마 24.바울 25.버가 26.㉮ 27.㉰ 28.㉯ 29.㉰

30. 마가가 기록한 성경은 무엇인가?

㉮ 마태복음 ㉯ 마가복음 ㉰ 누가복음 ㉱ 요한복음

31. 바나바와 바울이 1차 전도 여행 때 버가 다음으로 가서 머무른 곳은 어디인가? (행 13:14~52)

㉮ 비시디아 안디옥 ㉯ 바보 ㉰ 이고니온 ㉱ 루스드라

32. 바나바와 바울이 비시디아 안디옥에 이르러 안식일에 찾아간 곳은 어디인가? (행 13:14)

㉮ 원형극장 ㉯ 다락방 ㉰ 기도처 ㉱ 회당

33. 바나바와 바울이 비시디아 안디옥에서 전도할 때 두 번째 안식일에 온 성의 사람들이 모인 이유는 무엇인가? (행 13:14,44)

(   )

34. 비시디아 안디옥에서 많은 이방인들이 믿으니, 핍박하는 유대인들을 피해 바울과 바나바가 간 곳은 어디인가? (행 13:48~51)

㉮ 이고니온 ㉯ 바보 ㉰ 구브로 ㉱ 버가

35. 바나바와 바울이 루스드라에서 행한 이적은 무엇인가? (행 14:8~10)

(   )

36. 루스드라에서 바울이 행한 이적을 본 사람들이 행한 일은 무엇인가? (행 14:8~13)

㉮ 하나님께 영광을 돌렸다.
㉯ 바울과 바나바를 신으로 모셔 제사하려고 하였다.
㉰ 모두가 그리스도인이 되기로 작정하였다.
㉱ 회개하였다.

【정답】

30.㉯ 31.㉮ 32.㉱ 33.하나님 말씀을 듣기 위해 34.㉮
35.앉은뱅이를 고쳤다. 36.㉯

37. 루스드라에서 바울이 행한 이적을 본 사람들이 바울과 바나바를 누구로 생각했는가? (행 14:12)

( )

38. 루스드라에 전파된 복음으로 제자들이 많이 생기자 유대인들이 사람들을 선동하여 바울을 향해 돌을 던지게 했다. 그들의 돌에 맞아 죽은 줄 알고 성 밖에 내쳐진 바울이 다시 일어나서 바나바와 함께 간 곳은 어디인가? (행 14:19~20)

( )

39. 바니바와 바울은 1차 전도여행을 마치고 어디로 돌아왔는가? (행 13-14장)

㉮ 예루살렘교회 ㉯ 로마교회
㉰ 안디옥교회 ㉱ 빌립보교회

40. 바나바와 바울이 1차 전도여행을 마치고 수리아의 안디옥에 있을 때 유대로부터 안디옥으로 내려온 이들이 가르친 것은 무엇인가? (행 14:19-15:1)

㉮ 믿음으로 구원받는다.
㉯ 모세의 율법대로 할례받아야 구원을 얻는다.
㉰ 예수 그리스도가 메시아이시다.
㉱ 아브라함의 자손이어야 구원받는다.

41. 바나바와 바울이 전한 복음과 이방인들도 모세의 율법대로 할례를 받아야 구원을 얻는다는 논쟁에 대해, 하나님께서 이방인을 구원하심은 모세의 율법과 무관하고 주의 은혜로 구원 얻는다고 결론을 내린 사람은 누구인가? (행 15:1~11)

( )

【정답】

37.허메와 쓰스 38.더베 39.㉰ 40.㉯ 41.베드로

바울과 바나바의 2~3차 전도여행

1. 바나바와 바울이 1차 전도여행으로 세워진 교회를 방문하려 하다가 심히 다투고 피차 갈라서게 된 원인은 무엇인가? (행 15:36~41)
   ㉮ 바나바가 마가를 동행시키려 했으나 바울이 반대한 까닭에
   ㉯ 바나바는 구브로로 가자 하고 바울은 로마로 가자 해서
   ㉰ 서로 신뢰할 수 없는 사이라서
   ㉱ 두 사람이 원래 싸우기를 좋아해서

2. 바울의 2차 전도여행 동행자는 누구였나? (행 15:39~40)
   ㉮ 마가 ㉯ 실라 ㉰ 바나바 ㉱ 베드로

3. 바울의 2차 전도여행 때에 첫 번째로 간 행선지는 어디인가? (행 15:39~41)
   (　　　　　)

4. 모친은 믿는 유대 여자요 부친은 헬라인으로 바울 일행과 2차 전도여행시에 동행한 사람은 누구인가? (행 16:1~3)
   ㉮ 디도 ㉯ 데마 ㉰ 빌레몬 ㉱ 디모데

5. 바울 일행의 아시아의 비두니아 전도를 막으신 분은 누구이신가? (행 16:6~8)
   (　　　　　)

【정답】

1.㉮ 2.㉯ 3.수리아 4.㉱ 5.성령

6. 드로아에서 "마게도냐 사람 하나가 서서 그에게 청하여 가로되 마게도냐로 건너와서 우리를 도우라"는 환상을 본 사람은 누구인가? (행 16:8~9)
( )

7. 2차 전도여행부터 바울의 동행자로 사도행전 16:10의 '우리'에 속하는 사람은 누구인가?
㉮ 누가 ㉯ 마태 ㉰ 도마 ㉱ 마가

8. 바울 사도의 동역자인 누가의 본래 직업은 무엇이었나? (골 4:14)
㉮ 어부 ㉯ 세리 ㉰ 랍비 ㉱ 의원

9. 바울의 최후까지 함께하면서 바울을 지켰던 사람은 누구인가? (딤후 4:11)
( )

10. 누가복음과 사도행전을 기록한 사람은 누구인가?
㉮ 마가 ㉯ 마태 ㉰ 요한 ㉱ 누가

11. 바울의 전도로 마게도냐의 첫 성 빌립보에서 처음으로 세례를 받고 그리스도인이 된 사람은 누구인가? (행 16:11~15)
㉮ 귀신들렸던 여자 ㉯ 자주장사 루디아
㉰ 사마리아 여인 ㉱ 빌립보 감옥의 간수

12. 빌립보에서 귀신들린 여종을 고친 바울과 실라는 어떻게 되었는가? (행 16:16~23)
( )

13. 빌립보에서 귀신들린 여자를 고친 이유로 투옥된 바울과 실라는 감옥에서 무엇을 하였는가? (행 16:16~25)

【정답】

6.바울 7.㉮ 8.㉱ 9.누가 10.㉱ 11.㉯ 12.여종의 주인에 의해 투옥됨.

㉮ 부흥 사경회를 하였다.
㉯ 억울함을 알리는 탄원서를 작성하였다.
㉰ 기도하며 하나님을 찬미하였다.
㉱ 휴식을 취하였다.

14. 바울과 실라가 빌립보 감옥에서 밤에 기도하고 하나님을 찬미하자 일어난 일은 무엇인가? (행 16:25~26)
( )

15. 바울과 실라가 갇힌 감옥 문이 열리는 기적을 목격하고 바울 일행에게 "선생들아 내가 어떻게 하여야 구원을 얻으리이까" 하고 외친 사람은 누구인가? (행 16:25~30)
㉮ 간수 ㉯ 죄수들 ㉰ 동네 사람들 ㉱ 경비원들

16. 빌립보 감옥의 관리인들은 바울의 어떤 신분 때문에 두려워했는가? (행 16:37~38)
㉮ 바리새인 ㉯ 가말리엘 문하생 ㉰ 로마인 ㉱ 예수의 제자

17. 바울은 빌립보를 떠나 암비볼리와 아볼로니아를 거쳐 어디로 갔는가? (행 17:1)
( )

18. 많은 헬라인들과 귀부인들이 복음을 받아들인 데살로니가에서 바울 일행이 복음을 전한 기간은? (행 17:1~2)
㉮ 세 안식일 ㉯ 석 달 ㉰ 삼년 ㉱ 삼일

19. 바울 사도 일행의 전도로 데살로니가에 세워진 교회의 이름은 무엇인가? (살전 1:1)
( )

【정답】

13.㉰ 14.큰 지진이 일어나 옥문이 열렸다. 15.㉮ 16.㉰ 17.데살로니가
18.㉮ 19.데살로니가교회

20. 바울 사도가 데살로니가를 떠난 후 데살로니가교회에 보낸 편지는?
( )

21. 바울 일행이 유대인들의 핍박을 피해 데살로니가를 떠나 간 곳은 어디인가? (행 17:5~10)
㉮ 베뢰아 ㉯ 드로아 ㉰ 네압볼리 ㉱ 빌립보

22. 바울이 진리를 말하자 간절한 마음으로 말씀을 받고 그것을 확인하려고 날마다 성경을 상고한 사람들은 누구인가? (행 17:11)
㉮ 데살로니가인 ㉯ 베뢰아인 ㉰ 고린도인 ㉱ 에베소인

23. 베뢰아에서 복음을 전하던 바울 일행을 핍박한 이들은 누구인가? (행 17:13)
( )

24. 바울이 유대인들의 핍박을 피해 베뢰아를 떠나서 간 곳은 어디인가? (행 17:13~34)
㉮ 고린도 ㉯ 아덴 ㉰ 로마 ㉱ 데살로니가

25. 아덴에서 복음을 전하던 바울이 전도의 접촉점으로 삼은 것은 무엇인가? (행 17:23)
( )

26. 바울이 아덴에서 복음을 전한 광장의 이름은 무엇인가? (행 17:22)
( )

27. 바울이 아덴을 떠나 도착한 도시는 어디인가? (행 18:1)
㉮ 빌립보 ㉯ 데살로니가 ㉰ 고린도 ㉱ 에베소

【정답】

20. 데살로니가전후서 21. ㉮ 22. ㉯ 23. 데살로니가에서 온 유대인들 24. ㉯
25. '알지 못하는 신에게' 라고 새겨진 단의 글 26. 아레오바고 27. ㉰

28. 바울이 고린도에서 만나 동역한 사람은 누구인가? (행 18:1~3, 26)

㉮ 로마에서 온 아굴라와 브리스길라 부부
㉯ 예루살렘에서 온 야고보
㉰ 안디옥에서 온 실라
㉱ 마가와 바나바

29. 브리스길라와 아굴라 부부는 누가 로마에 있는 모든 유대인들을 추방함으로 로마에서 고린도로 왔는가? (행 18:2)

㉮ 가이사 ㉯ 네로 ㉰ 글라우디오 ㉱ 디베리우스

30. 브리스길라와 아굴라 부부의 직업은 무엇인가? (행 18:3)

( )

31. 바울은 고린도에서 어떤 일을 하여 전도비, 생활비를 마련했는가? (행 18:2~3, 20:34)

㉮ 물고기 잡는 일 ㉯ 히브리어 과외
㉰ 자주 장사 ㉱ 장막을 만드는 일

32. 바울은 고린도에 얼마 동안 머물렀는가? (행 18:1, 11)

㉮ 3개월 ㉯ 6개월 ㉰ 1년 6개월 ㉱ 2년

33. 바울이 고린도에 머물면서 안식일마다 회당에서 강론하고 어떤 사람들을 권면하였는가? (행 18:1~4)

( )

34. 바울이 고린도회당에서 복음 전하는 것을 싫어하는 유대인들을 피해 누구의 집으로 갔는가? (행 18:4~7)

( )

【정답】

28.㉮ 29.㉰ 30.장막 만드는 일 31.㉱ 32.㉰ 33.유대인과 헬라인
34.디도 유스도의 집

35. 바울이 고린도를 떠나게 된 동기는 무엇인가? (행 18:12~18)
( )

36. 바울이 고린도를 떠나 수리아로 갈 때 함께한 부부는? (행 18:18)
( )

37. 고린도를 떠난 후에 고린도교회에 보낸 목회서신을 쓴 사람은 누구인가?
㉮ 바울 ㉯ 베드로 ㉰ 디모데 ㉱ 누가

38. 바울은 고린도에서 수리아로 떠나기에 앞서 전에 서약한 일로 어디에서 머리를 깎았는가? (행 18:18)
㉮ 겐그레아 ㉯ 아가야 ㉰ 아덴 ㉱ 데베

39. 에베소에 머물던 브리스길라와 아굴라가 데려다가 하나님의 도를 자세히 풀어 가르침으로 후에 교회에 유익한 교사가 되고, 성경에 능하나 요한의 세례만 알던 사람은 누구인가? (행 18:24~28)
㉮ 디모데 ㉯ 누가
㉰ 아볼로 ㉱ 데메드리오

40. 바울 사도의 2차 전도 여행을 통해 세워진 교회들 중에 속하지 않는 교회는 어디인가? (행 15:35-18:22)
㉮ 빌립보교회 ㉯ 데살로니가교회
㉰ 예루살렘교회 ㉱ 고린도교회

41. 3차 전도여행에서 바울이 갈라디아와 부르기아 땅을 돌아본 후에 간 곳은 어디인가? (행 18:23, 19:1)
㉮ 길리기아 ㉯ 에베소 ㉰ 마게도냐 ㉱ 두로

【정답】

35. 유대인들이 바울을 대적하여 일어난 소요 때문 36. 브리스길라와 아굴라
37. ㉮ 38. ㉮ 39. ㉰ 40. ㉰ 41. ㉯

42. 바울이 에베소에서 2년 동안 제자들을 가르치던 서원의 이름은 무엇인가? (행 19:9~10)

( )

43. 바울이 에베소에 머문 기간은 얼마 동안인가? (행 19:1~20)

㉮ 약 2년 ㉯ 약 1년 ㉰ 약 6개월 ㉱ 약 석달

44. 에베소에서 계속되는 바울의 전도로 자신들의 사업이 망할 것이라 생각한 은장색들이 폭동을 주도했는데 이들이 만들어 팔던 신상은 무엇인가? (행 19:20~29)

㉮ 성모 마리아상 ㉯ 금송아지상
㉰ 아데미 여신상 ㉱ 비둘기상

45. 에베소를 떠난 바울이 아시아를 거쳐 예루살렘으로 갈 때 그와 동행한 이들 중에 속하지 않는 사람은 누구인가? (행 20:3~16)

㉮ 아시아 사람 두기고와 드로비모
㉯ 데살로니가 사람 아리스다고와 세군도
㉰ 더베 사람 가이오와 디모데
㉱ 사도 요한

46. 바울이 에베소교회에 보낸 목회서신은 무엇인가? (엡 1:1)

( )

47. 창에 걸터앉았다가 바울의 설교가 길어지자 졸음을 이기지 못하여 떨어져 죽은 유두고 청년을 바울이 살려 준 사건은 어디에서 일어났는가? (행 20:6~12)

㉮ 드로아 ㉯ 밀레도 ㉰ 두로 ㉱ 가이사랴

【정답】

42.두란노서원 43.㉮ 44.㉰ 45.㉱ 46.에베소서 47.㉮

48. 예루살렘으로 향하던 바울이 가이사랴 빌립의 집에 머물 때 예루살렘에 가면 잡혀서 이방인의 손에 넘겨질 것이니 가지 말라고 예언한 선지자는 누구인가? (행 21:10~12)
㉮ 빌립 집사의 딸 ㉯ 아가보 ㉰ 스데반 ㉱ 예레미야

49. 예루살렘에 가지 말라는 아가보의 예언을 들은 바울은 어떻게 하였는가? (행 21:10~15)
( )

50. 이방 형제들과 구제금을 가지고 예루살렘교회를 방문한 바울은 어떤 누명을 쓰고 붙잡혔는가? (행 21:17~28)
㉮ 바울이 헌금을 적게 가져왔다.
㉯ 바울이 성전 안에 이방인을 데리고 들어와 성전을 더럽혔다.
㉰ 바울이 이방에 복음을 전했다.
㉱ 바울이 유대인들을 폭행했다.

51. 이방인과 함께 성전에 들어갔다는 누명을 쓰고 죽을 뻔한 바울이 누구로부터 백성에게 말할 수 있는 기회를 얻어 죽음을 모면하게 되었나? (행 21:27~40)
( )

52. 예루살렘에 억류된 바울을 죽이기 전에는 먹지도 마시지도 않겠다고 맹세한 유대인은 몇 명인가? (행 23:12~14)
㉮ 약 40명 ㉯ 약 50명 ㉰ 약 60명 ㉱ 약 70명

53. 40여 명의 유대인 결사대가 바울을 죽이려는 것을 알게 된 천부장은 바울을 가이사랴에 있는 누구에게 보내었는가? (행 23:12~30)
( )

【정답】

48.㉯ 49.예수님을 위해 죽을 각오하고 예루살렘을 향해 떠났다. 50.㉯
51.로마군대 천부장 52.㉮ 53.벨릭스 총독

54. 벨릭스 총독 앞에서 장로들과 변사 더둘로와 함께 바울을 고소한 대제사장은 누구인가? (행 24:1)

㉮ 베스도 ㉯ 드루실라 ㉰ 아나니아 ㉱ 나손

55. 벨릭스 총독은 바울을 얼마 동안 구류하였는가? (행 24:27)

(   )

56. 벨릭스가 바울에게 죄가 없음을 알고도 그를 구류한 이유는 무엇인가? (행 24:26~27)

㉮ 바울을 석방하는 조건으로 돈을 요구하려고
㉯ 바울에게서 복음을 들으려고
㉰ 부인이 풀어 주지 못하게 해서
㉱ 유대인들이 무서워서

57. 벨릭스 뒤를 이어 총독이 된 사람은 누구인가? (행 24:27)

㉮ 빌라도 ㉯ 보르기오 베스도 ㉰ 서기오 바울 ㉱ 가이사

58. 유대인들이 베스도에게 가이샤라에 있는 바울을 예루살렘으로 끌고 와서 재판해 달라고 요청한 이유는 무엇인가? (행 25:1~3)

(   )

59. 베스도가 바울에게 예루살렘에 가서 심문을 받지 않겠느냐고 묻자 그는 직접 누구에게 호소하겠다고 하였나? (행 25:9~12)

(   )

60. 바울이 이달리야(로마)로 호송될 때 동행한 사람은 누구인가? (행 27:1~2)

㉮ 디모데와 바나바 ㉯ 마게도냐 사람 아리스다고
㉰ 바나바와 마가 요한 ㉱ 마리아와 마르다

【정답】

54.㉰ 55.2년간 56.㉮ 57.㉯ 58.길에 매복하고 있다가 바울을 죽이려고 함
59.로마의 가이사 60.㉯

61. 바울 일행이 배를 타고 로마로 가던 중 광풍을 만나 파선당한 배가 머무른 곳은 어디인가? (행 27:1-28:1)
( )

62. 바울이 멜리데에서 첫 번째로 누구의 병을 고쳤는가? (행 28:7~8)
( )

63. 바울이 로마에 도착하였을 때 죄수에게 허락된 것보다 더 호의적으로 허락된 것은 무엇인가? (행 28:16)
( )

64. 바울이 재판받으려고 로마에 얼마 동안 체류했는가? (행 28:16~30)
㉮ 만 1년 ㉯ 만 2년 ㉰ 만 3년 ㉱ 만 4년

65. 바울이 재판받기 위해 로마에 있으면서 한 일은 무엇인가? (행 28:16~31)
㉮ 하나님나라를 전파하며 그리스도에 관한 것을 가르침.
㉯ 세례를 줌.
㉰ 교회에서 쓸 찬송가를 작사 작곡함.
㉱ 후배 양성에 힘씀.

바울서신의 동역자들

1. 바울 사도가 로마서를 기록한 목적이 아닌 것은 무엇인가? (롬 1:10~12)

【정답】
61.멜리데 섬 62.추장 보블리오의 부친 63.바울을 지키는 한 군사와 함께 따로 거주하도록 허락됨 64.㉯ 65.㉮

㉮ 로마교회의 성도들이 보고 싶어서
㉯ 신령한 은사를 나눠주어 로마교회를 견고하게 하려고
㉰ 바울 사도와 로마교회가 피차 안위함을 얻으려고
㉱ 로마에 교회를 개척하여 세우려는 목적으로

2. 바울 사도가 말한 죄의 삯은 무엇인가? (롬 6:23)
㉮ 벌금 ㉯ 수감 ㉰ 사망 ㉱ 영생

3. 바울 사도가 말한 하나님의 은사는 무엇인가? (롬 6:23)
( )

4. 바울 사도는 예루살렘에서부터 어디까지 복음을 편만하게 전하였는가? (롬 15:19)
㉮ 서바나 ㉯ 일루리곤
㉰ 겐그리아 ㉱ 고린도

5. 바울 사도는 예루살렘에서부터 일루리곤까지 복음을 전하고 그 다음 어디에서 전도하려고 했는가? (롬 15:19~23)
( )

6. 바울 사도는 서바나 복음전도를 위해 어느 교회의 도움받기를 원했는가? (롬 15:23~24)
㉮ 로마교회 ㉯ 고린도교회
㉰ 라오디게아교회 ㉱ 에베소교회

7. 바울 사도가 로마교회에 추천한 겐그레아교회의 여자 일꾼은 누구인가? (롬 16:1)
㉮ 마르다 ㉯ 뵈뵈 ㉰ 안나 ㉱ 한나

【정답】
1.㉱ 2.㉰ 3.영생 4.㉯ 5.서바나(스페인) 6.㉮ 7.㉯

8. 겐그레아교회의 일꾼 뵈뵈의 직분은 무엇인가? (롬 16:1)

( )

9. 겐그레아교회의 일꾼 뵈뵈가 바울 사도와 그 일행들을 위해 어떤 역할을 하였나? (롬 16:2)

㉮ 전도자 ㉯ 보호자 ㉰ 핍박자 ㉱ 교사

10. 바울 사도가 로마교회에 자신을 위해 목숨이라도 내놓을 사람이라고 소개한 이들은 누구인가? (롬 16:3~4)

㉮ 마가와 바나바 ㉯ 아나니아와 삽비라
㉰ 빌립과 고넬료 ㉱ 브리스가(브리스길라)와 아굴라

11. 바울 사도가 로마교회에 아시아의 첫 열매라고 소개한 사람은 누구인가? (롬 16:5)

㉮ 에배네도 ㉯ 빌립 ㉰ 디도 ㉱ 스데반

12. 바울 사도의 친척으로 바울과 함께 옥에 갇혔던 두 사람은 누구인가? (롬 16:7)

( )

13. 바울 사도가 그의 어머니처럼 여겼던 사람은 누구인가? (롬 16:13)

㉮ 마가의 어머니 ㉯ 루포의 어머니
㉰ 디모데의 어머니 ㉱ 베드로의 장모

14. 로마서를 바울 사도 대신 기록한 사람은 누구인가? (롬 16:22)

㉮ 더디오 ㉯ 디모데 ㉰ 디도 ㉱ 누기오

【정답】

8.집사 9.㉯ 10.㉱ 11.㉮ 12.안드로니고와 유니아 13.㉯ 14.㉮

15. 고린도전서에서 바울과 함께 고린도교회에 문안한 사람은 누구인가? (고전 1:1~3)
㉮ 누기오 ㉯ 야손 ㉰ 소시바더 ㉱ 소스데네

16. 고린도후서에서 바울과 함께 고린도교회에 문안한 사람은 누구인가? (고후 1:1)
㉮ 디도 ㉯ 아볼로 ㉰ 디모데 ㉱ 게바

17. 바울 사도에게 고린도교회에 분쟁이 있다는 것을 알린 이들은 어느 집에서 온 사람들인가? (고전 1:11)
㉮ 스데바나 ㉯ 아볼로 ㉰ 아킵보 ㉱ 글로에

18. 바울이 고린도교인들에게 쓴 편지를 갖고 고린도로 간 사람은 누구인가? (고전 4:17)
㉮ 디모데 ㉯ 디도 ㉰ 바나바 ㉱ 고넬료

19. 고린도교회에서 그리스보와 가이오, 스데바나 집 사람들에게 세례를 베푼 사람은 누구인가? (고전 1:14~16)
㉮ 베드로 ㉯ 바울 ㉰ 야고보 ㉱ 세례 요한

20. 바울 사도는 고린도교회에 시기와 다툼이 있음을 알고 자신을 심은 사람으로, 누구를 물 준 사람으로 비유했는가? (고전 3:3~6)
㉮ 아나니아 ㉯ 브리스길라 ㉰ 아킵보 ㉱ 아볼로

21. 바울은 우상에게 바쳤던 음식이 형제를 어떻게 하면 평생 먹지 않을 것이라고 했는가? (고전 8장)
㉮ 실족케 ㉯ 살찌게 ㉰ 부자 되게 ㉱ 욕심나게

【정답】

15.㉱ 16.㉰ 17.㉱ 18.㉮ 19.㉯ 20.㉱ 21.㉮

22. 바울 사도가 쓴 고린도전서에서 자비량으로 전도했던 두 사람은 누구인가? (고전 9:6~15)

( )

23. 바울 사도는 모든 은사가 다 중요하지만 이 은사들을 행함에 있어서 무엇이 전제되어야 한다고 했는가? (고전 13장)

㉮ 믿음 ㉯ 소망 ㉰ 사랑 ㉱ 지혜

24. 바울 사도는 믿음, 소망, 사랑 이 세 가지는 항상 있을 것인데 그 중에 제일은 무엇이라고 했는가? (고전 13:13)

( )

25. 어려움 가운데 처한 고린도교회의 부족한 것을 보충해 준 자들로 바울에게 찾아온 이들 중에 속하지 않는 자는 누구인가? (고전 16:17)

㉮ 스데바나 ㉯ 브드나도 ㉰ 아가이고 ㉱ 빌립

26. 바울 사도가 드로아에서 전도의 문이 열렸음에도 불구하고 마게도냐로 간 까닭은 누구를 만나기 위해서인가? (고후 2:12~13)

㉮ 디도 ㉯ 오네시모 ㉰ 마가 ㉱ 누가

27. 예루살렘교회에 보낼 헌금을 마련하기 위해 고린도교회에 파견된 사람은 누구인가? (고전 16:1~5, 고후 8:1~7)

㉮ 디모데 ㉯ 마가 ㉰ 빌립 ㉱ 디도

28. 하나님께서 바울 사도로 하여금 교만치 않게 하려고 그의 몸에 있게 한 것은 무엇인가? (고후 12:7)

( )

【정답】

22.바울과 바나바 23.㉰ 24.사랑 25.㉱ 26.㉮
27.㉱ 28.가시(사단의 사자)

29. 바울 사도가 예루살렘에서 게바를 심방하고 그와 함께 유한 기간은 얼마인가? (갈 1:18)

㉮ 10일 ㉯ 15일 ㉰ 20일 ㉱ 25일

30. 바울 사도가 게바를 심방하려고 예루살렘에 갔을 때 게바 외에 만난 사람은 누구인가? (갈 1:18~19)

㉮ 마가 ㉯ 누가 ㉰ 디모데 ㉱ 주의 형제 야고보

31. 1차 전도여행 후 바울이 바나바와 예루살렘에 갔을 때, 이들에게 교제의 악수를 청한 이들 중에 속하지 않는 사람은 누구인가? (갈 2:1~9)

㉮ 사도 요한 ㉯ 게바 ㉰ 누가 ㉱ 주의 동생 야고보

32. 게바가 안디옥에서 복음의 진리를 따라 바로 행하지 아니함을 면책한 사람은 누구인가? (갈 2:11~14)

㉮ 바울 ㉯ 마가 ㉰ 사도 요한 ㉱ 주의 형제 야고보

33. 게바는 안디옥에서 이방인들과 함께 먹다가 누가 보낸 이들이 오자 먹던 것을 중지하고 물러갔는가? (갈 2:11~12)

㉮ 바울 ㉯ 누가 ㉰ 사도 요한 ㉱ 주의 형제 야고보

34. 바울 사도는 누가 하나님의 거하실 처소가 되기 위해 예수 안에서 함께 지어져가고 있다고 했는가? (엡 2:22)

(   )

35. 옥중에 있는 바울 사도의 소식을 에베소교회에 전해준 사람은 누구인가? (엡 6:21)

㉮ 아킵보 ㉯ 아굴라 ㉰ 디도 ㉱ 두기고

【정답】

29.㉯ 30.㉱ 31.㉰ 32.㉮ 33.㉱ 34.에베소교회 성도들 35.㉱

36. 빌립보서를 쓴 사람은 누구인가? (빌 1:1)

㉮ 베드로 ㉯ 바울 ㉰ 주의 형제 야고보 ㉱ 사도 빌립

37. 바울과 함께 빌립보교회 성도들에게 문안 인사를 한 사람은 누구인가? (빌 1:1~2)

㉮ 디모데 ㉯ 마가 ㉰ 바나바 ㉱ 에바브로디도

38. 바울 사도가 빌립보 성도들에게 품으라고 한 예수 그리스도의 마음이 아닌 것은 무엇인가? (빌 2:5~8)

㉮ 자기를 비워 종의 형체를 가지심
㉯ 사람의 모양으로 나타나사 자기를 낮추심
㉰ 죽기까지 복종하시다 십자가에서 죽으심
㉱ 사람들의 왕이 되시려 함

39. 바울 사도가 쓴 빌립보서를 가지고 빌립보에 간 사람은 누구인가? (빌 2:25)

㉮ 빌립 ㉯ 에디오피아 내시 ㉰ 뵈뵈 ㉱ 에바브로디도

40. 바울 사도가 주 안에서 같은 마음을 품으라고 권한 빌립보교회의 두 사람은 누구인가? (빌 4:2)

㉮ 브리스길라와 아굴라 ㉯ 유오디아와 순두게
㉰ 아나니아와 삽비라 ㉱ 바나바와 마가

41. 빌립보교회는 바울 사도가 쓸 헌금을 누구 편에 보냈는가? (빌 4:18)

㉮ 빌립 ㉯ 디모데 ㉰ 마가 ㉱ 에바브로디도

42. 골로새교회 성도들에게 편지를 쓴 사람은 누구인가? (골 1:1~2)

㉮ 바울 ㉯ 베드로 ㉰ 마태 ㉱ 누가

【정답】

36.㉯ 37.㉮ 38.㉱ 39.㉱ 40.㉯ 41.㉱ 42.㉮

43. 골로새교회를 세우고 그들을 가르친 사람은 누구인가? (골 1:7)
㉮ 바울 ㉯ 디모데 ㉰ 에바브라 ㉱ 순두게

44. "탐심은 곧 우상을 숭배하는 것과 같다"고 말한 사람은 누구인가? (골 3:5)
( )

45. 바울이 골로새교회 성도들에게 쓴 편지를 전해 준 사람은 누구인가? (골 4:7~8)
㉮ 아킵보 ㉯ 뵈뵈 ㉰ 에바브로디도 ㉱ 두기고

46. 바울과 함께 골로새 성도들에게 문안한 사람들 중에 골로새교회 성도들을 위해 애써 기도하는 자로 소개된 사람은 누구인가? (골 4:10~14)
㉮ 에바브라 ㉯ 누가 ㉰ 에바브로디도 ㉱ 두기고

47. 바울 사도와 함께 골로새교회에 문안하고 있는 이들 중 의원의 직업을 가진 자는 누구인가? (골 4:14)
( )

48. 바울 사도와 함께 빌레몬서에서 빌레몬과 압비아와 아킵보와 빌레몬 집에서 모이는 교회에 문안한 사람은 누구인가? (몬 1:1~2)
( )

49. 바울 사도는 오네시모를 곁에 두어 자신을 돕게 해달라고 누구에게 간구했는가? (몬 1:10~18)
㉮ 빌레몬 ㉯ 압비아 ㉰ 빌립 ㉱ 디모데

【정답】

43.㉰ 44.바울 사도 45.㉱ 46.㉮ 47.누가 48.디모데 49.㉮

50. 오네시모는 본래 누구의 종이었는가? (몬 1:10~16)

㉮ 빌립　㉯ 바울　㉰ 빌레몬　㉱ 디모데

51. 바울 사도가 빌레몬의 집에서 도망한 오네시모에게 복음을 전한 곳은 어디인가? (몬 1:10)

㉮ 회당　㉯ 오네시모의 집
㉰ 우물가　㉱ 감옥

52. 바울과 함께 빌레몬에게 문안한 이들 중에 포함되지 않는 사람은 누구인가? (몬 1:23~24)

㉮ 에바브라　㉯ 마가
㉰ 아리스다고　㉱ 사도 요한

53. 바울과 함께 데살로니가교회에 문안한 사람들은 누구인가? (살전 1:1, 살후 1:1)

(　　　　　　)

54. 바울 사도의 데살로니가 행을 누가 막았는가? (살전 2:17~18)

㉮ 데마　㉯ 사단
㉰ 아리스다고　㉱ 빌레몬

55. 바울은 데살로니교회의 소식을 누구에게 전해 들었는가? (살전 3:6)

㉮ 실루아노　㉯ 디모데
㉰ 디도　㉱ 에바브로디도

56. 바울 사도는 데살로니가교회에 일하기 싫어하는 자들을 어떻게 하라고 했는가? (살후 3:10)

(　　　　　　)

【정답】

50.㉰　51.㉱　52.㉱　53.실루아노와 디모데　54.㉯　55.㉯　56.먹지도 말게 하라

57. 디모데에게 편지를 쓴 사람은 누구인가? (딤전 1:1~2)
㉮ 바울 ㉯ 디도 ㉰ 베드로 ㉱ 주의 형제 야고보

58. 바울이 쓴 서신 중 옥중서신이 아닌 것은 무엇인가?
㉮ 에베소서 ㉯ 빌립보서 ㉰ 골로새서 ㉱ 디모데전후서

59. 바울이 디모데후서를 쓸 때 디모데에게 사용한 호칭은 무엇인가? (딤후 1:2)
㉮ 사랑하는 아들 ㉯ 제자 ㉰ 종 ㉱ 성도

60. 디모데의 신앙은 누구에게서 물려받았는가? (딤후 1:5)
(   )

61. 교회의 핍박자인 자신을 죄인 중에 괴수라고 말한 사람은 누구인가? (딤전 1:15)
㉮ 베드로 ㉯ 주의 형제 야고보 ㉰ 바울 ㉱ 디모데

62. 착한 양심과 믿음을 잃어버린 자들 중 바울이 사단에게 내어 준 사람들은 누구인가? (딤전 1:19~20)
(   )

63. 바울 사도는 디모데에게 무엇을 사랑함이 일만 악의 뿌리가 된다고 했는가? (딤전 6:10)
㉮ 돈 ㉯ 명예 ㉰ 친구 ㉱ 형제

64. 바울 사도와 함께 아시아에서 복음을 전하다가 바울을 버리고 간 사람들 중에 속한 자들은 누구인가? (딤후 1:15)
㉮ 브리스길라와 아굴라 ㉯ 부겔로와 허모게네
㉰ 아나니아와 삽비라 ㉱ 바나바와 마가

【정답】

57.㉮ 58.㉱ 59.㉮ 60.외조모 로이스와 어머니 유니게 61.㉰
62.후메내오와 알렉산더 63.㉮ 64.㉯

65. 로마와 에베소에서 바울 사도를 섬겼던 사람은 누구인가? (딤후 1:16~18)
   ㉮ 오네시모 ㉯ 압비아 ㉰ 빌립 ㉱ 오네시보로

66. 바울은 누구에게 그리스도의 군사로 나와 함께 고난을 받으라고 하였는가? (딤후 2:3~4)
   ㉮ 디모데 ㉯ 디도 ㉰ 바나바 ㉱ 오네시모

67. "부활이 이미 지나갔다"고 그릇된 진리를 말한 두 사람은 누구인가? (딤후 2:17~18)
   (   )

68. 바울이 디모데에게 때를 얻든지 못 얻든지 항상 힘써 해야 할 일은 무엇이라고 했는가? (딤후 4:2)
   ㉮ 말씀 전파 ㉯ 기도 ㉰ 심방 ㉱ 식사

69. 바울을 따르다가 세상을 사랑하여 데살로니가로 간 자는 누구인가? (딤후 4:10)
   (   )

70. 바울 사도의 복음 전도에 해를 많이 끼친 구리 장색은 누구인가? (딤후 4:14)
   (   )

71. 믿음 안에서 아버지와 아들 관계로 지낸 자들은 누구인가? (딛 1:4)
   ㉮ 바울과 디도 ㉯ 바나바와 실라
   ㉰ 바울과 베드로 ㉱ 바울과 실라

72. 바울이 디도서를 보낼 당시 믿음의 아들 디도가 있던 곳은 어디인가? (딛 1:5)
   ㉮ 밧모 ㉯ 골로새 ㉰ 빌립보 ㉱ 그레데

【정답】

65.㉱ 66.㉮ 67.후메내오, 빌레도 68.㉮ 69.데마 70.알렉산더
71.㉮ 72.㉱

73. 바울이 디도를 그레데에 남겨둔 이유는 무엇 때문인가? (딛 1:4~5)
㉮ 장로를 세우려고 ㉯ 집사를 세우려고
㉰ 복음을 전하게 하려고 ㉱ 성도들을 돌보게 하려고

74. 바울은 이단에 속한 사람에 대해서는 어떤 방법을 취하라고 말하는가? (딛 3:10)
㉮ 자주 초대하여 교제하라. ㉯ 한두 번 훈계한 뒤에 멀리하라.
㉰ 다른 사람에게 알려라. ㉱ 끝까지 변론하라.

75. 바울 사도가 아데마나 두기고를 그레데에 보내리라고 하면서 그들이 도착하면 누구에게 자신이 있는 니고볼리로 급히 오라고 하였는가? (딛 3:12)
㉮ 베드로 ㉯ 마가 ㉰ 디도 ㉱ 누가

76. 바울 사도가 그레데에 있는 디도에게 아데마나 두기고를 보내면서 그들이 도착하는 대로 니고볼리로 급히 오라고 하면서 그에 앞서 누구를 먼저 보내라고 했는가? (딛 3:13)
㉮ 세나와 아볼로 ㉯ 마가와 누가 ㉰ 오네시모 ㉱ 데마

77. 바울은 빌레몬에게 신앙적인 관계에서 얼마든지 명령할 수 있었지만 누가 자신을 섬길 수 있게 해 달라고 사랑하는 마음으로 부탁했는가? (몬 1:8~15)
( )

78. 바울이 오네시모를 만난 곳은 어디인가? (몬 1:10)
㉮ 빌립보에서 전도하다가 ㉯ 아덴에서 철학자들과 변론하다가
㉰ 로마 감옥에 있을 때 ㉱ 에베소에서

79. 바울은 종의 신분이었던 오네시모를 어떻게 대하였는가? (몬 1:16)
( )

【정답】

73.㉮ 74.㉯ 75.㉰ 76.㉮ 77.오네시모 78.㉰
79.사랑하는 형제처럼

80. 바울 당시 종은 돈으로 사고 팔 수 있는 재산이었다. 바울은 빌레몬의 재산인 오네시모를 얻기 위해서 오네시모가 불의를 하였거나 빚을 지었다면 어떻게 하겠다고 했는가? (몬 1:18~19)
( )

81. 바울이 빌레몬에게 오네시모를 형제로 대할 것과 자신에게 다시 돌려 보내 줄 것을 말할 때 바울에게 어떤 확신이 있었는가? (몬 1:16~21)
( )

82. 바울이 빌레몬에게 마지막으로 부탁한 것은 무엇인가? (몬 1:22)
㉮ 전도에 필요한 돈을 줄 것 ㉯ 자주 면회 올 것
㉰ 복음 전도에 힘쓸 것 ㉱ 처소를 예비해 줄 것

헤롯

1. 예수님이 탄생하신 때에 유대 왕은 누구였는가? (마 2:1)
( )

2. 헤롯이 아기 예수를 찾아 죽이려고 할 때 요셉이 아기 예수를 피신시킨 곳은 어디인가? (마 2:13~14)
㉮ 애굽 ㉯ 나사렛 ㉰ 예루살렘 ㉱ 갈릴리

3. 헤롯이 죽은 후 유대의 분봉왕이 된 사람은 누구인가? (마 2:22)
( )

【정답】
80.바울이 회계하겠다고 함. 81.빌레몬이 순종하리라는 확신 82.㉱
1.헤롯 2.㉮ 3.아켈라오

마귀

1. 예수님이 광야에서 며칠 동안 마귀에게 시험받으셨는가? (마 4:1~2)
   ㉮ 100일 ㉯ 70일 ㉰ 40일 ㉱ 10일

2. 예수님이 광야에서 마귀에게 시험받은 첫 번째 내용은 무엇인가? (마 4:1~3)
   ( )

3. 돌로 떡덩이가 되게 하라는 마귀의 시험에 예수님은 사람이 떡으로만 살 것이 아니요, 무엇으로 살아야 한다고 했나? (마 4:1~4)
   ㉮ 하나님의 말씀 ㉯ 만나 ㉰ 메추라기 ㉱ 빵

4. 마귀는 예수를 성전 꼭대기에 세우고 하나님의 아들이라면 어떻게 하라고 하였는가? (마 4:5~6)
   ( )

5. 마귀는 예수님이 성전 꼭대기에서 뛰어내리면 누가 받들 것이라고 했는가? (마 4:6)
   ㉮ 이스라엘 백성들 ㉯ 하나님의 사자
   ㉰ 가브리엘 ㉱ 독수리

【정답】

1.㉰ 2.돌로 떡덩이가 되게 하라. 3.㉮ 4.뛰어내리라. 5.㉯

6. 예수님은 성전 꼭대기에서 뛰어내리라는 마귀의 시험에 어떻게 답하셨는가? (마 4:5~7)
( )

7. 마귀는 예수를 데리고 높은 산으로 가서 무엇을 보여 주면서 "내게 엎드려 경배하면 이 모든 것을 주리라"고 했나? (마 4:8~9)
( )

8. 내게 엎드려 경배하면 천하만국과 그 영광을 주리라는 마귀의 시험에 예수께서 하신 말씀이 아닌 것은 무엇인가? (마 4:10)
㉮ 사단아 물리가라. ㉯ 주 너의 하나님께 경배하라.
㉰ 하나님만 섬기라. ㉱ 나를 시험하지 말라.

9. 예수를 시험하던 마귀가 떠나고 누가 예수님께 수종들었나? (마 4:11)
㉮ 성도들 ㉯ 천사들 ㉰ 들짐승들 ㉱ 목자들

바리새인, 사두개인, 제사장

1. 예수의 제자들이 안식일에 밀 이삭을 잘라먹은 것을 보고 누가 예수님께 고했는가? (마 12:1~2)
㉮ 바리새인들 ㉯ 사두개인들 ㉰ 제사장들 ㉱ 서기관들

【정답】
6.주 너의 하나님을 시험치 말라. 7.천하만국과 그 영광 8.㉱ 9.㉯ 1.㉮

2. 바리새인들이 안식일에 예수님의 제자들이 밀 이삭을 잘라 먹었다고 예수님께 고한 까닭은 무엇인가? (마 12:2)

( )

3. 예수께서 귀신들려 눈 멀고 벙어리 된 자를 고쳐주셔서 그가 말하며 보게 되자 무리가 다 놀라 "이는 다윗의 자손이 아니냐" 하니, "귀신의 왕 바알세불을 힘입지 않고는 귀신을 쫓아내지 못하느니라"고 한 사람들은 누구인가? (마 12:22~24)

( )

4. 바리새인들이 예수님께 귀신의 왕을 힘입어 귀신을 쫓아낸다고 하자, 주께서 내가 하나님의 성령을 힘입어 귀신을 쫓아내는 것이면 무엇이 이미 너희에게 임하였다고 하셨는가? (마 12:22~28)

㉮ 하나님의 사랑 ㉯ 하나님의 나라
㉰ 하나님의 능력 ㉱ 하나님의 영광

5. 예수님은 누구든지 말로 인자를 거역하면 사하심을 얻지만 누구를 거역하면 이 세상과 오는 세상에도 사하심을 얻을 수 없다고 하셨는가? (마 12:32)

㉮ 성령 ㉯ 사도
㉰ 그리스도인 ㉱ 이방인들

6. 서기관과 바리새인 중 몇 사람이 주님께 표적을 보여달라고 말하자 누구의 표적밖에는 보일 것이 없다고 하셨나? (마 12:38~41)

( )

【정답】

2.안식일에 하지 말아야 할 일을 했기 때문 3.바리새인들 4.㉯ 5.㉮
6.선지자 요나의 표적

7. 예루살렘에서 온 바리새인과 서기관들이 예수께 나아와 제자들이 떡 먹을 때에 손을 씻지 않는 것을 보고 무엇을 범한다고 비난했는가? (마 15:1~2)
㉮ 탈무드 ㉯ 토라 ㉰ 장로들의 유전 ㉱ 율법

8. 예수의 제자들이 손을 씻지 않고 떡 먹는 것을 보고 장로들의 유전을 범한다고 말한 바리새인과 서기관들이 실상 범한 것은 무엇인가? (마 15:1~6)
( )

9. 아비나 어미에게 해드릴 것을 하나님께 바쳤다고 하면 그 부모를 공경할 것이 없다고 한 이들은 누구인가? (마 15:1~6)
( )

10. 예수께서 말씀하시기를 입에 들어가는 것이 사람을 더럽게 하는 것이 아니라 무엇이 사람을 더럽게 한다고 하셨는가? (마 15:11)
㉮ 입에서 나오는 것 ㉯ 잘못된 분별력
㉰ 목욕하지 않은 육체 ㉱ 회개하지 않은 마음

11. 예수께서는 입에서 나와 사람을 더럽게 하는 것들은 곧 어디에서 나온 것이라고 하셨나? (마 15:18)
( )

12. 주께서는 어떤 세대가 표적을 구한다고 말씀하셨는가? (마 16:4)
㉮ 악하고 음란한 세대 ㉯ 호기심이 많은 세대
㉰ 마지막 시대 사람들 ㉱ 노아의 시대 사람들

【정답】

7.㉰ 8.하나님의 계명 9.서기관들과 바리새인들 10.㉮ 11.마음 12.㉮

13. 예수께서 말씀하신 바리새인과 사두개인들의 누룩이란 무엇인가? (마 16:11~12)
㉮ 바리새인과 사두개인들의 교훈 ㉯ 바리새인과 사두개인들의 지식
㉰ 바리새인과 사두개인들의 전례 ㉱ 바리새인과 사두개인들의 신앙

가룟 유다

1. 대제사장들에게 스승 예수를 판 자는 누구인가? (막 14:10~11, 43~46)
( )

2. 가룟 유다 마음에 예수를 팔려는 생각을 넣은 자는 누구인가? (요 13:2)
㉮ 마귀 ㉯ 제사장 ㉰ 바리새인 ㉱ 사두개인

3. 가룟 유다는 스승을 얼마에 팔았는가? (마 26:15)
㉮ 은 이십 ㉯ 은 삼십 ㉰ 은 사십 ㉱ 은 오십

4. 가룟 유다는 주님께 향유를 부은 마리아에게 향유를 얼마에 팔아 가난한 자들에게 주지 않았다고 했는가? (요 12:4~5)
㉮ 삼백데나리온 ㉯ 은삼십 ㉰ 일백달란트 ㉱ 삼십데나리온

5. 예수님께 향유를 부은 마리아를 비난한 사람은 누구인가? (요 12:4~6)
( )

【정답】
13.㉮ 1.가룟 유다 2.㉮ 3.㉯ 4.㉮ 5.가룟 유다

사도 요한

1. 사도 요한이 기록한 성경 중 아닌 것은 무엇인가?

㉮ 요한복음　　㉯ 요한 1,2,3서
㉰ 요한계시록　　㉱ 에베소서

2. 사도 요한의 부친은 누구인가? (마 4:21)

(　　　　　　)

3. 사도 요한이 기록한 것으로 "태초에 말씀이 계시니라"로 시작되는 성경은 무엇인가? (요 1:1)

㉮ 요한복음　㉯ 요한일서　㉰ 요한이서　㉱ 요한삼서

4. 사도 요한이 예수님의 제자로 부름받은 곳은 어디인가? (마 4:18~22)

(　　　　　　)

5. 사도 요한은 예수께서 제자로 부르실 때 무엇을 하고 있었나? (마 4:21)

㉮ 그물을 깁고 있었다.　　㉯ 물고기를 잡고 있었다.
㉰ 배를 수리하고 있었다.　　㉱ 양을 돌보고 있었다.

【정답】

1.㉱　2.세베대　3.㉮　4.갈릴리 해변　5.㉮

6. 사도 요한의 형제는 누구인가? (마 4:21)
㉮ 다대오 ㉯ 야고보 ㉰ 안드레 ㉱ 도마

7. 사도 요한이 주를 따를 때 버린 것이 아닌 것은 무엇인가? (막 1:19~20)
㉮ 배 ㉯ 부친 ㉰ 삯꾼들 ㉱ 처자

8. 예수께서 우레의 아들이라는 별명을 붙여 준 제자들은 누구인가? (막 3:17)
( )

9. 예수께서 세베대의 아들 야고보와 요한에게 붙여 준 우레의 아들이란 뜻을 가진 말은 무엇인가? (막 3:17)
( )

10. 예수께서 영광 중에 변화되신 산에 오르셨을 때 동행한 제자들 중 포함되지 않는 제자는 누구인가? (마 17:1)
㉮ 베드로 ㉯ 세베대의 아들 야고보
㉰ 사도 요한 ㉱ 알패오의 아들 야고보

11. 주님을 따르지 않는 어떤 자가 주의 이름으로 귀신을 내어쫓는 것을 보고 그것을 금한 제자는 누구인가? (막 9:38)
㉮ 베드로 ㉯ 안드레 ㉰ 사도 요한 ㉱ 다대오

12. 예수님께서 십자가를 지려는 시기에 예수께 와서 하나는 주의 우편에, 하나는 주의 좌편에 앉게 해달라고 구한 이들은 누구인가? (마 20:20~21, 막 10:35~37)
( )

【정답】

6.㉯ 7.㉱ 8.세베대의 아들 야고보와 요한 9.보아너게
10.㉱ 11.㉰ 12.야고보와 요한과 그들의 어미

13. 주님의 품에 누워 만찬을 먹던 제자는 누구인가? (요 13:23)
㉮ 베드로 ㉯ 야고보 ㉰ 유다 ㉱ 사도 요한

14. 예수님은 십자가에서 모친을 어느 제자에게 부탁했나? (요 19:25~27)
( )

15. 예수님의 열두 제자들 중 헤롯에 의해 순교당한 사람은 누구인가? (행 12:1~2)
( )

16. 요한 사도는 죄를 짓는 자는 누구에게 속한 자라고 하였는가? (요일 3:8)
( )

17. 요한 사도는 적그리스도는 무엇을 부인한다고 하였는가? (요이 1:7)
㉮ 예수께서 육체로 임하심 ㉯ 예수의 재림
㉰ 삼위일체의 하나님 ㉱ 예수의 부활

18. 요한 사도는 누구를 위하여 영혼이 잘됨같이 범사에 잘되고 강건하기를 간구하였나? (요삼 1:1~2)
㉮ 가이오 ㉯ 데메드리오
㉰ 오네시모 ㉱ 야고보

19. 요한 사도가 말한 으뜸되기를 좋아하고, 형제들을 접대치 아니하고 오히려 그들을 대접하려는 자를 방해한 자는 누구인가? (요삼 1:9~10)
㉮ 데메드리오 ㉯ 갑바도기아
㉰ 아리스다고 ㉱ 디오드레베

【정답】

13.㉱ 14.사도 요한 15.세베대의 아들 야고보 16.마귀
17.㉮ 18.㉮ 19.㉱

20. 요한 사도가 말한 뭇사람에게도 칭찬을 받고 진리의 선한 증거를 받은 신실한 자는 누구인가? (요삼 1:12)

㉮ 유스도　　㉯ 오네시모
㉰ 데메드리오　　㉱ 디오드레베

21. 사도 요한이 요한계시록을 기록한 곳은 어디인가? (계 1:9~11)

(　　　　　　)

22. 사도 요한이 받은 계시를 일곱 교회에 보냈다. 그 일곱 교회에 속하지 않는 교회는 어디인가? (계 2-4장)

㉮ 에베소교회, 서머나교회　　㉯ 버가모교회, 두아디라교회
㉰ 사데교회, 빌라델비아교회　　㉱ 고린도교회, 데살로니가교회

【정답】

20.㉰　　21.밧모섬　　22.㉱

절 기

안식일, 안식년, 희년, 면제년

1. 안식이라는 단어의 의미는 무엇인가?
   (　　　　　　　)

2. 안식일은 누구로부터 출발하였는가? (창 2:1~3)
   (　　　　　　　)

3. 천지창조의 일을 하신 하나님께서 몇째 날에 안식하셨나? (창 2:2)
   ㉮ 넷째 날　㉯ 다섯째 날　㉰ 여섯째 날　㉱ 일곱째 날

4. 하나님은 안식하시기 전 6일 동안 무엇을 하셨는가? (창 1장)
   ㉮ 천지를 창조하셨다.　㉯ 주무셨다.
   ㉰ 말씀을 연구하셨다.　㉱ 찬양하셨다.

5. 하나님께서 안식일에 하신 일이 아닌 것은 무엇인가? (창 2:3)
   ㉮ 복을 주셨다.　㉯ 거룩하게 하셨다.
   ㉰ 안식하셨다.　㉱ 일하셨다.

6. 6일간 천지를 창조하신 하나님께서 일곱째 날에 하신 일은 무엇인가? (창 2:2)
   ㉮ 창조물들의 형편을 살피셨다.　㉯ 안식하셨다.
   ㉰ 창조물들의 이름을 지으셨다.　㉱ 말씀을 가르치셨다.

【정답】

1.쉰다.　2.하나님　3.㉱　4.㉮　5.㉱　6.㉯

7. 예수께서 안식일에 일한다는 이유로 유대인들이 핍박할 때 예수님은 누가 이제까지 일하시기 때문에 나도 일한다고 하셨나? (요 5:16~17)
( )

8. 하나님께 순종치 아니한 사람들이 어떠한 행동을 취하기 시작하면서 하나님의 안식이 사라지게 되었는가? (창 3:1~8, 히 4:3~5)
㉮ 하나님을 떠남 ㉯ 회개를 함
㉰ 불순종에 대한 이유를 밝힘 ㉱ 상대방에게 떠넘김

9. 안식하시던 하나님께서 아담과 하와가 범죄하여 하나님을 떠난 직후부터 죄지은 인간들을 위해 시작하신 일은 무엇인가? (창 3장)
㉮ 구원사역 ㉯ 천지창조 ㉰ 만나를 주심 ㉱ 십계명을 주심

10. 출애굽 한 이스라엘 백성들에게 광야에서의 양식으로 주어진 만나를 거둘 수 없었던 날은 언제인가? (출 16:25)
( )

11. 하나님께서 광야의 이스라엘 백성들에게 안식일을 어떻게 지내라고 하셨는가? (출 16:29~30)
㉮ 처소에 있어 안식할 것 ㉯ 기도하러 갈 것
㉰ 만나를 많이 거둘 것 ㉱ 선한 일을 찾아서 할 것

12. 하나님께서 이스라엘 백성들에게 공식적으로 안식일을 지키라고 명령한 장소와 방법은 무엇인가? (출 19:20~25, 20:8~11)
( )

13. 십계명 중 안식일 계명은 몇 번째 계명인가? (출 20:1~10)
㉮ 1계명 ㉯ 4계명 ㉰ 5계명 ㉱ 10계명

【정답】

7.하나님 8.㉮ 9.㉮ 10.안식일
11.㉮ 12.시내산에서 십계명을 주시므로 13.㉯

14. 하나님께서 주신 십계명은 안식일을 어떻게 지키라고 하셨나? (출 20:8)
( )

15. 하나님은 사람들에게 안식일 외 6일 동안은 무엇을 하라고 하셨는가? (출 20:9)
㉮ 힘써 네 모든 일을 행하라. ㉯ 즐겁게 놀아라.
㉰ 이웃을 대접하라. ㉱ 여행하라.

16. 안식일에 일을 하거나 시켜서는 안 되는 존재들은? (출 20:10~11)
( )

17. 하나님께서는 안식일에 일하는 사람을 어떻게 하라고 하셨는가? (출 31:14~15)
㉮ 바르게 훈계하라. ㉯ 두 배의 임금을 지불하라.
㉰ 죽이라. ㉱ 감옥에 가두라.

18. 안식에 들어가기 위해 갖추어야 할 것은 무엇인가? (히 4:1~11)
㉮ 믿음 ㉯ 지식 ㉰ 선한 행실 ㉱ 기도생활

19. 하나님께서 자기 일을 쉬심과 같이 어떠한 자가 자기 일을 쉬게 되는가? (히 4:10)
( )

20. 안식일에는 일을 쉬는 대신 무엇을 했는가? (레 23:3)
㉮ 전도 ㉯ 예배(성회) ㉰ 산책 ㉱ 여행

21. 이스라엘 민족과 타민족을 구분하는 가장 중요한 기준은 무엇인가? (출 31:13)

【정답】

14.거룩하게 15.㉮ 16.본인, 가족, 종들, 객들, 육축들 17.㉰ 18.㉮
19.하나님의 안식에 들어간 자 20.㉯

㉮ 안식일을 지키는가. ㉯ 수염을 기르는가.
㉰ 율법서를 암송하는가. ㉱ 기도를 많이 하는가.

22. 안식일은 누구를 위해 있는 날인가? (막 2:27)
( )

23. 안식일은 언제부터 언제까지인가? (창 1:31-2:2)
( )

24. 유대인들이 예수님을 싫어한 가장 큰 이유는 예수께서 어떠한 일을 행했기 때문인가? (눅 13:14)
㉮ 유대인들을 싫어해서 ㉯ 안식일에 병자들을 고치셨기에
㉰ 오병이어의 기적 때문에 ㉱ 세례를 베풀었기 때문에

25. 예수님과 함께 다닌 제자들이 안식일에 한 일이 죄가 되지 않는 이유는 무엇인가? (마 12:5~8)
( )

26. 안식일의 주인은 누구인가? (마 12:8)
㉮ 예수 그리스도 ㉯ 안식일을 지키는 모든 사람들
㉰ 어린이들 ㉱ 그리스도 안에서 잠자는 자들

27. 바리새인들이 예수님을 죽이려고 결심한 중요한 까닭은 무엇인가? (막 2:24-3:6)
( )

28. 안식일에 일한다고 핍박하는 이들에게 주님은 왜 안식일에 일하신다고 하셨는가? (요 5:16~17)
㉮ 내 아버지께서 일하시니 나도 일한다. ㉯ 낮에는 일해야 한다.
㉰ 빈둥거리며 쉬는 것은 나쁜 일이다. ㉱ 일해야 건강하다.

【정답】

21.㉮ 22.사람 23.일주일 가운데 6일(금) 저녁부터 7일(토) 저녁까지
24.㉯ 25.주님은 안식일의 주인이시며, 성전보다 크시기 때문에 26.㉮
27.안식일에 일을 했기 때문에 28.㉮

29. 안식일은 지금도 계속되는가? (골 2:16~17)

(　　　　　　　)

30. 먹고 마시는 것과 절기나 월삭 등은 무엇과 함께 폐하여졌는가? (골 2:16~17)

(　　　　　　　)

31. 결국 구약 시대에 지켰던 안식일은 장래 일의 무엇이었는가? (골 2:16~17)

(　　　　　　　)

32. 구약 시대에 지킨 장래 일의 그림자인 안식일과 절기의 실체는 무엇인가? (골 2:17, 히 8:1~6)

㉮ 예수 그리스도　㉯ 주일　㉰ 성탄절　㉱ 천국

33. 안식일이 폐하여진 오늘날 교회의 공식 예배일은 언제인가? (마 8:1)

㉮ 안식일 하루 전날　㉯ 안식 후 첫날
㉰ 안식 후 둘째 날　㉱ 안식 후 셋째 날

34. 교회는 언제부터 안식일 대신 주일에 예배드리게 되었나? (마 28:1~6)

(　　　　　　　)

35. 안식년은 몇 년마다 돌아오는가? (레 25:4)

㉮ 7년　㉯ 10년　㉰ 15년　㉱ 70년

36. 안식년이란 무엇인가? (레 25:4)

㉮ 시집가고 장가가는 해　㉯ 땅이 쉬는 해
㉰ 휴가를 얻어 세계 여행하는 해　㉱ 신앙생활에 집중하는 해

【정답】

29.폐하여졌다. 30.안식일 31.그림자 32.㉮ 33.㉯
34.예수 그리스도께서 부활하신 후부터 35.㉮ 36.㉯

37. 파종, 스스로 난 것을 거두는 일, 다스리지 아니한 포도를 거두는 것이 금지된 해는 언제인가? (레 25:11)
( )

38. 경작을 금하고 추수를 금한 안식년에는 무엇으로 식량을 삼았는가? (레 25:20~21)
㉮ 제 육년에 거둬들인 소출 ㉯ 제 오년에 보관해 둔 양식
㉰ 외국에서 사온 양식 ㉱ 만나

39. 안식년에 경작하지 않는 땅에서 자란 곡식과 과실들은 누가 먹게 하라고 하셨는가? (출 23:11)
( )

40. 희년이란 안식년을 몇 번 보낸 다음 해를 말하는가? (레 25:8~10)
㉮ 세 번 ㉯ 다섯 번 ㉰ 일곱 번 ㉱ 열 번

41. 희년은 몇 년마다 오는가? (레 25:8~11)
㉮ 7년 ㉯ 10년 ㉰ 50년 ㉱ 70년

42. 희년을 알리는 기념식은 49년이 지난 다음 속죄일인 7월 10일에 어떤 악기를 사용하므로 시작되었는가? (레 25:8~10)
㉮ 북 ㉯ 나팔 ㉰ 수금 ㉱ 비파

43. 희년에 전 국민에게 선포해야 하는 것은 무엇인가? (레 25:10)
㉮ 예배 ㉯ 말씀 ㉰ 평화 ㉱ 자유

44. 희년에 종 되었던 사람들이 해방되어 돌아가는 곳은 어디인가? (레 25:10)
( )

【정답】

37.희년 38.㉮ 39.가난한 백성, 들짐승 40.㉰ 41.㉰ 42.㉯ 43.㉱
44.본래 자기 기업과 가족

45. 하나님께서 희년에 수확을 금지하시는 대신 제 육년에 소출을 풍성하게 하사 몇 년 쓰기에 족하게 하신다고 하셨나? (레 25:21)
㉮ 3년 ㉯ 5년 ㉰ 7년 ㉱ 10년

46. 팔거나 산 토지가 본래 주인에게 돌아가는 때는 언제인가? (레 25:28)
㉮ 유월절 ㉯ 부림절 ㉰ 희년 ㉱ 감사절

47. 가난하게 되어 팔리운 동족을 종으로 산 사람은 언제 해방시켜야 했는가? (레 25:39~41)
㉮ 오순절 ㉯ 초실절 ㉰ 수장절 ㉱ 희년

48. 판 지 만 일년 안에는 무를 수 있으나 무르지 못하면 산 자의 소유로 확정되어 대대로 그에게 속하고 희년에라도 돌려보내지 않는 가옥은 어떤 것인가? (레 25:29~30)
( )

49. 토지를 산 자는 원주인에게 돌려주고, 종들을 해방시키며, 종이 되었거나 토지를 팔아 고향을 떠났던 자가 해방이 되어 자기 땅으로 돌아와 온 백성이 다시 평균케 되는 해는 언제인가? (레 25:10~28)
㉮ 희년 ㉯ 오순절 ㉰ 유월절 ㉱ 장막절

50. 이스라엘의 토지와 종의 몸값을 치를 때 언제를 기준으로 정해졌나? (레 25:50)
( )

51. 이스라엘 사람 중에 가난하게 되어 종이 되었더라도 그를 산 주인은 그를 종으로 여기지 말고 어떻게 대해야 했는가? (레 25:39~40)
( )

【정답】
45.㉮ 46.㉰ 47.㉱ 48.성벽 있는 성내의 가옥 49.㉮ 50.희년
51.품꾼이나 우거하는 자처럼

52. 매 7년마다 돌아오며, 채무를 면제해 주는 절기의 이름은 무엇인가? (신 15:1~9, 31:10)

( )

53. 하나님께서는 제 7년 ( )이 가까웠다 하고 궁핍한 형제에게 빌려주지 않으려는 악한 생각을 마음에 품지 말라고 하셨다. ( ) 안에 들어갈 말은 무엇인가? (신 15:9)

㉮ 맥추절 ㉯ 면제년 ㉰ 희년 ㉱ 유월절

54. 왜 사람들은 면제년이 가까우면 가난한 사람들에게 빌려주기를 꺼려했을까? (신 15:9)

㉮ 면제년이 되면 모든 채무가 소멸되기 때문에
㉯ 면제년이 되면 이자를 면해 줘야 하기 때문에
㉰ 면제년에는 가난한 사람이 많아지기 때문에
㉱ 면제년에는 세무조사를 하기 때문에

55. 이사야 선지자와 주님께서 말씀하신 '주의 은혜의 해'란 무엇인가? (사 61:2, 눅 4:19)

( )

56. 하나님께서는 이스라엘 백성에게 칠월 첫 날은 안식일로 지키면서 무엇을 하여 그 날을 기념하라고 하셨는가? (레 23:24)

㉮ 나팔을 불어 ㉯ 수금을 타서
㉰ 북을 울려서 ㉱ 비파를 켜서

【정답】

52.면제년 53.㉯ 54.㉮ 55.희년 56.㉮

유월절, 무교절, 오순절, 초막절, 부림절, 수전절

1. 출애굽 한 이스라엘 백성들은 매년 몇 차례 여호와 앞에 나아와 절기를 지켜야 했는가? (출 23:14)
   (   )

2. 출애굽 한 이스라엘이 매년 3차 하나님 앞에 나아와 지켜야 했던 절기가 아닌 것은 무엇인가? (출 23:14~17, 신 16:16)
   ㉮ 무교절(유월절)　　㉯ 칠칠절(맥추절=오순절)
   ㉰ 초막절(수장절=장막절)　　㉱ 부림절

3. "너희 중 모든 남자는 일 년 (　　) 곧 무교절과 칠칠절과 초막절에 네 하나님 여호와의 택하신 곳에서 여호와께 보이되 공수로 여호와께 보이지 말고 각 사람이 네 하나님 여호와의 주신 복을 따라 그 힘대로 물건을 드릴지니라" (　　) 안에 들어갈 말은? (신 16:16~17)
   ㉮ 이 차　㉯ 삼 차　㉰ 사 차　㉱ 오 차

4. 이스라엘의 3대 절기는 무엇과 관련이 깊은가?
   ㉮ 전쟁　㉯ 건국　㉰ 제자　㉱ 추수

5. 이스라엘의 3대 절기를 추수와 관련하여 설명한 것 중 틀린 것은 무엇인가?

【정답】

1.3차례　2.㉱　3.㉯　4.㉱　5.㉮

㉮ 칠칠절/겨울 추수
㉯ 유월절(무교절)/이른 봄 추수
㉰ 맥추절(오순절 칠칠절 초실절)/초여름 추수
㉱ 초막절/가을 추수

6. 이스라엘이 수확한 첫 이삭 한 단을 드리는 초실절과 관련이 깊은 절기는 무엇인가? (출 23:15, 레 23:5~10)
( )

7. '유월절'에서 '유월'이라는 단어의 뜻은 무엇인가? (출 12:13)
( )

8. 이스라엘이 애굽을 떠나기 전날, 애굽의 모든 처음 난 것을 죽이려는 죽음의 천사가 밤에 이스라엘 집의 문인방과 문설주에 발라진 양의 피를 보고 문을 넘어간 데서 유래된 절기는 무엇인가? (출 12:21~27)
( )

9. 이스라엘은 해의 첫 달을 언제로 삼았는가? (출 12:2~11)
㉮ 초막절 ㉯ 유월절 ㉰ 속죄일 ㉱ 장막절

10. 유월절은 오늘날 태양력으로 몇 월에 해당되는가?
㉮ 1~2월 ㉯ 3~4월 ㉰ 5~6월 ㉱ 7~8월

11. 유월절 그 달 10일에 취할 것은 무엇인가? (출 12:2~11)
㉮ 송아지 ㉯ 신부 ㉰ 어린 양 ㉱ 암염소

12. 유월절에 취할 어린 양은 어떤 것이어야 하는가? (출 12:2~11)
( )

【정답】
6.무교절(유월절) 7.逾越(pass over):넘어간다 8.유월절 9.㉯ 10.㉯
11.㉰ 12.흠 없고 일 년 된 수컷의 양이나 염소

13. 유월절 어린 양을 잡는 시기는 언제인가? (출 12:2~11)

(　　　　　　)

14. 유월절 양을 잡은 후 양의 피는 어떻게 했는가? (출 12:2~11)

㉮ 양을 먹을 집 문 좌우 설주와 인방에 바름
㉯ 예루살렘 성전 벽에 바름
㉰ 요단강에 뿌림
㉱ 제단 사방에 뿌림

15. 잡은 유월절 양은 어떻게 먹었는가? (출 12:2~11)

(　　　　　　)

16. 유월절 양과 함께 먹은 음식은 무엇인가? (출 12:2~11)

㉮ 유교병　㉯ 무교병과 쓴 나물　㉰ 암염소 내장　㉱ 암염소 피

17. 유월절 음식은 어떤 사람이 먹을 수 있었는가? (출 12:43~48)

㉮ 할례받은 모든 사람　　㉯ 이방인들
㉰ 원하는 사람　　㉱ 결혼한 사람들

18. 유월절 양이 상징하는 것은 무엇인가? (요 1:29)

㉮ 하얀 동물
㉯ 어리고 순한 사람
㉰ 세상 죄를 대신 지고 죽는 것
㉱ 이스라엘 백성

19. 세상 죄를 지고 가는 하나님의 어린양의 실체는 무엇인가? (요 1:29)

(　　　　　　)

【정답】

13.유월절 14일 저녁　14.㉮　15.불에 구워 먹었다.　16.㉯
17.㉮　18.㉰　19.예수 그리스도

20. 모든 죄인을 대신한 유월절 양은 누구인가? (고전 5:7)
㉮ 아브라함 ㉯ 다윗 ㉰ 세례 요한 ㉱ 예수 그리스도

21. 무교절은 유월절 저녁 유월절 어린 양을 불에 구워 무엇과 함께 먹으며 시작되는가? (출 12:18)
( )

22. 무교절의 의미는 무엇인가?
( )

23. 무교절에는 며칠 동안 무교병을 먹는가? (레 23:6)
㉮ 5일 ㉯ 6일 ㉰ 7일 ㉱ 8일

24. 유월절 제2일(무교절)부터 시작하여 일곱 안식일(49일)이 지난 50일째 되는 날을 무슨 절기라 하는가? (레 23:15~16)
㉮ 칠칠절(오순절) ㉯ 초막절 ㉰ 수장절 ㉱ 장막절

25. 오순절을 맥추절이라고도 하는 까닭은 무엇인가? (출 23:16)
( )

26. 신약 시대에 나타나는 오순절은 구약 시대의 무슨 절기인가? (출 23:16, 34:22)
㉮ 칠칠절 ㉯ 유월절 ㉰ 초막절 ㉱ 수장절

27. 예수 그리스도께서 약속하신 성령께서 강림하신 절기는? (행 2:1~4)
( )

28. 신약 시대 오순절의 다른 이름은 무엇인가?
㉮ 성탄절 ㉯ 부활절 ㉰ 성령강림절 ㉱ 사순절

【정답】

20.㉱ 21.무교병과 쓴 나물 22.무교병을 먹는 절기 23.㉰ 24.㉮
25.여름 밀을 추수하는 절기이기에 26.㉮ 27.오순절 28.㉰

29. 여호와께서 이스라엘 자손을 애굽 땅에서 인도하여 내던 때에 초막에 거하게 한 줄을 후손들이 알게 하기 위해서 지키게 한 절기는 무엇인가? (레 23:34~43)
( )

30. 가을 추수 후 지낸 절기는 무엇인가? (레 23:39~43)
㉮ 오순절 ㉯ 유월절 ㉰ 초막절 ㉱ 사순절

31. 초막절의 다른 이름은 무엇인가? (출 34:22, 신 16:13)
( )

32. 초막절은 유대력으로 몇 월 몇 일인가? (레 23:34)
㉮ 7월 1일 ㉯ 7월 5일 ㉰ 7월 15일 ㉱ 7월 25일

33. 초막절은 며칠 동안 지켰는가? (레 23:34)
㉮ 4일 ㉯ 5일 ㉰ 6일 ㉱ 7일

34. 초막절에 이스라엘 백성들은 어디에 거해야 했는가? (레 23:34~42)
㉮ 초막 ㉯ 자기 집
㉰ 유대 광야 ㉱ 예루살렘성전

35. 초막절에 예수께서 "배에서 생수의 강이 흘러나리라"고 하신 말씀에서 생수가 의미하는 것은 무엇인가? (요 7:2, 37~39)
( )

36. 예수께서 "누구든지 목마르거든 내게로 와서 마시라"고 말씀한 명절은 언제인가? (요 7:2, 37)
㉮ 유월절 ㉯ 초막절 ㉰ 수전절 ㉱ 성탄절

【정답】
29.초막절 30.㉰ 31.수장절, 장막절 32.㉰ 33.㉱ 34.㉮
35.성령 36.㉯

37. 초막절 5일 전인 7월 10일, 초막절을 예비하면서 드린 절기는 무엇인가? (레 23:27,34)

( )

38. 대제사장과 모든 백성들의 죄를 대속하는 날인 속죄일은 1년에 몇 번 있는가? (레 16:3~6,29~34)

㉮ 한 번 ㉯ 두 번 ㉰ 세 번 ㉱ 네 번

39. 속죄일에 백성의 죄를 속하기 위해 아사셀 염소를 어디로 보냈는가? (레 16:6~10)

( )

40. 속죄일에 광야로 보내는 아사셀 염소는 누구를 상징하는가?

㉮ 광야 40년을 인도한 모세 ㉯ 우리 죄를 지신 예수 그리스도
㉰ 광야에서 외친 세례 요한 ㉱ 전도에 힘쓴 사도 바울

41. 이스라엘이 바벨론 포로 중에 하만의 간계로 몰살당할 위기에서 구출된 것을 기념하여 생긴 절기는 무엇인가? (에 9:20~28)

㉮ 유월절 ㉯ 수전절 ㉰ 부림절 ㉱ 수장절

42. 부림절과 관계 없는 인물은 누구인가? (에 9:20~28)

㉮ 에스라 ㉯ 에스더
㉰ 아하수에로왕 ㉱ 모르드개

43. 수리아(시리아)왕 안티오쿠스 4세 에피파네스가 예루살렘 성전에 제우스(Zeus)의 제단을 세우게 하여 성전을 더럽혔는데, 주전 164년 유다 마카비가 예루살렘 성전을 탈환, 성전을 청소하고 제단을 회복

【정답】

37.속죄일 38.㉮ 39.광야 40.㉯ 41.㉰ 42.㉮

한 것을 기념하는 절기는 무엇인가? (요 10:22)
(　　　　　　　)

44. 수전절에 각 집에서 켜 놓는 것은 무엇인가?
(　　　　　　　)

45. 예수 그리스도께서 "나는 세상의 빛이라"고 말씀하셨는데, 빛이 배경이 된 절기는 무엇인가? (요 9:5)
㉮ 유월절　㉯ 오순절　㉰ 초실절　㉱ 수전절

46. 매달 초하룻날 나팔을 불어 제사드리는 절기는 무엇인가? (민 10:10)
(　　　　　　　)

제사 (번제, 소제, 화목제, 속죄제, 속건제)

1. 구약시대의 5대 제사는 무엇인가?
(　　　　　　　)

【정답】
43.수전절　44.등불　45.㉱　46.월삭　1.번제, 소제, 화목제, 속죄제, 속건제

2. 번제는 어떤 형태의 제사인가? (레 1:3~9)
㉮ 제물을 나무에 달아 드리는 제사
㉯ 제물을 땅에 묻어 드리는 제사
㉰ 제물을 불에 태워 드리는 제사
㉱ 제물을 물에 담구어 드리는 제사

3. 노아가 홍수 후에 방주에서 나와 여호와께 드린 제사는 어떤 제사인가? (창 8:20)
(　　　　　　)

4. 하나님께서 아브라함에게 이삭을 바치라고 명하신 제사는 어떤 제사인가? (창 22:2)
㉮ 화목제　㉯ 번제　㉰ 속죄제　㉱ 속건제

5. 번제를 드리는 사람은 짐승의 어디에 손을 얹는가? (레 1:4)
㉮ 머리　㉯ 귀　㉰ 꼬리　㉱ 뿔

6. 번제를 드리는 사람은 잡은 짐승의 피를 어디에 뿌리나? (레 1:4~5)
(　　　　　　)

7. 번제로 드리는 짐승은 무엇인가? (레 22:18~19)
㉮ 돼지, 오리, 거위　㉯ 낙타, 나귀
㉰ 소, 양, 염소의 흠없는 수컷　㉱ 소, 양, 염소의 흠없는 암컷

8. 번제로 드린 짐승의 남은 가죽은 어떻게 했는가? (레 7:8)
(　　　　　　)

9. 번제로 드리는 짐승의 가죽 외에는 어떻게 했는가? (레 1:9, 7:8)
㉮ 모두 불태웠다.　㉯ 모두 먹었다.
㉰ 모두 제사장에게 주었다.　㉱ 주인에게 주었다.

【정답】
2.㉰　3.번제　4.㉯　5.㉮　6.회막문 앞 단 사면　7.㉰
8.제사장의 몫으로 줌　9.㉮

10. 가난한 자들이 번제를 드릴 때에 쓰이는 제물은 어떤 새인가? (레 12:8)
㉮ 까마귀 ㉯ 비둘기 ㉰ 독수리 ㉱ 갈매기

11. 번제로 드리는 산비둘기나 집비둘기 새끼의 어디를 비틀어 끊어서 단 위에 불태우고 피를 단 곁에 흘렸는가? (레 1:14~15)
㉮ 날개 ㉯ 다리 ㉰ 머리 ㉱ 가슴

12. 번제에는 어떤 의미가 있는가? (창 22:9~12, 레 1:4)
( )

13. 번제와 관련하여 제사장의 가장 중요한 임무는? (레 6:12~13)
( )

14. 소제로 드리는 제물은 무엇인가? (레 2:1~2)
㉮ 곡식 가루 ㉯ 양이나 염소 ㉰ 포도주 ㉱ 소금

15. 가난한 사람들이 제물로 고운 가루 에바 십분 일에 기름 섞은 것과 기름 한 록을 취하였는데 이는 어떤 제사를 위한 제물인가? (레 14:21)
㉮ 속건제 ㉯ 소제 ㉰ 화목제 ㉱ 속죄제

16. 소제는 주로 어떤 형태로 드려졌는가? (레 2:1~2)
㉮ 물에 삶는 형태 ㉯ 공중에 뿌리는 형태
㉰ 땅에 묻어 버리는 형태 ㉱ 불에 태우는 화제의 형태

17. 소제를 드리고 남은 제물은 누구에게 주었는가? (레 2:1~3)
( )

【정답】

10.㉯ 11.㉰ 12. 온전한 헌신, 속죄
13.번제단의 불을 꺼뜨리지 않는 것 14.㉮ 15.㉯ 16.㉱ 17.아론과 그 자손

18. 하나님과 사람과의 평화와 친교를 위해 드린 제사는 무엇인가? (레 3:1~17)

㉮ 속죄제 ㉯ 화목제 ㉰ 속건제 ㉱ 번제

19. 화목제로 드리는 제사의 종류가 아닌 것은 무엇인가? (레 7:15~16)

㉮ 거제 ㉯ 감사제 ㉰ 서원제 ㉱ 자원제

20. 화목제의 감사제물로 바친 고기는 언제 먹어야 했는가? (레 7:15~16)

㉮ 그 날 ㉯ 다음날 아침 ㉰ 다음날 점심 ㉱ 다음날 저녁

21. 참 화목제물은 누구인가? (요일 2:1~2)

㉮ 이삭 ㉯ 세례 요한 ㉰ 사도 바울 ㉱ 예수 그리스도

22. 죄를 속하기 위해 짐승의 희생으로 드리는 제사는 무엇인가? (레 4:3~35)

(   )

23. 속죄제의 제물로 비둘기를 드리는 이들은 어떤 사람들인가? (레 5:7~13)

㉮ 극빈자 ㉯ 가난한 자 ㉰ 부자 ㉱ 노예

24. 1년에 한 번씩 온 백성이 속죄제로 드리는 날은 언제인가? (레 23:27~28, 25:9)

(   )

25. 속죄제의 의미는 무엇인가? (히 9:11~12)

㉮ 애굽에서 해방을 기념 ㉯ 성전 건축을 감사
㉰ 예수 그리스도께서 드릴 영원한 속죄 ㉱ 가족 간의 속죄

【정답】

18.㉯ 19.㉮ 20.㉮ 21.㉱ 22.속죄제 23.㉯ 24.7월 10일 속죄일 25.㉰

26. 사람에게 재산상의 피해를 입히거나 죄를 지은 경우에 배상을 목적으로 드리는 제사는 무엇인가? (레 6:2~7)

㉮ 속건제 ㉯ 번제 ㉰ 소제 ㉱ 화목제

27. 여호와의 성물에 대한 속건제의 배상액은 얼마로 정해졌는가? (레 5:15~16)

( )

28. 구약 성경에 나타난 4가지 제사 방법은 어떤 것인가?

( )

29. 불로 태워드리는 제사법은 무엇인가? (출 29:18)

㉮ 화제 ㉯ 거제 ㉰ 요제 ㉱ 전제

30. 여호와 앞에서 희생 제물의 가슴을 흔들어서 드리는 제사법은 무엇인가? (레 7:30)

㉮ 화제 ㉯ 거제 ㉰ 요제 ㉱ 전제

31. 요제로 드린 제물은 누구의 몫이었는가? (민 18:11)

( )

32. 제물을 높이 들었다가 다시 내려 놓는 제사는 무엇인가? (민 15:20)

㉮ 화제 ㉯ 거제 ㉰ 요제 ㉱ 전제

33. 거제로 드려진 소제와 속죄제와 속건제의 제물은 누구의 몫이었는가? (민 18:1,8~11)

( )

【정답】

26.㉮ 27.5분의 1을 더해 드림 28.화제, 거제, 요제, 전제 29.㉮ 30.㉰
31.제사장과 그 자녀 32.㉯ 33.제사장과 그 아들들

34. 피를 상징하는 포도주를 붓는 제사 법은 무엇인가? (민 28:7~8)

㉮ 전제　㉯ 요제　㉰ 거제　㉱ 화제

35. 구약 시대의 제사가 신약 시대에는 어떤 이름으로 바뀌었는가? (롬 12:1)

㉮ 예배　㉯ 선교　㉰ 봉사　㉱ 구제

36. 성도가 몸으로 드릴 하나님이 기뻐하시는 거룩한 산 제사는 무엇인가? (롬 12:1)

(　　　　　)

37. 영적 예배란 성도의 어떤 삶을 말하는 것인가? (롬 12:1~2)

(　　　　　)

38. 하나님은 어떤 사람을 찾고 계시는가? (요 4:23)

㉮ 바리새인들　㉯ 서기관들
㉰ 예배하는 자들　㉱ 모든 일에 능한 자들

39. 하나님은 영이시므로 예배하는 자들은 어떻게 예배해야 하나? (요 4:24)

(　　　　　)

40. 신령과 진정으로 예배드린다는 의미가 잘못된 것은 무엇인가? (요 4:24)

㉮ 성령의 인도하심 따라 드리는 예배
㉯ 진리로 드리는 예배
㉰ 북치고 장구치며 드리는 예배
㉱ 하나님 말씀에 따라 드리는 예배

【정답】

34.㉮　35.㉮　36.영적 예배　37.거룩한 삶　38.㉰
39.신령과 진정으로　40.㉰

교회가 지키는 절기

1. 매년 11월 30일에 가장 가까운 주일에 시작하여 성탄절 전까지 4주간 지키는 절기는 무엇인가?
   ㉮ 대강절 ㉯ 맥추절 ㉰ 현현절 ㉱ 사순절

2. 대강절은 누구의 탄생일을 기다리는 절기인가?
   ㉮ 아브라함 ㉯ 노아 ㉰ 예수님 ㉱ 바울

3. 대강절을 지키는 목적이 아닌 것은 무엇인가?
   ㉮ 첫 번 성탄절에 사람의 몸으로 오신 그리스도를 기념함.
   ㉯ 말씀과 성례전으로 오늘도 우리에게 오시는 그리스도를 맞이함.
   ㉰ 그리스도께서 태어나신 성지를 순례함.
   ㉱ 마지막 심판날에 최후로 오시는 그리스도를 기다림.

4. 교회가 매년 12월 25일에 지키는 절기는 무엇인가?
   (   )

5. 성탄절은 누가 태어난 날을 기념하는 것인가?
   ㉮ 예수 그리스도 ㉯ 바울
   ㉰ 아브라함 ㉱ 야고보

【정답】

1.㉮ 2.㉰ 3.㉰ 4.성탄절 5.㉮

6. 예수님은 어디에서 태어나셨는가? (마 2:1)

㉮ 에베소 ㉯ 베다니 ㉰ 유대 베들레헴 ㉱ 나사렛

7. 예수께서 태어나던 시기의 로마 황제는 누구인가? (눅 2:1)

( )

8. 크리스마스(christmas)의 뜻은 무엇인가?

( )

9. 사람이 태어난 해는 언제를 기준으로 정해졌는가?

㉮ 단군왕검이 나라를 세운 때
㉯ 예수님께서 탄생하신 해
㉰ 로마 황제 케사르가 왕이 되던 해
㉱ 하나님께서 지구를 창조하시던 날

10. 전세계 공통으로 사용하는 B.C(주전)와 A.D(주후)를 나누는 기준은 누구의 탄생을 기점으로 하는가?

㉮ 예수 그리스도 ㉯ 바울 ㉰ 아브라함 ㉱ 야고보

11. 연대 표기법의 주전(BC)은 영어의 약어이다. 주후(AD)는 어떤 언어의 약어인가?

㉮ 아람어 ㉯ 히브리어 ㉰ 헬라어 ㉱ 라틴어

12. 예수님께서 이땅에 오신 목적은 무엇인가? (딤전 1:15)

( )

13. 예수님은 이땅에 탄생하신 후 몇 살부터 공생애 사역을 하셨는가? (눅 3:23)

㉮ 25세 ㉯ 30세 ㉰ 33세 ㉱ 35세

【정답】

6.㉰ 7.가이사 아구스도(Caius Julius Caesar) 8.그리스도의 보내심을 받음
9.㉯ 10.㉮ 11.㉱ 12.죄인을 구원하시려고 함 13.㉯

14. 성탄절 다음 주간인 1월 6일부터 성회 수요일까지 예수님께서 세상에 나타나신 것을 기념하는 절기는 무엇인가?

㉮ 현현절(주현절) ㉯ 사순절 ㉰ 성령강림절 ㉱ 맥추감사절

15. 현현절(주현절)과 상관없는 것은 무엇인가?

㉮ 별을 보고 찾아온 동방 박사들
㉯ 들에서 양치던 목자들에게 나타난 천사
㉰ 베들레헴의 말구유
㉱ 골고다의 십자가

16. 성회 수요일은 부활주일부터 역으로 계산하여 주일을 뺀 며칠 전날인가?

㉮ 10일 ㉯ 20일 ㉰ 30일 ㉱ 40일

17. 성회 수요일부터 시작하여 40일 동안(이 기간 중 주일은 40일에 포함되지 않는다)을 무슨 절기라고 하는가?

㉮ 현현절(주현절) ㉯ 사순절 ㉰ 성령강림절 ㉱ 맥추감사절

18. 사순절을 의미하는 숫자는 무엇인가?

㉮ 30일 ㉯ 40일 ㉰ 50일 ㉱ 60일

19. 사순절 기간이 40일로 처음 결정된 것은 A.D 325년 니케아 회의에서였다. 성경에 등장하는 40이란 수와 관련이 없는 것은 무엇인가?

㉮ 이스라엘 백성의 광야생활
㉯ 모세가 금식기도하고 십계명을 받음
㉰ 예수님께서 광야에서 마귀에게 시험받으심
㉱ 예수님께서 공생애를 시작하심

20. 수난절(사순절)은 무엇을 기념하는 절기인가?

(　　　　　　　)

【정답】

14.㉮ 15.㉱ 16.㉱ 17.㉯ 18.㉯ 19.㉱ 20.예수 그리스도의 고난과 죽음

21. 예수님은 우리에게 무엇을 주시기 위해 고난받으시고 죽으셨는가? (사 53:5)

㉮ 구원 ㉯ 믿음 ㉰ 소망 ㉱ 사랑

22. 수난절(사순절) 마지막 주일을 무슨 주일이라 부르는가?

( )

23. 왜 종려주일이라 했는가?

㉮ 사람들이 종려나무 가지를 흔들며 예수님을 환영해서
㉯ 종려나무를 심는 주일이므로
㉰ 종려나무를 기념하기 위하여
㉱ 종려나무가 무성해서

24. 종려나무 가지를 든 사람들이 예수님을 향해 누구의 자손이라고 외쳤나? (마 21:9)

㉮ 아담 ㉯ 아브라함 ㉰ 다윗 ㉱ 모세

25. 고난주간에 일어난 사건이 아닌 것은? (마 21-27장, 요 12-19장)

㉮ 나귀 타시고 예루살렘 입성
㉯ 성전을 청결케 하심
㉰ 세족식과 성만찬
㉱ 가나 혼인집에서 물로 포도주를 만들어 주심

26. 고난주간 중 예수께서 십자가를 지신 날은 언제인가? (요 19:14~18)

㉮ 수요일 ㉯ 목요일 ㉰ 금요일 ㉱ 토요일

27. 고난주간 마지막 날(토요일) 예수님은 어디 계셨는가? (벧전 3:18~19)

㉮ 성전 ㉯ 옥(지옥) ㉰ 겟세마네동산 ㉱ 나사로의 집

28. 사순절은 어떤 절기를 준비하는 기간인가?

㉮ 부활절 ㉯ 성령강림절 ㉰ 맥추감사절 ㉱ 추수감사절

【정답】

21.㉮ 22.종려주일 23.㉮ 24.㉰ 25.㉱ 26.㉰ 27.㉯ 28.㉮

29. 성도들이 사순절을 지키는 자세로 바르지 않은 것은 무엇인가?
㉮ 금식하며 기도에 힘쓴다.
㉯ 경건생활과 구제에 힘쓴다.
㉰ 양을 잡아 구워 먹고 무교병을 먹는다.
㉱ 오락을 금하고 성경 읽기에 힘쓴다.

30. 예수님께서 부활하신 날을 기념하는 절기는 무엇인가?
(　　　　　　)

31. 예수님께서는 안식 후 몇째 날 부활하셨는가? (막 16:9)
㉮ 첫째 날　㉯ 둘째 날　㉰ 셋째 날　㉱ 넷째 날

32. 예수께서 부활하신 안식 후 첫 날을 오늘날 무엇이라 부르나? (행 20:7)
(　　　　　　)

33. 부활절 날 새벽예배를 드리는 것은 어떤 의미가 있는가?
㉮ 예수님께서 새벽에 부활하셨음을 기념함
㉯ 새벽 기도를 잘하기 위함
㉰ 새벽에 은혜가 많이 임하기 때문
㉱ 새벽잠 없는 사람들이 많기 때문

34. 예수의 부활은 성도의 부활을 보증하는 무엇이 되셨나? (고전 15:20)
(　　　　　　)

35. 부활절 40일 후의 절기는 무엇인가?
㉮ 사순절　㉯ 승천절　㉰ 오순절　㉱ 대강절

36. 승천절은 그리스도의 무엇을 기념하는 절기인가?
㉮ 고난　㉯ 부활　㉰ 승천　㉱ 재림

37. 예수님께서 승천하신 것을 목격한 사람들은 누구인가? (행 1:4~9)
㉮ 열한 사도　㉯ 스데반　㉰ 바울　㉱ 가룟 유다

【정답】
29.㉰ 30.부활절 31.㉮ 32.주의 날 33.㉮ 34.첫 열매 35.㉯ 36.㉰ 37.㉮

38. 승천하시는 주님을 쳐다보고 있는 제자들에게 천사가 한 말은 무엇인가? (행 1:10~11)
㉮ 오실 때까지 복음을 전하라.
㉯ 하늘로 가심을 본 그대로 오시리라.
㉰ 집에 가서 기도하라.
㉱ 승천하신 모습을 사람들에게 알려라.

39. 예수께서 승천하시기 직전 제자들에게 보내시겠다고 말씀하신 것은 무엇인가? (행 1:4~8)
㉮ 사도 ㉯ 편지 ㉰ 성령 ㉱ 모세

40. 미국 유니버셜리스트 제일교회의 레오날드 목사가 1856년 6월 둘째 주를 자신이 사역하던 교회에서 어린이주일로 정하고 어린이들을 위한 행사를 거행한 데서 유래한 절기는 무엇인가?
(　　　　　　)

41. 레오날드 목사의 어린이주일 시행 이후 1868년에 미국 감리교에서 6월 둘째 주를 정식으로 승인하게 된 절기는 무엇인가?
㉮ 어린이주일 ㉯ 어머니주일 ㉰ 어버이주일 ㉱ 스승의주일

42. 방정환, 마해송 등 어린이 교육 선각자들이 1923년 5월 1일 일본 동경에서 색동회를 조직하여 무슨 날로 정했는가?
(　　　　　　)

43. 우리나라 정부는 5월 1일에 지켜지던 어린이날을 1946년에 몇 월 몇 일로 공식 지정했는가?
㉮ 5월 2일 ㉯ 5월 3일 ㉰ 5월 5일 ㉱ 5월 8일

44. 현재 한국 교회는 어버이주일을 매년 몇째 주일에 지키는가?
㉮ 첫째 주일 ㉯ 둘째 주일 ㉰ 셋째 주일 ㉱ 넷째 주일

【정답】
38.㉯ 39.㉰ 40.어린이주일 41.㉮ 42.어린이날 43.㉰ 44.㉮

45 "아비들아 너희 자녀를 격노케 말지니 (　　) 함이라" (　　) 안에 들어갈 말은 무엇인가? (골 3:21)

㉮ 넘어질까　㉯ 타락할까　㉰ 미워할까　㉱ 낙심할까

46. "또 아비들아 너희 자녀를 노엽게 하지 말고 오직 (　　)의 교양과 훈계로 양육하라" (　　) 안에 들어갈 말은 무엇인가? (엡 6:4)

(　　　　　)

47. 미국 버지니아주 웹스터의 감리교회에서 26년 간 교사로 수고한 자비스 부인의 딸 안나가 어머니를 여읜 후 어떤 꽃을 나눠주며 어머니를 잘 모시자는 운동을 벌였는가?

㉮ 장미　㉯ 카네이션　㉰ 국화　㉱ 백합

48. 미국 버지니아주 웹스터의 감리교회에서 26년 간 교사로 수고한 자비스 부인의 딸 안나가 어머니를 잘 모시자는 운동을 벌여 미국 의회가 1913년 5월 둘째 주일로 정한 국경일은 무엇인가?

(　　　　　)

49. 우리나라에서 1956년부터 5월 8일을 무슨 날로 정해 지키도록 했는가?

㉮ 어린이날　㉯ 어머니날　㉰ 어버이날　㉱ 스승의날

50. 우리나라는 1956년 5월 8일부터 지키던 어머니날을 언제부터 어버이날로 지키게 되었는가?

㉮ 1963년　㉯ 1973년　㉰ 1983년　㉱ 1993년

51. 현재 한국 교회는 어버이주일을 매년 5월 몇째 주일에 지키는가?

㉮ 첫째 주일　㉯ 둘째 주일　㉰ 셋째 주일　㉱ 넷째 주일

【정답】

45.㉱　46.주　47.㉯　48.어머니날　49.㉯　50.㉯　51.㉯

52. "네 부모를 공경하라 그리하면 너의 하나님 나 여호와가 네게 준 땅에서 네 생명이 길리라"는 말씀은 십계명의 몇 번째 계명인가? (출 20:12)

( )

53. 패역하여 방탕하며, 술에 잠겨 부모를 거역하는 자녀는 어떻게 하라고 했나? (신 21:18~21)

㉮ 돌로 쳐죽이라 ㉯ 말씀으로 훈계하라
㉰ 자녀와 함께 기도하라 ㉱ 배로 다스려라

54. 부활주일로부터 50일째 되는 날의 절기는 무엇인가? (행 2:1)

㉮ 현현절 ㉯ 오순절 ㉰ 사순절 ㉱ 삼위일체주일

55. 오순절의 성령강림 사건은 제자들이 어디에 모여 있을 때 일어났는가? (행 1:13~14, 2:1~4, 12:12)

( )

56. 오순절 성령은 주께서 승천하시고 얼마 만에 오셨는가? (행 1:3, 2:1)

㉮ 100일 ㉯ 50일 ㉰ 10일 ㉱ 7일

57. 오순절날 이땅에 성령이 오신 것을 기념하여 지키는 절기는 무엇인가? (행 2:1 이하)

( )

58. 오순절에 오신 성령은 어디에 계시는가? (고전 3:16)

( )

【정답】

52.제5계명 53.㉮ 54.㉯ 55.마가 어머니의 집 다락방
56.㉰ 57.성령강림절 58.성도들 안에

59. 교회가 삼위일체 하나님의 위엄과 영광을 명상하고 기념하는 절기는 무엇인가?
㉮ 현현절 ㉯ 성령강림절 ㉰ 추수감사절 ㉱ 삼위일체주일

60. 삼위일체주일은 어느 절기의 다음 주일에 지키는가?
( )

61. 구약의 맥추절에서 유래하여 현재 교회가 지키고 있는 절기는 무엇인가?
㉮ 사순절 ㉯ 맥추감사절 ㉰ 추수감사절 ㉱ 대강절

62. 한국 교회는 맥추감사주일을 매년 7월 몇째 주일에 지키는가?
㉮ 첫째 주일 ㉯ 둘째 주일 ㉰ 셋째 주일 ㉱ 넷째 주일

63. 마틴 루터가 1517년 10월 31일 독일 비텐베르그 성당에 95개조 반박문을 낸 날을 기념하며, 교회가 새롭게 거듭남의 의미로 지키는 절기는 무엇인가?
( )

64. 부패한 가톨릭교회를 개혁하고 생겨난 교회를 무엇이라고 하는가?
( )

65. 종교개혁의 3대 원리가 아닌 것은 무엇인가?
㉮ 오직 성경 ㉯ 오직 믿음 ㉰ 오직 은혜 ㉱ 오직 교황

66. 종교개혁이 일어난 배경이 아닌 것은 무엇인가?
㉮ 가톨릭교회의 면죄부 판매 ㉯ 가톨릭교회의 우상숭배
㉰ 가톨릭교회의 부정부패 ㉱ 가톨릭교회의 내분

【정답】
59.㉱ 60.성령강림주일 61.㉯ 62.㉮ 63.종교개혁주일
64.개신교(신교=프로테스탄트) 65.㉱ 66.㉱

67. 성경에 나타난 최초의 추수감사는 누가 드렸는가? (창 4:3~4)
㉮ 가인과 아벨 ㉯ 에서와 야곱 ㉰ 이삭 ㉱ 노아

68. 구약의 초막절에서 유래했고, 미국 이주 청교도들이 첫 농사를 짓고 감사예배를 드린 것에서 유래한 절기는 무엇인가?
( )

69. 한국 교회에서 추수감사주일은 매년 11월 몇째 주일에 지키는가?
㉮ 첫째 주일 ㉯ 둘째 주일 ㉰ 셋째 주일 ㉱ 넷째 주일

70. 추수감사절은 무엇을 기념하는 절기인가?
( )

71. 1915년에 세계 교회가 매년 12월 둘째 주일에 지키기로 결정한 교회 절기는 무엇인가?
㉮ 대강절 ㉯ 종교개혁주일 ㉰ 성서주일 ㉱ 맥추감사주일

72. 성서주일을 지키는 목적이 아닌 것은 무엇인가?
㉮ 성경이 하나님께서 주신 말씀임을 기억하려고(신 8:3, 마 4:4)
㉯ 성경을 통해 구원에 이르는 지혜를 얻기 위해(딤후 3:15)
㉰ 성경을 통해 예수님을 닮아 온전케 되기 위해(엡 4:13)
㉱ 성경을 잘 보관했는가를 검사하기 위해

73. 성서주일로 지키는 성경의 주인공은 누구인가?
㉮ 예수 그리스도 ㉯ 모세 ㉰ 마태 ㉱ 아담

74. 성경을 기록한 사람들을 감동케 하신 분은 누구신가? (딤후 3:16)
( )

【정답】

67.㉮ 68.추수감사절 69.㉰ 70.가을 추수를 감사 71.㉰ 72.㉱
73.㉮ 74.하나님

75. 성경의 중심 주제는 무엇인가? (요 20:31)

㉮ 착하게 살아라. ㉯ 예수 믿어 생명(구원)을 얻으라.
㉰ 효자가 되어라. ㉱ 복을 많이 받고 건강하게 잘 살아라.

76. 성경에 대한 설명 중 틀린 것은 무엇인가?

㉮ 성경은 신약 27권, 구약 39권을 합하여 66권이다.
㉯ 구약 성경은 헬라어로 기록되었다.
㉰ 성경을 기록한 사람들은 40여 명이다.
㉱ 성경은 약 1500년에 걸쳐 기록되었다.

77. 기독교 공동체가 교회력에 따라 체계적으로 성경 말씀을 읽도록 표로 만든 것으로, 교회력에 따라 구약의 말씀, 시편 말씀, 복음서 말씀, 서신서의 말씀 등으로 나누어 묵상하도록 한 것을 무엇이라고 하는가?
(   )

78. 성서일과는 몇 년을 한 주기로 하는가?

㉮ 1년 ㉯ 2년 ㉰ 3년 ㉱ 4년

【정답】

75.㉯ 76.㉯ 77.성서일과 78.㉰

신구약 인물, 절기별
성경퀴즈 파노라마

●

2008년 5월 15일 1판 1쇄 발행
2013년 6월 20일 1판 2쇄 발행

지은이 · 이규학 감독 안만호 목사
펴낸이 · 김기찬

펴낸곳 한국문서선교회

등록 · 1981.11.12 NO. 제 14-37호
주소 · 서울시 중구 다산로 42 나길 45-6
이메일 · mission3496@naver.com
☎ 2253-3496·2253-3497
FAX. 2253-3498

정가 16,000원

●

잘못된 책은 바꾸어 드립니다.

ISBN 978-89-8356-221-0-13230